高崎哲郎 著
Tetsuro Takasaki

評伝

大鳥圭介

Keisuke Ootori
1832-1911

威《い》ありて、猛《たけ》からず

鹿島出版会

「子温而癘、威而不猛、恭而安」(『論語』「述而《じゅつじゅ》」)
(和訳：子は温《おだや》かにして而《しか》も癘《はげ》し。威ありて而も猛《たけ》からず。恭《うやうや》しくして而も安《やす》し)

目　次

初出——『ダム日本』連載「威ありて、猛からず—私説・大鳥圭介」（二〇〇七年一月号から二〇〇八年三月号）、財団法人日本ダム協会

プロローグ　創造の夜明け——工部大学校開校

新都・東京の東の空が時々刻々曙光《しょこう》を広げ、それに合わせて夜明けの空にたなびく雲の峰が藍《あい》色から純白へと彩《いろど》りを変えていく。純白の雲は徐々に黄金色の輝きに色を染める。明治一一年（一八七八）七月一五日、工部大学校校長格・工部省工作局長大鳥圭介は、いつものように朝五時に起床した。（大鳥はのちに初代校長に正式就任する）。彼は視察先のアメリカ・ニューヨークで購入した薄手のガウンを羽織ると、寝室の窓のカーテンを押し開き朝焼けの空を眺めた。この日の天気を確認したのである。うるんだような夏の早朝の空に輝きだした日の出が彼の顔を染める。

「今日は天気も我々を祝福してくれそうだ。何よりのことだ」

例年になく長引いた梅雨《つゆ》もようやく終わりを告げようとしている。彼は朝日のまぶしさに目を細めて満足そうに笑みをもらし長いあごひげを捻《ひね》った。そして、いつものように書斎の机に向かい読書をした。大阪・過書町《かしょまち》の適々斎塾（適塾）で蘭学に打ち込んだ青年時代から、彼は四季を通して朝五時には起床し、朝食前に読書をすることを心がけてきた。書生時代の習慣は齢四五歳を過ぎた中年になっても続けていた。

明治維新以降、「維新の志士」や「旧幕臣」の多くが名前を変えた。大鳥は苗字や名前を変えようと考えたことは一度もなかった。たとえ〈賊軍〉、〈朝敵〉呼ばわりされ、〈敗軍の将〉と蔑《さげす》まれても、「大鳥圭介」を変えようなどとは思わなかった。それは、「適塾で血を吐くようにして自己を鍛錬したころから、学問を愛する精神を一貫させてきた自己の生き様を変える必要はない」との信念と相通じるものがあった。揺るがぬ意志、固い決意であった。（彼は自嘲気味に自らを〈敗軍の将〉と呼ぶこともあった）。

大鳥邸があった付近（東京・港区白金台）

この朝は読みかけのイギリス工学教育史の英文図書を読んだが、半時間で英書のページを閉じた。その後、居間に入り仏壇で焼香した。長年苦労を強いた愛妻みちは、この日の工部大学校開校式の式典を待たずに、この年二月四日病没した。彼は妻や父直輔《なおすけ》・母せつの位牌に手を合わせ冥福を祈り、同時に戊辰《ぼしん》戦争で山野に倒れつゆの命となった多くの士卒の御霊に安かれと祈った。さらには、天皇の御来駕《ごらいが》をたまわるこの日の式典がつつがなく挙行されることを念じた。軽い朝食をとり終わると、洗面室で口ひげと縮れ毛の長いあごひげの手入れをし、書生に手伝ってもらって大礼服に着替えた。白い蝶ネクタイを着け、白い革の手袋をはめて着替えは終わった。
午前六時過ぎ、迎えの馬車が定刻に東京府荏原《えばら》郡白金村三光坂（現東京都港区白金台一丁目、区立白金小学校付近、旧熊本・細川藩江戸藩邸跡）にある私邸の玄関前に到着した。

「閣下、お迎えに参りました」

礼服姿の秘書官は、いつもの朝よりも声を張り上げて門の扉を開いた。彼は玄関に入ると書生から大鳥の革カバンを受け取った。カバンにはいつも洋書数冊と英語辞典が入っていた。

「夏の朝風はすがすがしいものだ。これで心配することはなくなったようなものだが、むしろ日差しが厳しくなることが気がかりだね」

小柄な大鳥は馬車の後部座席に深々と座ると、澄んだ空に視線を移して隣に座る秘書官に声をかけた。

「閣下、予定通り午前五時に学校の国旗掲揚塔に日の丸を掲げ、正門には小旗の日の丸を四つ掲揚しました。ヘンリー・ダイエル都検《とけん》（注――ダイヤー）以下英国人教師たちも正門にて閣下をお迎えするはずです」

大鳥は、秘書官に顔を向けると小さくうなずいた。

「昨年八月、西南の役で西郷さん（隆盛）が自らの命を断たれ、またこの五月、大久保卿（利通）も非業の最期を遂げられてから世相は暗くなるばかりだった。我が校の開校が少しでも世の中を明るくするといいのだがね」

大鳥は通り過ぎる街並みに視線を送りながらつぶやいた。守旧派から開明派に変貌した内務卿大久保の横死を悼《いた》んだのである。

〈前途有為な青年たちに世界に負けない高いレベルの科学教育を施すこと、これこそが私の後半生のすべてである。軍事・政治は、もはや我が事ではない〉。彼は馬車に揺られながら自分自身に言い聞かせる。

■■■

工部大学校は、殖産興業を急務に掲げる明治新政府によって創建された国立（工部省）の最高等工業教育機関で学生は秀才ぞろいと言ってよく、帝国大学工科大学（現東京大学工学部）と併合されるまで卒業後官界・工業界・学術分野で指導的役割を果たす技師や科学者を輩出する。その開校に至るまでの経過を追ってみる。

明治初期の薩長藩閥政府は、その組織や役割を目まぐるしく改変した。それは外圧によって門戸を開放した「遅れてきた近代国家」日本を象徴する一大混乱であった。政府は、近代社会への制度と国家的社会基盤（インフラストラクチャー）の整備に大急ぎで取り組むことになる。政府は、明治三年（一八七〇）閏《うるう》一〇月、民部省所管であった中から、鉱山、鉄道、製鉄、燈台、電信などの部門をまとめて新たに工部省を設置した。イギリスのMinistry of Public Worksに倣《なら》った官庁である。設置の主目的は、欧米の近代技術を積極導入して殖産振興につなげるとともに、交通網（鉄道・道路）の敷設・整備や鉱山開発などを推進することにあった。「百工奨励ノ事ヲ掌《つかさど》リ」（「旧工部大学校史料」）近代国家に必要とされる幅広い公共事業の遂行を目指した。封建制度から脱した新生日本に西洋式の近代工業化を図るため工部省設置を工部卿伊藤博文（一八四一〜一九〇九）に説得したのは、二〇歳代のイギリス人お雇い鉄道技師エドモンド・モレル（一八四一〜一八七二）であった。モレルは新橋・横浜間に日本初の鉄道を設計敷設したことで知られる。

工部省設置案の実現を懸命に訴え続けたのが、明治期を代表するテクノクラート（高級技術官僚）の

山尾庸三

一人・山尾庸三《ようぞう》（一八三七〜一九一七）であった。彼は幕末に国禁を犯してイギリス船に忍び込み、井上聞多《もんた》（馨、一八三五〜一九一五）、伊藤俊輔（博文）、遠藤謹助、野村弥吉（井上勝、一八四三〜一九一〇）の長州藩士四人とともにイギリスへ密航した。五人は「長州藩脱藩洋行五人組」と呼ばれた。山尾は、スコットランドのグラスゴー大学やアンダーソンズ・カレッジの夜学で造船学などを実地修業し、明治三年（一八七〇）帰国した。産業革命の本拠地スコットランドで勉学に励んだことの成果は計り知れない。彼は帰国後、明治新政府の民部権大丞《ごんだいじょう》（課長補佐級）に任ぜられ、同年に工部省が彼の念願どおり設置されると、伊藤博文の推挙から工部権大丞に転じ、その後工部大丞（課長級）、工部頭兼測量正（同前）、工部少輔《しょうゆう》（次長級）、工部大輔《たゆう》（局長級）と昇進を重ねた。明治一三年（一八八〇年）には最高位の工部卿（大臣）にのぼりつめる。

明治四年（一八七一）八月、工部権大丞山尾は、岩倉欧米視察団に副使として同行する伊藤博文と協議して、工部省の中に工業発展の中核となる人材育成のための高等教育機関、工学寮の創設を企図した。同時に同校の教授陣にイギリス人をあてることを決め、盟友である視察団副使伊藤に人選を依頼した。工学寮の設立趣旨は規則第一条に明記されている。「工学寮ハ工部省ノ所管ニシテ工部ニ奉職スル工業士（注——工学士）ヲ養成スル学校ナリ」（「工学寮学課並諸規則」）。同校の校舎は東京・霞ヶ関の虎ノ門に広がる延岡藩邸跡に建てられることになった。（今日の会計検査院・財務省・文部科学省などの一帯である。会計検査院外庭に記念碑「工部学校址」があったが、目下（平成一九年末現在）同院の建物再建工事に伴い撤去されている）。修業年限は六年で、全寮制である。明治六年八月、第一回の学生募集と試験が行われ、四〇人の合格が発表された。実際に入学したのは三二人であった。定員に満たないため、一〇月に再募集に踏み切った。この追試験でさらに一二人が入学することになった。この後、同校では毎年四〇人から五〇人を入学させることになる。（当時、大島は英米に外遊中だった。工学寮開校の情報は公使などを通じて得ており、日本初の高等工学教育機関の誕生を喜んだ）。

イギリス滞在中の伊藤博文の要請を受けて、グラスゴー大学土木工学科ウィリアム・ジョン・M・ランキン教授（一八二〇〜一八七二）は日本派遣の教師陣の人選に当たった。ランキン教授はイギリス土木工学界の泰斗であり、教授の名著〝Civil Engineering〟は『蘭均《らんきん》氏土木学』として明治一三年文部省から翻訳刊行されている。文部省が大島の指導を受けて翻訳したとの説があるが、確認できない。同書は土木工学科学生の必読書であった。教授がまず最高責任者として推薦したのは、優秀な愛弟子《まなでし》で苦学生でもあった工学士ヘンリー・ダイヤー（Henry Dyer, 1848-1918）だった。ダイヤーは同大学卒業間もない弱冠二五歳の青年であった。彼には破格の給与が支給されることになる。山尾がスコットランドのアンダーソンズ・カレッジの夜学教室に通学していた頃ダイヤーも同校で学んでいたが、互いに面識はなかった。教師陣の人選も同時に進められ、都検（教頭、英語では〝Principal〟であることに注意したい）に就任するヘンリー・ダイヤーは若くて優秀な工学者を求めた。ダイヤー以下九人のお雇いイギリス人教師陣が外交官林董《はやしただす》（一八五〇〜一九一三、大島とともに戊辰戦争で戦った旧幕府軍青年士官）に引率されて来日するのは、明治六年（一

工部大学校都検ヘンリー・ダイヤー（『明治日本とイギリス』より）

八七三）秋である。

　ここから日本で最初の近代的な高等工学の教育が始まる。テキストなど教材と講義はグラスゴー大学方式をとり、すべて英語であることは言うまでもない。（九人のイギリス人教師は二〇歳代から三〇歳

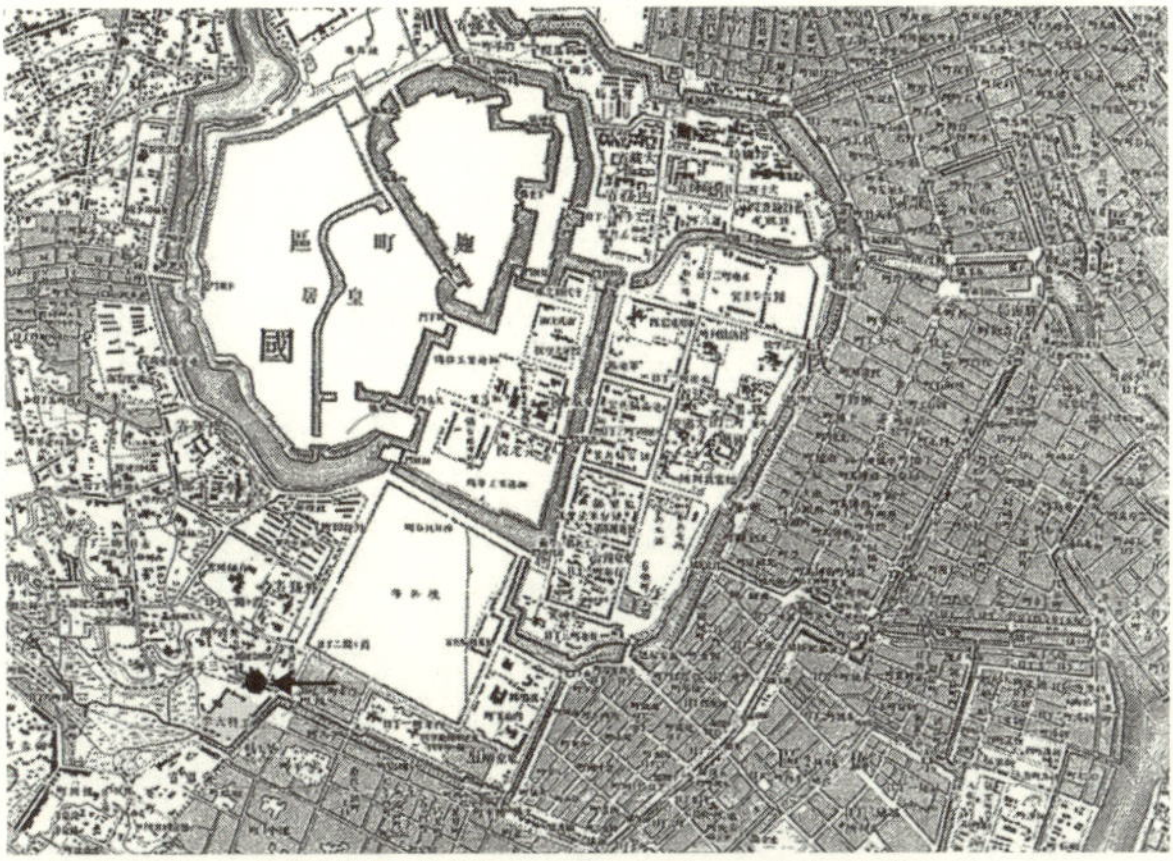
工部大学校の位置を示す地図（明治中期、工部大学校と記されている）

工部大学校風景（『明治日本とイギリス』より）

代の若き俊才が多かった。彼らの人物像については後章で紹介する。イギリス滞在中の伊藤と大鳥は偶然面会の機会を得て親密な関係となり、その後の二人の人生に影響を与え合う。これも後章で紹介する)。

明治八年一月、大鳥は政府命令により暹羅《シャム》(現タイ)視察に出掛け、猛暑の国で大きな成果も得られないまま四月に帰国した。彼は陸軍省から離れ工部省に移っていた。〈敗軍の将〉は陸軍省勤務を嫌ったが、それ以上に高度技術や経済理論に対する専門的見識に加えて、英語・オランダ語・フランス語を読み書きできる上に英会話にも長じていることが評価されての入省であった。彼は喜んで受諾し、同年六月二五日、工学権頭兼制作頭となった。「薩長軍と戦った旧幕府軍司令官の節操のない猟官の動き」との批判も聞こえたが、雑音には耳を貸さなかった。彼の頭には「国家百年の計」しかなかった。次いで、同年一一月三〇日には工学頭に任じられ、工学寮の運営全般を任された。明治一〇年(一八七七)一月、工学寮は官制の改革に伴って、工部大学校と改称されることになった。英訳では〝Imperial College of Engineering〟である。「明治十年一月十一日工学寮ヲ工部大学校ト改メ、工作局ニ隷《レイ》シ大書記官大鳥圭介工作局長ヲ以テ本校ノ事務ヲ総理ス」(「工部大学校並官制改革」)。大鳥は、工部省首脳の一人となり、工学寮の事実上の校長(今日で言えば学長または総長)となった。

工部大学校の新校舎は、東京市麹町区三年町(当時)に建設された。グラスゴー出身で英仏両国の血統をもつフランス国籍の建築家ド・ボアンヴィル(C.A.de Boinville)の設計であった。すべてがレンガ造りであり、バロック風な豪壮で華麗な三階建てと二階建てが組み合わされた校舎群は「明治政府が建てた西洋建築のうちで最も美しい」と称えられた。菊の紋章(レリーフ)がひときわ目立つデザインであった。学科は、土木学(Civil Engineering)、機械学(Technical Engineering)、電信学(Telegraphy)、

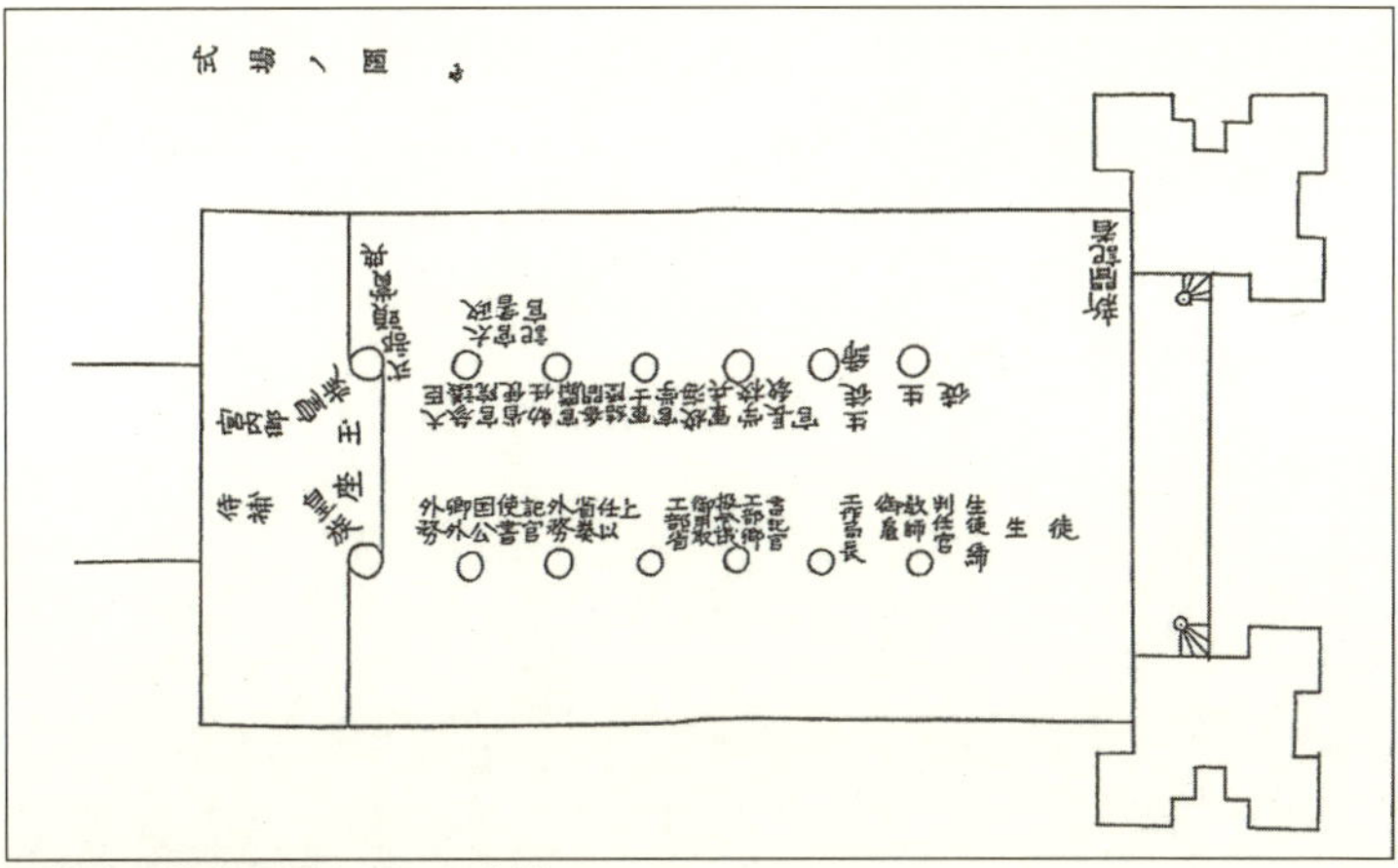
開校式の着席場所を記した史料

造家学（建築学、Architecture）、応用化学（Practical Chemistry）、鉱山学（Mining）、溶鋳学（冶金《やきん》学、Metallurgy）の七つであった。学生たちは士族の子弟が中心で優秀で勤勉であり、新時代の工学界エリート予備軍たちである。いわゆる「サムライ・エンジニア」候補生であった。

■■■

午前七時前、大鳥を乗せた馬車は工部大学校正面玄関に到着した。（注――史料によっては同校開校日を四月一五日としているものもあるが、大方の記述に従い七月一五日とする。当時の新聞報道は七月一五日である。当初四月一五日に予定していた式典が繰り延べになったか、開校は四月一五日で式典は七月一五日となったのかもしれない。不明である）。大鳥は、工部省御用取扱参議伊藤博文ら政府首脳とともに、菊の紋章の彫られた正面玄関に立って天皇一行の到来を待った。天皇が間もなく式典に親臨する。（参議は太政大臣、左右大臣に次ぐ地位で、大臣の上に立つ）。大鳥の横にはヘンリー・ダイヤー都検（教頭）ら若きイギリス人教師陣九人が礼服姿で整列した。天皇の到着を前にして、皇族、

工部大学校開校式（2段目中央の白い服が大鳥圭介、その右がヘンリー・ダイヤー（『われ徒死せず』より）

関係閣僚、参議、勅任官、陸軍士官学校・海軍士官学校校長、各省次官、外国公使などが続々と到着した。全員が金色の飾りのついた黒の礼服に着飾っている。

午前八時、天皇を乗せた華麗な馬車と従者の一行が到着した。儀杖《ぎじょう》隊が敬礼を行い、陸・海軍の軍楽隊が高らかに演奏を開始した。（軍楽隊員は「伶人《れいじん》」と呼ばれた）。旧幕時代に、フランス式軍隊訓練を指揮した大鳥にとって心弾む吹奏楽曲であった。参列者は全員直立不動の姿勢をとった。天皇の馬車は正面玄関に横付けされた。

式典は三階建ての講堂で挙行された。講堂の正面二階壁面には大鳥の書で右から左に「工部大学校」と大書された表示板が掲げられていた。

まず天皇が勅語を伝えた。（「旧工部大学校史料」による。原文カタカナ。適宜句読点を付し、現代語表記とする）。

「曩《さき》に本校を経営せしめ今工竣《おわ》るを奏す。朕親《ちんみず》から臨て開業の典を挙ぐ。朕惟《おも》うに百工を勧むるは経世の要、当今の急務なり。自今此校に従学する者、黽勉《びんべん》（注―猛勉）して以て利用厚生の源を開かん事を望む」

続いて工部省御用取扱参議伊藤博文が奏上文を読み上げた。

「明治四年旨を奉じ本校経営の業を起し、今工事成り龍駕《りゅうが》（天子の乗物）親臨開校の盛典を挙行せらる。臣恐惶感銘の至りに堪えず。密に惟《かえり》みるに百工を勧むるは経世の務めなり。況《いわ》んや今港を築き道を開く等の諸工事方《まさ》に急務に属し、金石動植の産、之《これ》が採択精錬を要するもの多く、鉄道・電信の如きは僅《わずか》に其の緒《ちょ》に就き之が敷衍《ふえん》拡張を望むこと亦誠に切なり。今、聖旨を欽《つつし》む実に工を勧め芸を励まし以て生民の利を厚くするに在り。臣恭《うやうや》しく聖意を奉体し、聖猷を賛襄《さんじょう》（君主の補佐）せんことを翹望《ぎょうぼう》に堪えざるなり。謹みて奏す」

さらに、工部大学校校長格大鳥圭介が奏上文を張りのある声で朗読した。

「伏て惟《かえり》みるに百工は国家経済の基本、庶民生活衣食の根源なり。工学興り工芸昌《さかん》なれば、地開け業進み殖産へ財豊かに上下の豊饒衆庶の便益 随《したが》って生ず。明治四年八月本校を経始し今や功竣《おわ》るを告げ、陛下の親臨を辱《かたじけな》くし、以て寵光を海内に発揚す。本校の栄何を以て之に加えん。恭しく聖旨の厚きを仰ぎ臣等益以て黽勉し職を竭《つく》し、生徒を育成し以て済世利民《さいせいりみん》の実効を観ること将《まさ》に近にあらんとす。謹みて奏す」

都検ヘンリー・ダイヤーが英語で奏言し、翻訳官がこれを和訳して朗読した。

「大駕親臨本校無上の光栄を賜るを謝し恭《うやうや》しく貴国の為に此の開校の盛典を祝す。夫《そ》れ技術の教育は実に鴻基の事業外臣已に其の職に任ぜられ、今此盛典に陪するを得、何の恩栄か之に加えん、豈拮据《あにきっきょ》黽

郷里、兵庫県上郡町役場前に立つ大鳥圭介立像

勉此の校設立の目的を達し以て、聖恩に報ぜざらんや、抑《そもそも》此の校創立以来歳を閲する僅かに五年業已に事績の盛大を兆す。亦素志の虚しからざるを証すべし。而《しか》して設立の目的は佗《ほか》なし。貴国無限の物産に因て公衆を起すべき工師を教育するにあり。望むらくは、此の事業をして益々盛大ならしめ外臣等任満ち国に帰るの日、多少の成績を貴国に留めんことを。即ち工師を養成する一大学校あり、広大なる土木の功あり。人民の進歩を助くる無数の機関器具あり。諸般物品製造の技術あり。加之のみならず後来公私の工事を管理し又後進の先導となり貴国歴史の体面を一新する人傑の輩出するあるに及んで或は我輩致す所の功績なりと言わるるを得ば、外臣等国の為に費消せし時日の空しからざりしを覚えん。外臣又冀《こいねがわ》くは、宝祚《ほうそ》（皇位）長く栄え功徳国に洽《あまね》く良民益々昌《さか》え共に福祉を享《う》るあらんことを謹で奏す」

　式典では、最後に新校舎の「カギ」が天皇から参議伊藤博文に直接手渡され、さらに伊藤から校長格の工作局長大鳥圭介に授けられた。式典終了後、式場に当てられた講堂前の広場に大学校関係者と在校生全員がそろって集り記念写真におさまった。写真中央に大鳥が座り、向かって右手にダイヤーが座した。夏の陽光が降り注いでいた。大礼服姿の大鳥は全身に汗がにじみ出したのを感じた。

「これで日本最高のエコール・ポリテクニーク（工科大学）が正式に誕生した」

撮影後、大鳥はダイヤーらイギリス人教師陣や学生たちに向かって満足した表情で語り掛けた。

「オメデトーゴザイマス。カッカ！」（Congratulations, Sir !）

ダイヤーは笑顔で応じた。工部大学校は、東京や横浜に住むインテリ外国人の間で〝Dyer's College〟（「ダイヤーの大学」）と呼ばれるようになる。

（謝辞――『われ徒死せず―明治を生きた大鳥圭介―』（国書刊行会）の名著がある医師福本龍氏（神戸市在住、大鳥家遠縁にあたる）に貴重な資料や情報を提供して頂いた。また同書からの引用もお許しいただいた。心からお礼申し上げたい―著者）。（年号は、明治五年（一八七二）までは旧暦とし、翌六年からは太陽暦（新暦）の採用に合わせて新暦とする）。

第一章　旅立ちの朝――医家か、儒家か、それとも……

「君はこれから医学を学ぶのだね。父上の後を継いで郷里の村の医者になるつもりだね」

播州《ばんしゅう》赤穂・加里屋《かりや》町（現赤穂市加里屋）の町医者・蘭医中島意庵《いあん》は、青年大島圭介の細い顔をのぞき込むようにして訊《たず》ねた。意庵は手に父直輔の入門依頼書を持っている。彼の背後の本棚にはオランダの医学、解体学、物理学などの翻訳本が肩を寄せ合うように並んでいる。

「そうしたいと考えていますが……」

正座して中島と対座している圭介は、視線を下げたまま小さく答えた。嘉永二年（一八四九）六月。梅雨《つゆ》の雨が檜皮葺《ひわだぶ》きの屋根を叩《たた》いている。降りだしてからもう二日が経った。

意庵は、初対面の一七歳の青年が躊躇《ちゅうちょ》気味に答えたのを不審に思った。これまで入門を申し出た青年は、正座し深々と頭を下げて「御入門をお許しください」と声を張り上げて訴え医術修業を誓うのが慣わしだった。だが目の前の青年は曖昧《あいまい》にしか答えない。

「君の父君の書状によると、『長男には家業の医業を継がせる予定であり、数年間修業のため先生の下で修業させていただきたい。厳しい指導・鞭撻をお願いする』と記されている」

五〇歳をわずかに過ぎた町医者は白髪の混じった長髪をかき上げながら再び問うた。

「はい。そのとおりです」

青年は、今度は顔を意庵に向けてはっきりと答えた。だが意庵は医師の直観で青年の心にわだかまるものがあることを察知した。

「君は医師以外に目指すものがありそうだ。正直に言うがいい。本日は入門の日だ。師匠としては、君の志《こころざし》を知っておきたい」

「それではお答えさせていただきます」

圭介郷里の地図（福本龍『われ徒死せず』より）

圭介は心中を見抜かれたように思い、薄ひげの生えた顔を緊張させて語り出した。

「私は備前（現岡山県東部）の閑谷黌《しずたにこう》で漢学を徹底して学びました。ですから儒者の道を歩きたいと考えていました。ですが、実家が医者であり、また私は長男ですので、家業を継がなければなりません。医家を取るか、儒家を取るか、未だに決心がつきかねています」

雨は屋根を叩き続けた。

圭介生誕の地（上郡町）

幕末から明治期の一大激動期に、旧幕臣の歩兵奉行（陸軍司令官）・明治政府の技術官僚・高等教育指導者・高級外交官などを歴任した男爵大鳥圭介は、江戸後期の天保三年（一八三二）二月二八日、播磨《はりま》国赤穂郡細念《さいねん》村小字石戸（現兵庫県赤穂郡上郡《かみごおり》町岩木丙）の村医者（開業医）の家に生まれた。後年、号を如楓《じょふう》と称した。父直輔、母節（または「おせつ」）の長男である。細念村は播州の最西端にある岩木川（千種《ちくさ》川支流）の渓谷沿いにはり付いた小村で、石高はわずかに一〇〇石程度に過ぎず、西方の山の峠を一つ越えれば備前国領内に至る。圭介の生家は平屋で、渓流岩木川沿いの側道の崖に石垣が組まれ、その上に建っている。（家は今日も残されているが、放置されたままである）。岩木川は川幅一〇メートルほどに過ぎないが、雨期や台風シーズンに入るとたびたび氾濫し洪水が民家を襲った。生家が川岸から二段も上がった石垣上に建てられているのは、繰り返し襲う洪水を避けるためであった。江戸期の同村は、南に接する播州赤穂藩の藩主浅野家の領地だった。その後幕府旗本大久保加賀守の飛地となり、圭介が誕生したころは尼崎藩の藩主松平（桜井）遠江守《とおとうみのかみ》の飛地となった。この年、全国規模で天保の大飢饉《ききん》が始まった。農民は飢《う》えて道端に倒れた。

大鳥家は先祖代々村の医者（漢方医）を生業《なりわい》としてきた。赤穂郡の中では著名な学問ある家系だった。

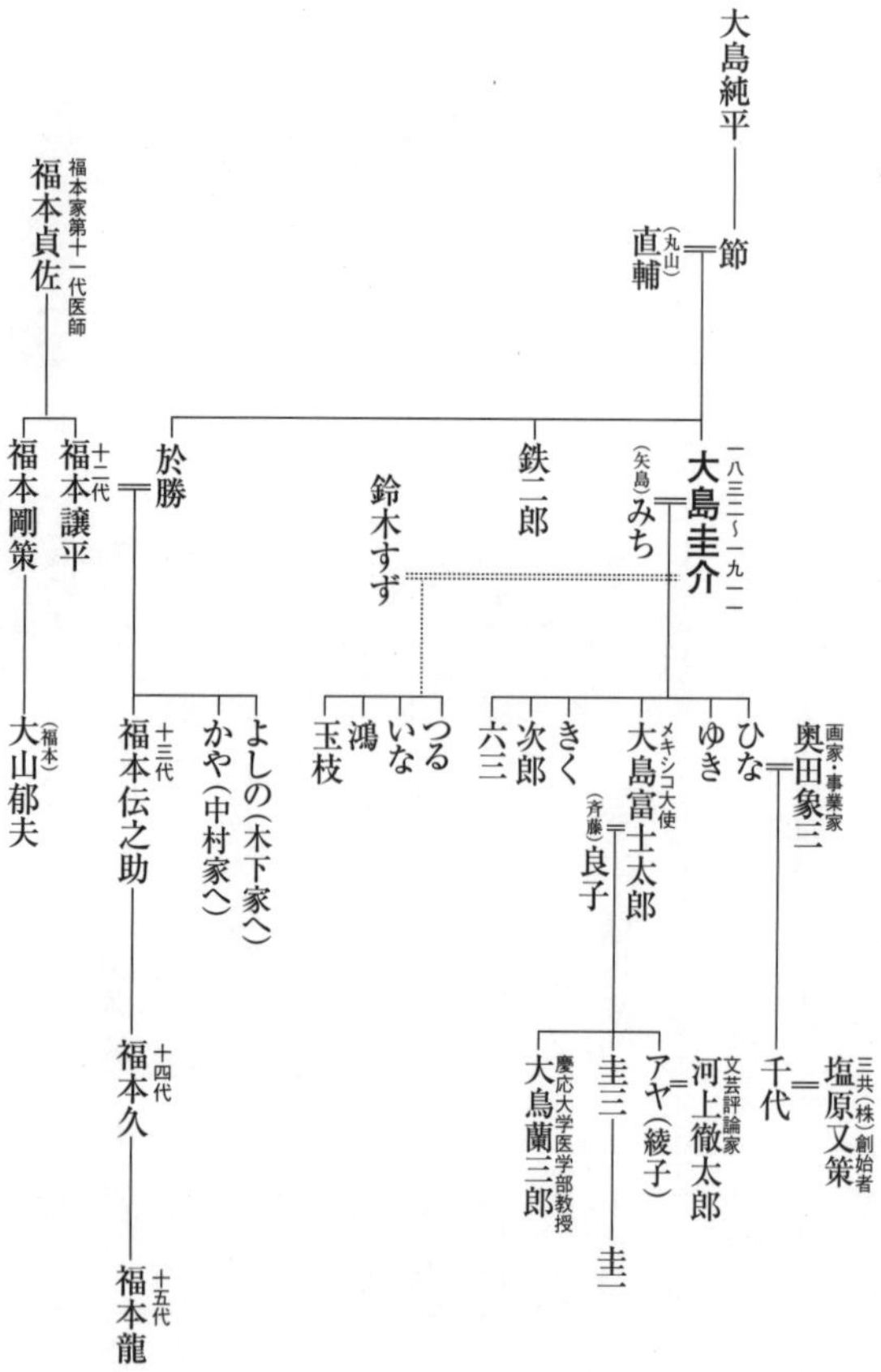
大島純平
節
(丸山)直輔
福本家第十一代医師
福本貞佐
一八三二〜一九一一
大島圭介
(矢島)みち
鉄二郎
於勝
十二代
福本譲平
福本剛策
鈴木すず
画家・事業家
奥田象三
ひな
ゆき
メキシコ大使
大島富士太郎
(斉藤)良子
きく
次郎
六三
つる
いな
鴻
玉枝
よしの(木下家へ)
かや(中村家へ)
十三代
福本伝之助
(福本)
大山郁夫
三共(株)創始者
塩原又策
千代
文芸評論家
河上徹太郎
アヤ(綾子)
圭三
慶応大学医学部教授
大島蘭三郎
圭一
十四代
福本久
十五代
福本龍

大島家の家系図

圭介生家（明治後期。『大鳥圭介伝』より）

圭介の祖父大鳥純平は町医者であるとともに漢学者として知られていた。号を盤水と称した。知識人純平の人生は、圭介に影響を与えた。純平が学んだ備前国の閑谷黌《しずたにこう》で圭介も勉学を希望したことはその例の一つである。祖父の漢学や詩歌の才能は専門家の域に達していた。彼は漢詩を吟じ、酒を愛飲した。妻（圭介の祖母）を志加（または「おしか」）という。純平夫妻には息子がなかった。そこで娘の節に婿養子をとり、美作国《みまさかのくに》英田郡北原村（現岡山県美作市北原）の丸山文蔵の実弟・医師直輔を婿養子として家督を譲った。夫妻は三男二女をもうけた。長男が圭介で、次男は夭折し、三男は鉄二郎で家督を継いだ。長女於勝（または「おかつ」）は後年医師福本譲平に嫁ぐ。次女は夭折した。幼少の圭介は聡明で三歳のとき両親に連れられて村の神社に参拝した際、「天下泰平」と筆書きし周囲の人たちを驚かせた。祖父純平は幼い孫の素質を見込んで自ら私塾で四書五経を素読させ算術を教えた。祖父は、姫路城下の学問所・好古堂教授を嘱託され、幼い圭介を連れて行き講義を聞かせた。教えるとすぐに暗記する圭介は「神童」と呼ばれた。純平は晩年中風を病み天保一五年（一八四四）他界した。圭介は一二歳だった。

祖父の指導を受けて育った圭介は漢学を学びたいと願った。祖父も学んだ閑谷黌に入学することを心から希望した。同校は名君の誉れ高い岡山藩主池田光政によって設立された郷学《ごうがく》で、藩士の子弟のみならず領地内の医師、神官、豪農、庄屋、豪商などの子弟も通学を許された「日本最古」の庶民のための高等教育機関であった。同校は備前国和気《わけ》郡（現備前市閑谷）の静閑の地にあって、圭介の郷里細念村からは西に五里（約二〇キロ）の距離で、国境の峠を越えれば間もなく到達する。同校の地は、藩主池田光政が側近の儒学者津田永忠に命じて先祖の霊を祀《まつ》る場所を捜していた際に見つけたものである。山紫水明の地に自ら足を運んだ光政は「山水清閑宜読書講学之地」と称賛した。校門には二段重ねの屋根があり、上に二対の鯱《しゃち》が立つ。門の開閉時に鶴が鳴くような音がすることから鶴鳴門《かくめいもん》と名付けられた。蒲鉾型の石壁に囲まれた広い校庭内には孔子を祀る聖廟、池田光政を祀る閑谷神社さらには講堂（国宝）がある。

閑谷黌・鶴鳴門（現在）

父直輔は長男に医術を学ぶことを希望して必ずしも歓迎しなかったが、圭介の熱意にほだされて入学を了承した。入学は弘化二年（一八四五）春で、圭介は一三歳。入学者は原則として岡山藩内の領地の者に限られたが、圭介のように近隣の領外地からも学問好きな子弟を受け入れた。この場合は、領内の縁者や由緒ある者を引受人として出願した。在学期限は一年限りを原則としたが、特別な場合は二年ないし三年の在学が許された。圭介は五年間在学するが、これはきわめて異例であり彼の学問への情熱の現われといえる。同校の教育理念は朱子学であり、素読は孝経、小学、四書、五経と進む。一般の農家の子弟らはこれと習字で修了となる。藩士の子弟や優秀な学生には、小学の講習、四書の研究、五経、左伝、歴史、諸子賢伝など各人の学力に応じて研究させ、さらには詞章（詩歌、文章）に及ぶようにする。

「予《よ》、入学後小学、近思録、四書、左伝、十八史略の講義を聞き又史記、漢書其の他本朝の史類をも通読し詩賦文章に志し、居ること五年稍《ようや》く門墻《もんしょう》に入るを得たり。因《よ》って医家を継がんよりは寧ろ儒家を興さんことを望む」（圭介・自伝原稿、現代語表記とする。以下同じ。『われ徒死せず』より）

教授有吉譲介は父直輔に書状を送り、圭介の詩文の作成や読解の才能が並外れて優れていると絶賛した。ここで後年の書家の素養が培《つちか》われた。（彼は理工科系の知性を兼ねそなえた名文家であった）。圭介が胆力を試したと伝えられる椿山（または椿谷）は、藩主池田光政の遺髪や爪などを納めた御納所（供養塚）に至る参道である。細い道沿いには椿が並んで植えられている。昼なお暗い細道である。圭介は深夜一人でこの不気味な場所を歩いた。後年、身長五尺（一メートル五〇センチ強）の小作りながら「全身これ胆《たん》」と驚嘆をもって受け止められた胆力はここで培われたのだろうか。

■■■

「医家の道を取るか、儒家の道を取るか、と悩んでいるのかね」

意庵はしばらく黙した後言葉を継いだ。

「もし君が学問を愛するならば、両方とも取ったらどうかと言いたい。だが、それは所詮《しょせん》無理な注文だ。君の言う医家が、旧来の漢方医や町医者を指すとすれば、医家も、儒家も進むべき道ではないと断言してもいい。医家の道を選ぶ者は、何よりも蘭学を学ばなければならない。蘭方医になるよう努めるのが君の使命だ」

意庵は青年の顔に鋭い視線を投げかけた。

「漢学の知識はすべて捨てろとおっしゃるのですか」

「そう考えてもよろしい。まずは私の家にあるオランダの医学関連の翻訳本を徹底して読み込むことだ」

青年の真摯《しんし》な問いに意庵は悠然と答えた。圭介の医者見習の住込み生活が始まった。だが彼の心中は穏やかではなかった。

「中島氏は西洋家の医伯にして頗《すこぶ》る文学あり医術も大いに世に用いられたる人にて余に勧むるに西洋学に入るを以てす。然れども余は已に稍《ようやく》孔孟の道に志し、経史に薫陶され儒者とならんと思立たれば容易に其の志を変ぜず」（圭介・自伝原稿）

意庵は、人体解剖の理論などを基にした科学的医学があること、今後その方面の勉学に励むべきことを言い聞かせ、所蔵しているオランダ科学の翻訳本を次々に見せて解説した。圭介は翻訳本を手にとって読み始めた。

「而《しか》して一日医伯（注――意庵）は蘭人の翻訳書籍を示す。其《そ》の書は即《すなわち》気海観瀾、医範新書、名物考、植学啓原の類にて大概、宇田川諸先哲の翻訳に係るものなり。予、右数篇の書を取て之《これ》を通読すること一、二回にして其の説の新奇確実にて一々考証あり、空論に走らず、人間有用のものたるを信じ、大いに感悟する所あり、翻然宿志を改め西洋学に従事せんと決心す。然れども当時世上洋学未だ開けず、近国に師とする人あるを聞かず、為に躊躇す」（圭介・自伝原稿）

意庵の指導と西洋の自然科学の翻訳本は、学理を極めた論理的な美しい世界に見えた。意庵の医院には六〇冊ほどの西洋の科学翻訳書があった。地方の医家では極めて珍しいことで、大半が医学関係の訳本であった。圭介はオランダ翻訳本を読み返すうちに未知の科学文明に取り付かれるようになり、この学問を追求したいとの思いに駆られた。漢学を勉強した際の経験から、原書の濫読は不可欠と考えた。二年ほど経ったある日、圭介は意庵から大坂で蘭方医緒方洪庵が私塾（適々斎塾、通称適塾）を開いていることを教えられた。蘭学では関西の緒方洪庵、関東の佐藤泰然（佐倉藩）が当代双璧《そうへき》の蘭学者であるとも伝えられた。

　洪庵から直接指導を受けたいと切望し、意庵もそれを勧めた。圭介は父に書状を送り、帰郷を先送りして大坂で学問を続けたい、お許し願いたいと訴えた。意庵は洪庵宛の紹介状を書いてやった。書状では向学心に燃えた医師志望の青年であることが強調されていた。意庵の元でオランダ翻訳本を濫読した期間は二年半であった。意庵は青年大島圭介に西洋への学問を開眼させた。恩師は明治三年（一八七〇）八月一九日他界した。享年七二。墓は赤穂市中広の浄土真宗本願寺派永応寺にある。

中島意庵の墓（赤穂市・永応寺）

　閑谷黌や赤穂の中島意庵宅は郷里細念村から六里（二四キロ）程度しか離れていないが、浪速《なにわ》の地は四〇里（一六〇キロ）も離れている。帰郷して父の許しを得た圭介は直ちに旅装を調えた。意庵の知り合いの製塩業者に依頼して、那波（現相生市那波）港で粗塩《あらじお》を運搬する木造帆船に乗せてもらい泉州堺の港に向かった。知人宅に一泊の後、大坂に徒歩で向かい昼過ぎに市中に入った。嘉永五年（一八五二）春四月、二〇歳だった。

水の都・浪速の街は春一色だった。適塾は商都の市中・北浜の土佐堀に近い銀座のすぐ隣にあって、圭介はすぐに見つけることができた。同塾は天保九年（一八三八）の開校から一四年が経っていた。洪庵は、意庵の紹介状（添え書き）に目を走らせた後大きくうなずいて圭介を喜んで迎えてくれた。入門が許されたのである。彼は塾頭伊藤慎蔵（長州・萩生まれ、洪庵の高弟）から差し出された姓名録に

「播州赤穂郡細念村大鳥直輔倅《せがれ》大鳥圭介」と墨書した。

「君は閑谷黌で学んだだけに、さすがに筆の運びがしっかりしていますね」

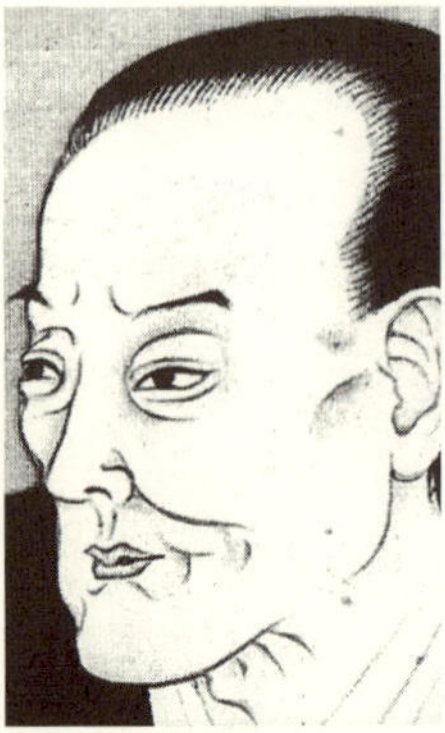
緒方洪庵（『緒方洪庵と適塾』適塾記念会より）

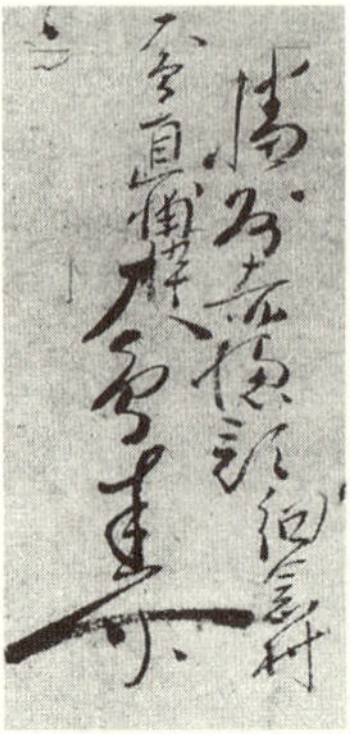
適塾入門の際の署名（『緒方洪庵と適塾』適塾記念会より）

塾頭は能筆を讃えた。彼の姓名録は二二一番で、この年入門した青年は圭介や島村貞蔵（鼎甫）ら三四人である（『緒方洪庵と適塾』）。この塾の門人からは、多くの人材が輩出されたことはよく知られたことである。既に大村益次郎（村田蔵六）、佐野常民、菊池（箕作）秋坪《しゅうへい》、橋本左内など後年名を成す俊才が育っていった。福沢諭吉は二年後に入門し後に塾頭となる。長與専斎は福沢の二年後に塾頭となる。高松凌雲もその後の門下生である。緒方洪庵は備中・足守《あしもり》藩（現岡山市）の藩士の家に生まれた。病弱であったことから医学の道を志した。一七歳のとき、蘭方医杉田玄白（若狭生まれ）の流れをくむ大坂の蘭学者中天游《なかてんゆう》（丹後生まれ）の私塾・思々斎塾の

門人となった。さらに江戸に出て、同じく蘭学者坪井信道《つぼいしんどう》（美濃生まれ）の塾で学び、大坂に戻った天保九年三月、市中の瓦町（現大阪市中央区瓦町）で適塾を開いた。この年七月、中天游の門人、摂津国名塩（現西宮市名塩）の医師億川百記の娘八重と結婚した。洪庵二九歳、八重一七歳。七年後の弘化二年（一八四五）、適塾は手狭になったことから過書町（現大阪市中央区北浜三丁目）の商家を購入して移転した。この建物の二階が塾生たちの学習部屋に当てられた。塾には全国各地から集まった俊才たちが常時五〇人はいて切磋琢磨しあった。青年たちは蘭学者や蘭方医を目指したのである。一人に畳一枚が割り当てられた。毎月場所替えがあり、輪講で成績が良い塾生から順に好きな場所が与えられた。塾生は必死になって修業に励まざるを得なかった。圭介も途絶えがちな実家からの仕送りを何とか写本のアルバイトでしのいで勉学にいそしんだ。ＡＢＣから始めた蘭学の文法書も読解できるまでになった。だが蘭方医学の研鑽をしている時間はなかった。

「緒方の塾に入って、緒方で原書を読む、其の時分には原書と言っても妙な稽古《けいこ》の仕方で、今ならば英書を読むにも、仏書を読むにも、単語の極く易しいものを学んで、追々に其の文に綴《つづ》ったものを読み習わすのが、今の仕方でありますが、その時分はそう言うことをしないで、いきなり『グランマンチカ』、英語の『グラムマー』即ち文法書で、御承知の通り最初から長い文章が書いてある。……半年もかかって読めるようになったが、一向何事《こ》か分らぬ、文章は斯う書かねばならん、疑問文章は斯う書く、唯直接の文章は斯う書くのだという丈《だけ》のことで、一向にどうにも分らぬ、最初に反訳《ほんやく》本を読んだような面白いことは一向にない。……」（『大鳥圭介伝』）

圭介は緒方塾に入学しても郷里から十分な学費を受けられなかった。一カ月の生計を維持することが困難だった。同学の士のために原書を筆写してその筆耕料で学費を補った。原書が乏しく、しかも薩摩藩主に一部、長州藩主に一部などと有力大名が所有しているだけだった。緒方塾が所持している本は、物理書と医学書などに限られていた。これらの原書を買い求めることは容易なことではなかった。長崎の通弁（通訳官）に頼んでオランダ人の所有している専門書を譲ってもらうしかない。そしてこれを筆写しなければならないのである。全国の大名からオランダ語辞書・ドゥーフ辞書（『ドゥーフ・ハルマ』）や蘭書の写本の依頼が寄せられた。これが一枚一六文（今日に換算すると一枚一〇〇〇円程度か）の価格であった。塾生たちはアルバイト収入で書生生活を何とか乗り切ることができたが、酒の上での町衆とのもめごともあったようである。（福沢諭吉『福翁自伝』）。圭介が父直輔に送った書面は言う（現代語表記とする）。

「一書呈上仕り候、寒冷の節に御座候へども、愈々《いよいよ》以て華堂御揃《そろ》い御清祥遊ばされ候まま、珍喜斜めならずと存じ奉り候。次に小子恙《つつが》無く勤業仕り候間、御安慮成し下され候はば千万の至りに存じ奉り候。然らば、先達ては金子二両早々御差し送り下され、尚又船便にて布団御送り成し下され、確かに右両品落掌仕る。（中略）近頃は同塾生五十人余にて殊《こと》の外繁昌に御座候。小生も読書のひまは写し物致し飯料のたしに致し候て相暮らし候事、誠に不自由に存じ候へども、是又修行の一つと相心得候也。他事は無筆候。只時気御厭い下されたく専一に存じ奉り候。文尾ながら御老人様へよろしく御取合い下さるべく祈り奉り候。中上げたく此の如くに御座候。早々。擱筆、拝具。

十一月　鵬圭介

老大人様膝下」

姓名を大鳥とは書かずに「鵬」と書いたところに青年の客気を感じる。「燕雀《えんじゃく》安《いず》んぞ鴻鵠《こうこく》（または鵬《おおとり》）の志を知らんや」（『史記』）を意識していることは言うまでもない。圭介は朝早く起きて机に向い、睡眠

適塾に飾られた大鳥の写真（現在）

時間を惜しむ猛烈な勉強の成果もあってオランダ語の専門書も一通り読めるようになった。蘭和辞典を手掛かりに、蘭学書、科学書と首っ引きでの勉学だった。彼は学修のかたわらで観劇も好んだ。余暇にしばしば劇場通いをしており、歌舞伎俳優の声色を真似《まね》て学友に話しかけたりした。謡曲や囲碁も愛した。圭介が入門した二年ほど前から洪庵は種痘の研究と実践をしていた。嘉永六年洪庵は正月二七日の日記に「午前不快平臥、大鳥圭介に按摩《あんま》をたのむ。夜浴場」と記した。洪庵は診察や種痘の研究・開発に忙殺されて心身ともに疲れていた。圭介は按摩が得意だった。ツボを心得ていたのだろう。

圭介が入門した翌年・嘉永六年（一八五三）六月、マシュー・C・ペリー提督が率いるアメリカ・東インド艦隊の軍艦（黒船）が国交を求めて浦賀沖に来航した。アメリカの要求は、通商、補給、遭難海員保護、この三つであった。同年八月にはロシア艦隊（プチャーチン提督）が長崎に来航した。泰平の安眠をむさぼってきた幕藩体制は風雲急を告げた。圭介は外圧が日本に迫ってきている現実を塾頭渡辺卯三郎から聞かされた。適塾を乗り越える勉学に挑みたいと念じた。師洪庵のように一度は江戸表に出て研鑽を積みたいと願った。

第二章　激震の予兆——医学を捨て、兵学を取る

「君のような秀才にこの塾から去られると、手本がなくなるようで困るが、私も若い頃に江戸に出て坪井先生のもとで研鑽を積んだ。江戸は大坂より大きい。立派な蘭学者も少なくないし蘭学書も格段に多い。だが君の郷里のご両親は医者の修業を終えて一日も早く帰ってくることを望んでいるのではないかね」

緒方洪庵は端座したまま、広い額に小じわを寄せて塾生大鳥圭介に問いただした。洪庵の隣には夫人八重が座って心配そうに圭介を見つめている。

「私は是非《ぜひ》江戸に出てさらに蘭学の勉学に努めたいと考えています。この内憂外患の時代であればこそ、西洋兵学を学びたいと考えています。ですが、確かに郷里の両親は早く帰ってきて、医者の後を継いでくれと願っています。江戸を取るか、郷里の村を取るか、と問われれば、今は郷里を捨てて江戸を取ると答えます。先生もご承知のように蘭学に精力を集中した結果、医学は書物を読んだだけで実習をしていません。医師の資格はないのも同然です」

圭介は既に結論は出しているといった口調で伝えた。二二歳の青年の決意は固かった。洪庵はうなずいた。

「あなたをこの塾に紹介してくださったのは赤穂の中島意庵先生ですね。中島先生にも一度相談してはいかがですか。江戸への旅費も結構かさむでしょうね」

夫人八重はあたかも自分の息子の行く末を案じるように語り掛けた。

「意庵先生には書状で伺《うかが》いを立ててみましたが、両親との相談で結論を出して欲しい、私個人は江戸行きを支持する、とのことでした。私はやはり江戸に行きます。先生、お許しくださいますれば江戸の蘭学者をご紹介くださいませんか」

洪庵は再びうなずくと「紹介状（添え書き）は書いてあげよう」と約束した後、「君の囲碁の腕前は上達したかね」と話題を変えた。

「稽古《けいこ》の時間もなくて一向に上達しません」

圭介は頭をかいたが、話題を変えて心の緊張を解きほどいてくれた恩師に感謝した。

「学問も囲碁も腕を磨くためには優れた競争相手がいるといいのだ。江戸には競争相手が多かろうよ」

恩師は激励した。恩師夫妻には笑顔が戻っていた。

彼は旅費などの資金を調達するために一計を案じた。父直輔に宛てて、帰郷に必要な経費四両を早急に送金して欲しいと書状で訴えたのである。（現代語表記とする）。

「（前略、注——必要経費がかさむことを訴えた後）扨《さ》て又、此の度《たび》万事宜《よろ》しく致し帰宅仕り候には種々入用多く、尚又路用又は産物など少々求め度候間、金子《きんす》も相掛り困り入り申し候。其《そ》れゆえ何卒《なにとぞ》当月末迄に は金子四両程（注——約四〇万円）御心配下されたく候。右毎度御無心申上げ恐れ入り候へ共、最早此上は申上げず候間、今一度と思し召し右之金子御贈り下され度候。左様御座無くては帰宅の積りも出来かね申し候。御立腹の段恐れ入り候へ共、何卒御慈悲を以て万事宜しく御頼み申上げ候。先ずは時候御見舞え迄此の如くに御座候。（追伸、略）

寅七月十五日　　圭介拝

尊大人様（注――父親）膝下　」

圭介は、父からの送金が届くと、郷里とは反対方角（東）の江戸に向かって旅立つのである。鹿島立ちの前日、彼は父宛の詫状を再びしたためた。

「（前略）此の度《たび》江戸表へ参り候には只今申上げ候通りなる不意の事ゆえ、定めて御驚きの程察し奉り候。しかしこの事は内々中島氏（注――意庵）と相談致し候処、先ず以て尊大人様へ御願い申して、何《いず》れ御暇《おいとま》は与え下さるとも、左《さ》すれば私の心願も水の泡と消え失せ候間、此の義は先達よりの思い立ちに候へども、此の状に始めて申上げ候。何《いず》れ只今急の思い立ちと申す次第には御座無く候。あまり寝耳に水と出かけ不孝の段は幾重にも御免下され度候。尚出立も明晩は（注――淀川を上る）伏見夜船に乗り上京仕り候。是又御知らせ申上げ候。（中略）猶《なお》道中の入用は、先達て御送り下され候金子にて致し、先方に参り候へば、しるべの人も多く御座候ゆえ、如何様とも相成り候御心配の段決して御座無く候。先ずは御断り旁々《かたがた》長々と相認め申上げ候。御憐察下され、御推読下され度候。　早々」

安政元年（一八五四）八月一八日、圭介は金子四両を懐《ふところ》にして浪速の都を出発し、三〇石船（夜船）で淀川を遡《さかのぼ》って伏見に入った。京都に一泊後東海道を東上し九月五日江戸表・品川の宿に到着した。早速、旅籠《はたご》で郷里の両親に手紙を送った。

「前略、私義先月十八日大坂表を出立いたし、京都にて一両日滞在致し発足仕り、道中恙《つつが》無く江戸表へ当五日に到着いたし申し候。此の段御安心下さる可く候。未だ当地の案内も万端相分り申さず、先生の家もしかと相定まり申さず候。其《そ》れゆえ今度は只無事に当地へ罷《まか》り越し候趣丈を申上げ候。委細は後便の節申上げ候。誠に此の度の義は御案外の事ゆえ、先達て申上げ候通り御皆々様御待ち兼ねの処、却って御力落し成さられ候はんと存じ奉り候へども、必ず必ず左様に御案じ下さるまじく候。当地に参り候へば、心安き人も段々之有り候故、皆々世話致しくれ候間、私も安心仕り候。何れ来夏迄は折角参り候ゆへ修行致し度候。夫れ迄は御容赦下され御待ち下され候。誠に誠に道中筋も御立腹の事のみ私気に掛り相済まずとは思案仕り候えども罷《まか》り越し申し候。（以下略）」

■■■

江戸に着いた大鳥圭介は、緒方洪庵の紹介状を持って芝浜松町一丁目（現港区浜松町一丁目、京浜国道（旧国道一号）沿い）の蘭学者大木忠益《ただます》（または「ちゅうえき」、米沢生まれ、後に坪井氏）を訪ねた。空が高く澄んだ秋の一日だった。忠益の塾は東海道から少し入った武家屋敷の一角にあって、近くに韮山《にらやま》代官・江川太郎左衛門の大小砲習練場と兵学塾（江川塾）があった。忠益は、江戸の蘭学界では名の知れた蘭方医坪井信道（美濃生まれ）の高弟であった。坪井信道が江戸下町の深川に開いた塾・安懐堂には洪庵もかつて学んで塾頭を務めた。信道は二人の娘の婿に俊才の弟子を養子として迎えた。次女の婿養子となったのが大木忠益であった。（彼は後に坪井芳洲と号して薩摩藩主島津斉彬《なりあきら》の侍医になる。圭介入門時は大木姓である）。義父信道は、圭介が江戸に着く六年前には他界していた。

「天下の洪庵先生の門で鍛えられた方ならば口頭試問は必要ない」

大木は、洪庵の紹介状に目を走らせただけで圭介の入門を許した。この塾には適塾よりもはるかに多くの医学書、物理学書をはじめ兵法書、砲術書などのオランダ語原本がそろっていた。常時約三〇人の塾生が学んでいた。圭介は半年も経たないうちに学力と人格を認められ塾長を命じられ、塾生を指導監督することになった。この塾でもオランダ語指導用テキストは適塾と大きな開きはなく、初学者はグラマチカ（文法、英語のgrammar）とセインタキス（統語法、英語のsyntax）を学び同時にオランダ語本の素読を行う。その後、数学、物理学、生理学、医学などを教え、上級者には専門書の会読（読解）を求めた。圭介は、原書が多数そろっていることに加えて塾長として他の塾の原書も借りだせるようになり、専門分野が広く深くなった。何よりも、塾長になって手当てが支給され、また各藩江戸藩邸の求めに応じて原書を筆写し筆耕料を受け取ることができて、生活にわずかながらも余裕が出てきた。塾の同窓中には有能な青年が多く、子安峻《こやすたかし》（大垣藩士、読売新聞創始者、日本初の英語辞書を編纂）、橋本鋼三郎（福井藩士、橋本左内実弟、医学博士）、加藤弘之（出石《いずし》藩士、東京大学初代総理）らがいた。

江戸における蘭学は勃興期を迎え蘭学塾が相次いで誕生した。よく知られた塾では、渋谷の杉田成卿《せいけい》や木村軍太郎、下谷の伊藤玄朴《げんぼく》、本郷の手塚律蔵（適塾同窓、天才的漫画家手塚治虫の曾祖父）、番町の村田蔵六（適塾の先輩、後の大村益次郎、戊辰戦争で圭介の敵将）が主宰するものなどがあり、どこでも四〇人から五〇人の塾生を抱えていた。学科は医書、理学書、兵法書、砲術書などの解読である。

幕末という激動の時代が各藩の秀才にヨーロッパ式戦術論（兵法・砲術）を学ばせたのである。それは教育面だけではなかった。大木忠益の塾には全国の主だった藩から軍備指導の依頼が寄せられるようになり、塾頭の圭介がこれに対応することになった。

日本の周辺海域にはアメリカ・イギリス・ロシア・フランスなど帝国主義列強の艦艇がしきりに回航して開国を求めてきている。圭介は、天下の体制に一大激変が生じるに違いないと察した。彼が大木塾で教鞭をとった期間は四年に及んだが、西洋兵学者として揺るぎない位置を占めるようになった。全国

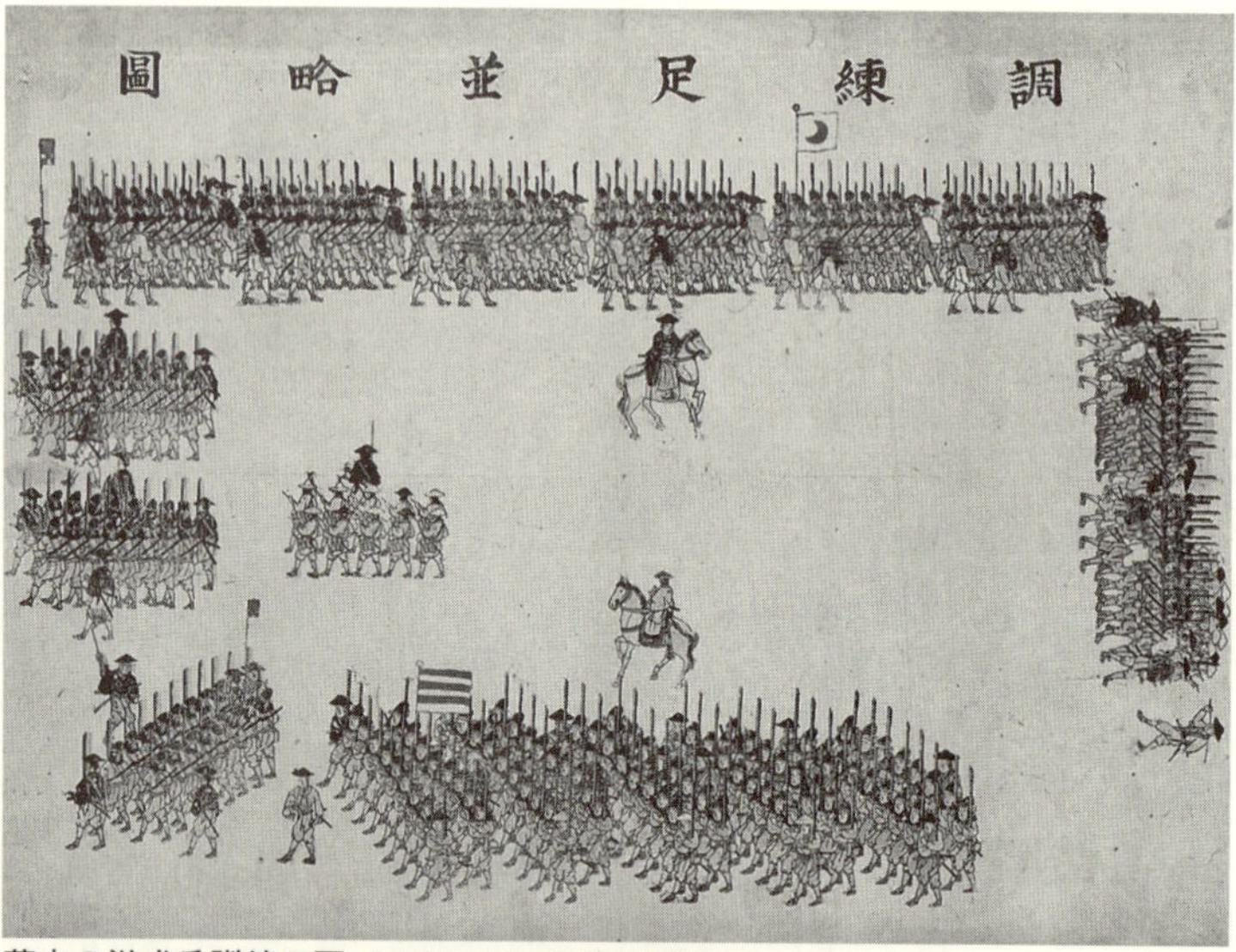

幕末の洋式兵訓練の図（国立歴史民俗博物館蔵）

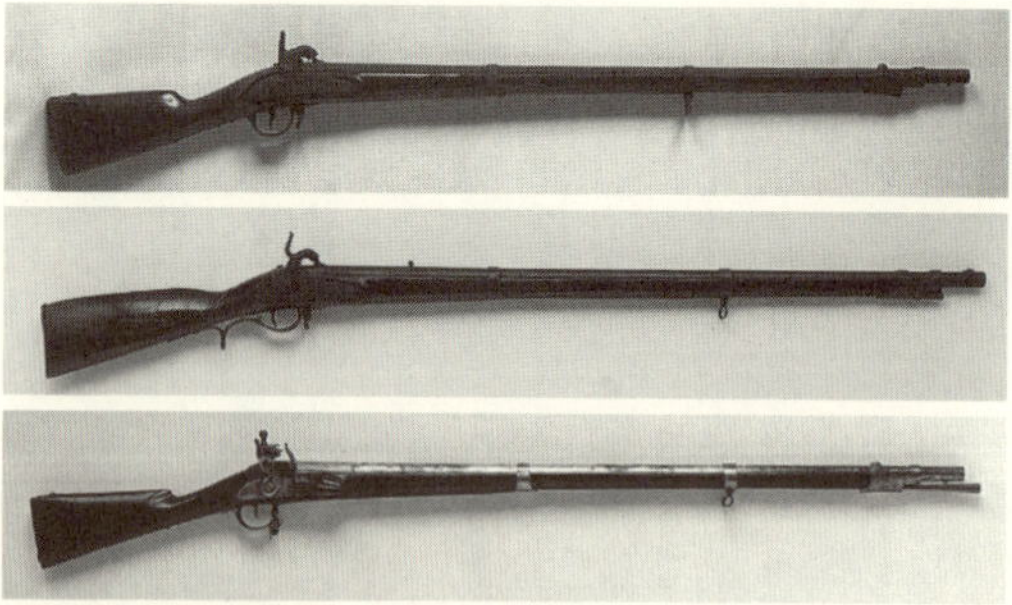
洋式ゲベール銃

の雄藩から、兵隊の訓練法、西洋銃の製造法、台場の構築法などの問い合わせが寄せられるようになった。江川太郎左衛門の塾（江川塾）からも指導を求められた。もはや医学への道は断念せざるを得なかった。（圭介は医術と兵術は異常事態にあって「敵」と戦う点では共通項がある、と考えていたのだが……）。

江川塾は大木塾の北側の芝新銭座（現港区東新橋二丁目、JR新橋駅近く）にあって、最高水準の兵学塾だった。江川家は代々太郎左衛門を名乗った。祖先は大和国（現奈良県）から伊豆の韮山《にらやま》に移って代官を務めた。「韮山代官」と呼ばれた由緒正しい家系で、江戸後期の嘉永・安政年間の当主は太郎左衛門英龍《ひでたつ》であり、号を坦庵《たんあん》と名乗った。英龍は蘭学を研究し、詩文にも秀でた教養人であった。渡辺崋山、高野長英、箕作阮甫《げんぽ》、伊藤元朴など当代きっての蘭学者を知己としていた。伊豆の韮山で英龍から武備の指導を受けた藩士も多く、彼が考案した紙に漆を塗った二枚貝のような形の軍用笠（陣笠）は「韮山笠」と呼ばれた。紙製で軽量のため洋式銃の操作には好評だった。天保一二年（一八四二）、江戸郊外・徳丸ケ原で高島秋帆から伝授された砲術の調練をしている。幕府の西洋流砲術の教授の許可を受け、また韮山反射炉を建造し大砲を製造した。近代の科学的理論や技術を理解した時代の先を行く知識人であった。

江川太郎左衛門邸宅（現・静岡県伊豆の国市）

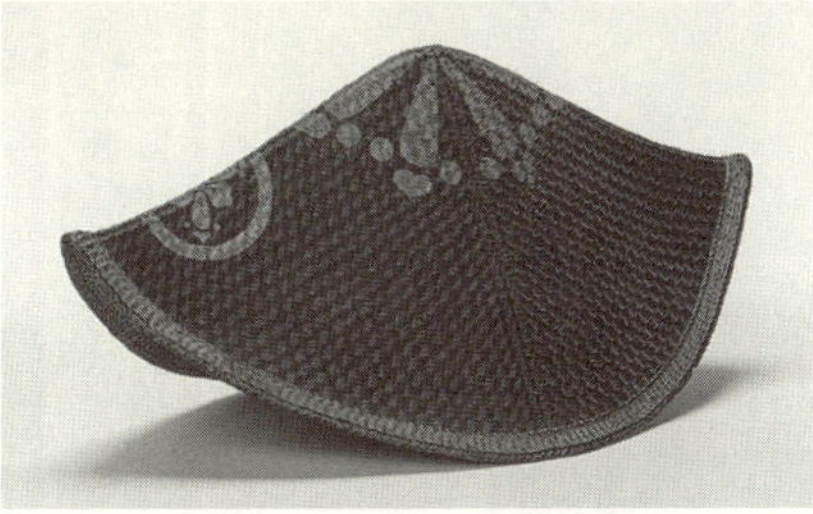
江川太郎左衛門が考案した「韮山笠」

ペリー艦隊来航の寛永六年（一八五三）に、江川太郎左衛門は幕命を受けて江戸湾の沖合に七基の台場（小型海上要塞）を築造することになり、翌年早くも五基が完成した。そこには反射炉で製造された大砲が設置された。台場は昼夜兼行の突貫工事だったため過酷な労働で病死する作業員が相次いだ。（安政二年〈一八五五〉には長崎の海軍伝習所が開設された。オランダ海軍士官が指導に当たった。この年、「蘭癖」と評されるほど蘭学に傾倒していた堀田正睦《まさよし》〈佐倉藩主〉が老中首座に就いた。その翌年、幕府の洋学研究所といえる蕃書調所《ばんしょしらべしょ》も開かれ、やがて開成所と改名される）。

英龍の江戸邸宅と塾は当初下町の本所・割下水《わりげすい》の狭い一角にあった。安政二年（一八五五）、幕府は英

韮山反射炉（現在）

品川沖のお台場（東京・港区立図書館蔵）

龍の死後長男英敏に芝新銭座の広い邸宅を下賜《かし》した。英敏はまだ一六歳だったことから、英龍の直弟子柏木総蔵（のちに忠俊）が江川塾の運営などに当たった。柏木は農兵節（元歌はノーエ節、一種の軍隊行進曲）を考案したことで知られる。その歌は「富士の白雪ノーエ、朝日で溶けてノーエ……」で始まる。この年一〇月二日夜五つ半（午後九時）過ぎ、江戸は大激震に見舞われ下町が壊滅する。安政の大地震である。死者数万人。圭介は自室で読書中だったが、危うく難を逃れた。

安政四年（一八五七）春、圭介は柏木から教授就任を誘われたが、英龍は既に他界して三年経っていた。江川塾は、軍事調練の他築城法、火薬銃砲の製造法など実践的なものが大半の軍学塾であった。蘭学は矢田部卿雲（武蔵国〈現埼玉県〉生まれ、坪井信道門下）が担当していた。だが三九歳で病没したため後任に大木の塾の塾頭圭介を招聘することになった。圭介はこの要請を快く受け入れ、オランダの兵学書を教えることになった。二五歳であった。江川塾は「賓客の礼」を持って圭介を優遇した。（矢田部卿雲の長男は植物学者・詩人良吉で、東京帝大教授や東京高等師範〈現筑波大学〉校長などを歴任した）。

黒田清隆（北海道・開拓使長官時代）

圭介は江川塾の塾生長屋（学生寮）に引っ越すことになった。同じ大木塾にいた学友橋本綱三郎を誘い、所帯道具や書籍を運び込んだ。大木塾から江川塾までは指呼《しこ》の間であった。この塾で巡り合った同僚や門下生との交流は圭介の生涯に大きな影響を与える。

「兵学者はいたずらに戦争愛好家であってはならない」

圭介は講義の冒頭で塾生に言い聞かせた。薩摩藩から送られて来た門下生との邂逅《かいこう》は宿命的と言ってよく、中には大山弥助（のち巌、陸軍司令官）、黒田了介（のち清隆、第二代総理大臣）、伊東次右衛門（のち祐麿、海軍中将）、有島武記（のち武、大蔵官僚、文学者有島武郎の父）ら後年名を成す青年がいた。黒田が直弟子だったことは歴史的運命と言える。彼らにはオランダ語の兵学書を教授し、余暇には調練や西洋流砲術の模擬訓練をした。近代的士官教育の嚆《こう》矢《し》と言えよう。江川塾では「オランダかぶれ」の英龍が長崎で直伝されたパン製造法を使って洋風パンを作り主食とした。

■■■

「貴殿に是非《ぜひ》とも尼崎藩藩士になっていただき海防などについて御指導をたまわりたい。八人扶持《ぶち》の報奨ではいかがであろうか」（注――史料によっては五人扶持とある。一人扶持は一カ月玄米一斗五升〈一日五合、一合は約一八〇ミリリットル〉）。

尼崎藩江戸藩邸の初老の留守居役は、江川塾に圭介を訪ねて藩主の意向を伝えた。

「身に余る光栄であり承ります」

圭介は既に尼崎藩主側近の知人服部元彰からの書状で士分取立ての要請文を読んでいて了承する旨を伝えた。江川塾に移って間もないこの年一一月のことである。圭介の郷里播州細念村は、尼崎藩（桜井家、四万石、現尼崎市）の飛地であった。

「同（安政）四年十一月出仕、尼崎侯（松平遠江守《とおとうみのかみ》今桜井忠興君の父）より八人扶持給われる。（松平遠江守侯は摂州尼ケ崎の城主にて其領地の一部播州にあり、余が郷里細念村は即其所領に属す。此縁故あるを以て知人服部元彰の紹介により遂に奉仕するに至れり）」（圭介・自伝原稿）

嘉永七年（一八五四）のロシア軍艦（パルラダ号以下四隻）の大坂湾来航以降、尼崎藩でも摂津沿岸

（大坂湾）の防備持ち場（兵庫から天保山北浦まで）を命じられ、海防のために大小砲の鋳造、砲台築造、調練などのための西洋知識を必要としていた。藩主忠栄に近侍《きんじ》していた服部元彰が旧知の圭介の学識を高く評価して、江戸藩邸だけではなく藩地尼崎での指導の機会を与え、同時に圭介の帰郷を心待ちしている両親の希望をかなえさせようと企図《きと》したものであった。尼崎では、後年まで「尼崎に過ぎたるものは、馬術と沓脱石《くつぬぎいし》（江戸藩邸・鉄砲洲屋敷にあった）それに大鳥圭介の三つ」と語り継がれたという（福本龍『われ徒死せず』）。村医の子息が士農工商の上に立つ士分に取り立てられた上、指南役として藩士の子弟に兵法を指導することは大鳥家の望外の栄誉であった。彼は槍持ちの中間《ちゅうげん》庄兵衛を連れて帰郷し、家族・縁者はもとより庄屋や村民たちから歓迎を受けた。父母や弟妹の喜びは一通りではなかった。

　圭介の兵学者としての名声が高まるにつれて、西国雄藩から彼を召抱えたいとの打診が示されるようになった。中でも登用に人一倍熱心だったのが阿波徳島藩（蜂須賀家、二五万石）藩主だった。しかし圭介は尼崎藩に仕官の身分であった。そこで徳島藩主は尼崎藩主と直接交渉した結果、圭介は「徳島藩お抱え」となった。一方で、彼は幕府から鉄砲方を命じられ、江川邸内において兵隊訓練（戦闘訓練）、銃の製造、築城技術の指導に当たる。

「安政五年（一八五八）十二月（余が二十七歳の時）江川太郎左衛門御鉄砲方出役を拝命し、（但し幕府の所命なり）江川邸内に移住して練兵・製銃・築城の事を司《つかさど》る。（手当一ヵ年金二十五両五人扶持）」

（圭介・自伝原稿）

　適塾後輩の福沢諭吉が江戸・鉄砲洲に私塾を開校した。築地鉄砲洲にあった中津藩中屋敷で蘭学塾を開いたのである。二五歳。この年、幕府大老井伊直弼《なおすけ》は日米修好通商条約締結に反対する雄藩大名、幕

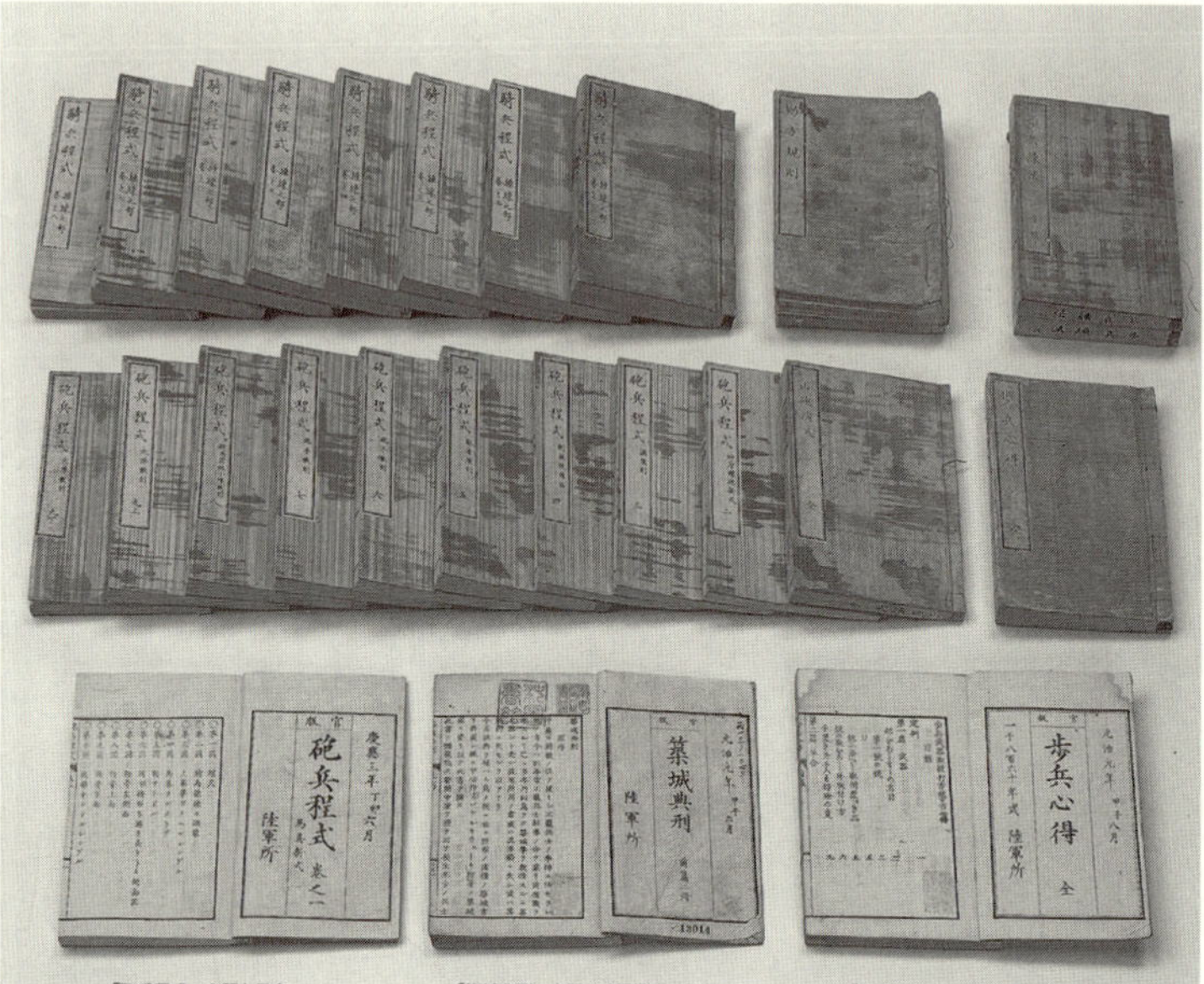

「砲兵程式」内題と目次　「築城典刑」内題と前編巻頭・原序　「歩兵心得」内題と打方稽古目録

圭介翻訳のオランダ兵学書の数々（国立歴史民俗博物館蔵）

臣らを弾圧し、橋本左内、吉田松陰ら八人を処刑した。安政の大獄である。尊王攘夷運動が過激化する。国の内外に暴風雨が吹き荒れ出し、圭介も渦中に投げ込まれる。翌年、横浜・長崎・箱館が開港され自由貿易が始まった。

圭介は兵書を講義するに当たって教科書の必要性を感じ、オランダの兵書を翻訳して出版することを計画した。しかし、従来の日本の印刷技術である木版では多くの部数を刷ることが難しい。そこで洋書で学んだ金属活字を作ることを考案した。科学的知識に長けている圭介ならではの発案である。その結果、日本初の金属活字〝大鳥活字〟を使った印刷に成功したのである。『築城典刑』（築城学教本全五冊、オランダ陸軍士官ペル著）は、万延元年（一八六〇）に二八歳の圭介が自らオランダ専門書を翻訳し自分で活字を作った日本初の画期的な教材である。翌文久元年には『砲科新論』（砲兵訓練書、原著者不詳）を再び独自の活字を使って刊行した。その後慶応三年（一八六七）に至るまでに、『野戦要務』（陸軍士官心得、オランダ陸軍士官ミュルケン著）、『歩兵程式』（歩兵訓練書、原著者不詳）など大鳥活字を使った陸軍教科書十数冊を出版した。土木工学や機械工学の高度な知識を必要とする専門書も含まれている。

日本の近代印刷術の始祖は、長崎通詞本木昌造であると歴史書などには記述されている。だが本木より一〇年ほど早く圭介はオランダ専門書を手掛かりに独学で活字を作り相次いで図書を印刷している。

圭介妻みちの墓（東京・青山霊園）

「大鳥活字」は、鉛、錫《すず》、アンチモンの合金とされるが、活字そのものは残されていない。また圭介は写真の撮影法を洋書によって会得し、ある大名屋敷の鬼瓦を撮影して驚かせた。蒸気船の実物模型も設計した。英語やフランス語も学ぼうとしている。すべて独学である。進取の気象に富んだ俊才の姿である。

万延元年（一八六〇）知人の紹介で、雲州（出雲国、現島根県）藩江戸屋敷詰め藩士矢島大三の息女みちと結婚した。新郎・圭介が二九歳。新婦・みちは天保一〇年六月一一日生まれで、二二歳だった。江戸育ちで武家のしつけを受けたみちは、芯《しん》が強い快活な女性だった。この年、大老井伊直弼が水戸藩浪士に襲撃され暗殺された。桜田門外の変である。またアメリカ総領事タウンゼント・ハリスの通弁官（通訳）兼秘

生麦事件の現場

書ヒュースケンが薩摩藩士によって殺害された。二年後には坂下門の変が発生し、老中安藤信正が水戸藩浪士ら尊王攘夷派に襲撃された。同年、乗馬中のイギリス商人らが生麦村（現横浜市鶴見区生麦）で薩摩藩主の行列の前を通過しようとして斬りつけられ、商人リチャードソンが斬殺された。生麦事件である。薩摩藩行列の中に圭介の門下生黒田了介がいた。尊王攘夷派や脱藩浪人らの過激な動きは幕藩体制の根幹を大きく揺るがす。激震が襲うのである。

第三章　激浪の沖へ――兵学者から幕臣そして幕府歩兵奉行へ

「万次郎さん、英語を大いに教えていただきたいのですが、メリケン（注――アメリカ）のお国柄も是《ぜ》非《ひ》御教授願いたいですね」

大鳥圭介は、中浜万次郎（一八二七〜一八九八）の四角張った浅黒い顔に視線を真っ直ぐ向けて懇請した。圭介は三〇歳、万次郎は年上の三三歳である。英語を伝授される知識人には、圭介のほかに箕作麟祥（のちに法学者）、榎本釜次郎（のちに武揚、外務大臣）、細川潤次郎（講武所同僚）らの幕臣らがいた。幕臣でないのは圭介だけであった。文久二年（一八六二）二月朔日《ついたち》。前夜から江戸の町に雪が舞った。雪の降る武家屋敷の町は静まり返っていた。全員が火鉢を囲んでいる。

幕府海軍時代の榎本武揚

安政三年（一八五六）四月、幕府は築地に幕臣の武術修練を行う講武所を開設し、同四年四月には講武所構内に軍艦教授所（のち軍艦操練所）を開設した。同五年正月越中島（現東京江東区南西部）に講武所付銃隊調練所を設けた。西洋軍学を究める大鳥圭介は、江川塾教授と兼務で講武所に出向したが、このとき江川太郎左衛門から万次郎を紹介されたのである。江川塾同僚教授である万次郎は笑みを作った。

「大鳥さんには、英語の文法や統語法などはお教えしなくてもいいでしょう。私もよく知りませんし、基本的にはオランダ語と大きな違いはありません。それに、この激動の時代に語学研修に多くの時間を割くこともできないでしょう」

万次郎はこう述べると話を続けた。

「私は一介の船乗りの出です。漂流民としてメリケンに連れていかれました。ですからメリケンのすべてを語る知識はありません。余り本は読みませんが、会話ならば得意です。可能な限りお伝えしましょう。私のような者でも機会に恵まれれば教育を受けることができる。これがメリケンの大きな特徴です。それにも増して、彼らが〝All men are created equal〟と心から信じていることが重要です。この英語をどのように和訳しますかね」

万次郎の話し言葉には英語なまり（イントネーション）が残っていた。この質問にさすがの語学力に秀でた圭介も戸惑った。

「いやあ、困りましたな。数カ月後に答えましょう。私は過日横浜の異人街に出向いてイギリスやアメリカの商館を訪ねてみました。異人たちの話が全く理解できませんでした。それだけではありません。店の看板も張り紙も読めませんでした。オランダ語を話す者もいません。自分の青春の日々を全て費やして習得したオランダ語が活用できないとはあきれました。英語を学ばなければ時代は理解できないことを痛感しました」

「この英語は士農工商の身分的差別がないということですよ、大鳥さん。それにしても昨今の尊王攘夷派による残酷な『異人斬り』は、この国に大きな禍根を残すと思います。外国人と見るとやみくもに斬りつけるなどという野蛮な行為はメリケンでは考えられません。私の乗ったメリケンの捕鯨船には外国人も結構働いていましたよ」

万次郎撮影の圭介（福本龍『われ徒死せず』より）

写真師・下岡蓮杖（横浜開港資料館）

万次郎はあごの張った顔をゆがめて首を振った。雪はこやみなく降り続いた。
圭介の英語習得は早かった。「オランダの本は読む力があるから、（両方の原語がゲルマン語系で）近いから格別骨が折れぬ。骨を折らずに英書も読めるようになった」（圭介・自伝原稿）。万次郎は万延元年（一八六〇）咸臨丸で渡米した際写真機一式を持ち帰ってきた。圭介が写真術に強い関心を持っていたことから、話題が写真術に及ぶと際限がなかった。万次郎は羽織袴姿で刀をおびた圭介を撮影し翌日写真を現像して手渡した。圭介は写真機の性能のよさに驚いた。
日本への写真技術導入の足跡をたどってみたい。幕末の開港場（長崎、下田〈のちに横浜〉、箱館〈函館〉）の三つの窓口が独自に文明開化の写真術源流をなしている。長崎から入った写真術は上野彦馬によって代表される。彼は長崎でオランダ人軍医ポンペ

（一八二九～一九〇八）に舎密学《せいみがく》（化学）を学び、その一環として「ポトガラフィー（撮形術）」を研究する。下田（のちに横浜）から入った写真術は、下岡蓮杖《れんじょう》が代表格である。これはアメリカ系といえる。箱館から入った写真術の先駆者は木津孝吉と田本研造である。木津は箱館に駐在したロシア領事ゴ

ペリー上陸図（横浜開港資料館）

ペリー艦隊が碇泊した浦賀水道

シュケヴィッチに写真術を直接学び、田本研造は同領事館の医師ゼレンスキーから手ほどきを受けた。ロシア系である。写真を撮られると生気を吸い取られ、やがて影が薄くなって死んでしまうと信じられていた時代に写真の精密さに驚き、その魅力にとり付かれたこれらの先覚者たちが、新しい文明の導入口となった開港地で、写真の技術習得に熱中した。

■■■

日本を震撼させたペリー率いるアメリカ東インド艦隊は、再来訪を予告して引き上げたが、再びその威圧的な姿を現したのは、幕府の予想より早く嘉永七年（一八五四）正月のことであった。ペリーは艦隊が日本に接近した際隊内の情報管理を徹底させ、士官には母国アメリカに私信を送ることを厳禁した。安政と年号が改まるのはこの年一一月である。狼狽した幕府首脳は代官・江川太郎左衛門英龍にアメリカ側と交渉して侵入を阻止するように命じた。老中阿部正弘（福山藩主）を首班とする幕閣は開明的な江川の才覚に期待して彼を勘定吟味役格に任じ、対米交渉に参画させた。江川は〝切り札〟を用意していた。それが土佐（現高知県）の漂流民万次郎であった。中浜万次郎（通称、ジョン・万次郎）は文政一〇年（一八二七）、土佐国幡《はた》多郡中ノ浜浦の漁民の家に生まれた。天保一二年（一八四二）漁民仲間と出漁中に遭難した。一四歳の春だった。アメリカ捕鯨船に救助され、アメリカ・東部マサチューセッツ州ニュー・ベッドフォードに渡り、船長ホイットフィールドの庇護の下で専門教育を受けた。（それまで彼は正

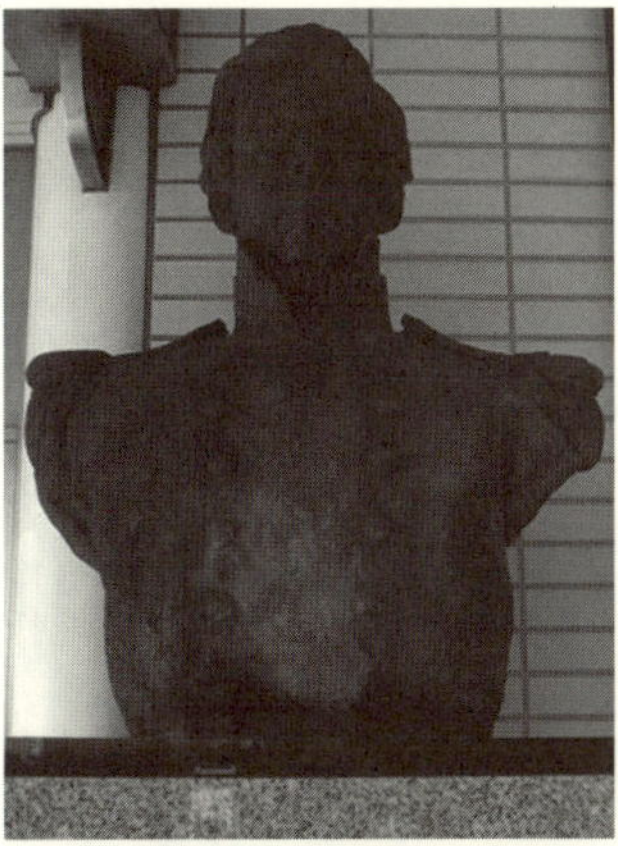
ペリー提督の像（久里浜・ペリー来航記念館）

規教育を受けたことはなかった）。航海術を習得した一人前の船員となり、一〇年後に帰国を実現した。アメリカ海員の重労働の世界に身を置いた彼は、全ての知恵を自分の力で獲得した。帰国の道を選択したのも自分の意思であった。琉球（現沖縄）の近海まで来てから、自分の買い入れたボートに移乗して上陸を遂げた。

嘉永六年（一八五三）六月、江戸の土佐藩邸に幕府から一通の書状が届いた。「万次郎と申すもの、外国の様子等尋ね候儀も有るべく、当地へ呼寄せ置く事」（現代語表記とする。以下同じ）との趣旨のものであった。アメリカ使節ペリーが、フィルモア大統領の国書を残して立ち去ってから、一週間が経っていた。大槻磐渓《ばんけい》が林大学頭を通じて「土佐漂流人万次郎は頗《すこぶ》る天才之有る者」で「此の度《たび》の掛合役等に召し遣われ候わば、必ず穏便の取扱」ができると、幕府へ推薦した。磐渓は蘭学者大槻玄沢《げんたく》の次男で、開国論者であり、林はペリー再来時の応接係となる。万次郎が「頗《すこぶ》る怜悧《れいり》にして国家の用となるべき者」との評判はすでに、薩摩藩主島津斉彬《なりあきら》や長崎奉行牧志摩守を通じて幕府老中らの耳に達していた。一〇月一四日、老中首座阿部正弘は万次郎を呼び寄せ、アメリカ事情を聴取した。万次郎は、阿部正弘、林大学頭、川路聖謨《としあきら》、江川太郎左衛門など重臣が列座する中で、「共和政治州」が「北亜米利加の内三十度より五十度の間に有」り「西は北太平洋を隔て御国（注――日本）に相対」していることから始めて、アメリカの人情、風俗、政治、さらに、大統領は「プレジデント」といい「人民の入れ札」（選挙）によって選ばれ、国内がよく治まっていることなどについて忌憚《きたん》なく語った（『ジョン万次郎とその時代』参考）。

水戸藩主・徳川斉昭

このとき、万次郎は土佐藩に登用されて高知の教授館に英語教師として出仕したばかりであった。その後、代官江川はペリー再渡来に備えて、彼を召し出して自分に配属させるよう幕府に働きかけた。この結果、万次郎は「御代官江川太郎左衛門手付《てつき》」を命ぜられた。一介の見習漁師の少年から武士に取りたてられ、故郷にちなんだ中浜という姓を名乗ることを許された青年を、江川は専属の通訳官兼外交顧問として活躍させる計算で準備を重ねてきた。ところが万次郎の起用に強く反対する勢力があった。その急先鋒が、水戸藩主徳川斉昭《なりあき》であった。「アメリカに恩義のある万次郎はアメリカ側に立って案件を処理するに違いない」との登用反対論であった。結局、江川は万次郎に翻訳作業に従事させるだけにとどめざるを得なくなった。

　万次郎は、アメリカ船に救われて全く別の文明社会の存在を知らされたことが、その後の一生を決定付けることになった。日本における封建制度の世界では、生まれながらにして万次郎の身分は決められていた。だがアメリカの社会では、努力と実力によっては自分の地位を自分で選び取ることができた。彼の帰国後の発言のうちで幕末の治世者に衝撃を与えた言葉は「アメリカでは国王を入れ札で選び、四年たてば交代するものと決っている」（大統領選挙制度）であった。その後、彼は不満を抱えながらも開国前後の通弁（通訳）を務め、維新後は開成学校英語教授となった。万次郎の後半生は必ずしも恵まれたものではなかったが、子息は秀才ぞろいで、医学博士中浜東一郎、工学士同西次郎、海軍主計大監同計三郎がいる。万次郎は明治三〇年一一月一二日、波乱に満ちた生涯を閉じた。享年七一。

福地源一郎（桜痴）（横浜開港資料館）

　大鳥家では、文久元年五月二五日に長女ひなが、また翌年一〇月一四日には次女ゆきがそれぞれ誕生し、父圭介の昇進に華《はな》を添えた。ひなは後年画家で実業家の奥田象三に嫁する。ゆきは成人前に他界する。

■■■

文久二年（一八六二）は日米修好通商条約の締結からわずかに四年後であった。だが政局の動きは一年といわず、月が変われば様相を一変するという激変ぶりだった。（文久元年〈一八六一〉四月、アメリカで南北戦争が勃発している）。福地桜痴（旧幕臣、言論人）は「文久二年は幕府の歴史に於いて最も多事を極め、幕府衰亡の運命は実に此一年に決したる年なり」（『懐往事談』）と記し、公武合体論で京都の朝廷と幕府の間を周旋していた長州藩が、一変して朝廷を急進的な攘夷論に巻き込み、倒幕論を唱えてその鋭鋒を露骨にしてきた、と説いている。薩摩藩島津久光の卒兵上洛による

寺田屋騒動の舞台

寺田屋騒動、生麦事件、長州過激派によるイギリス公使館焼き討ち……。幕府が海軍を増強するためオランダに軍艦一隻を発注し（当初アメリカに発注したが、南北戦争のためオランダに変更した）、同時に榎本釜次郎、沢太郎左衛門、赤松大三郎ら留学生一五人も同国に派遣したのがこの年六月である。幕府陸軍はのちにフランス皇帝ナポレオン三世に軍事顧問団の日本派遣を要請した。フランス陸軍は世界最強とされていたからであった。圭介はこの外国からの顧問団と心血を注ぎあうことになる。

文久二年から三年にかけては、尊王攘夷過激派がその激しさを増して政治は京都と江戸をそれぞれ中

心とする二元運動が始められた。これは幕府の屋台骨を根底から揺り動かした。文久三年二月の将軍家茂の上洛がそれに拍車を掛けた。家茂は二〇歳前の青年将軍であった。江戸と京都では暗殺が横行し、異人斬りがあとを絶たなかった。元治元年（一八六四）一二月二三日、父直輔が病没した。温厚篤実な田舎医者の生涯だった。享年六一。

圭介が万次郎から英語を学ぶようになって二年が経った。万次郎は圭介に助言した。

「英語の発音を正確に習得する積りならば横浜に出掛けて西洋人について学ぶべきです」

圭介は万次郎の語学力には物足りなさを感じていただけに、さっそく横浜に出てアメリカ人の教養人、ヘボン（James C. Hepburn）、ブラウン（当時の表記ではフローン、Samuel R. Brown）、トムソン（David Thompson）らに相次いで面会して英語教授を求めた。そしてヘボン博士について英語と数学を学ぶことに決めた。

ヘボンの像（明治学院大学内）

圭介はその後フランスの兵学を軍事顧問フランス人士官ブリュネや同カズヌーヴについて学び、フランス語にも通じるようになる。この年彼は三二歳になった。この間も物情は騒然としていた。薩英戦争、水戸天狗党決起、蛤《はまぐり》御門の変、第一次長州征討。

ここで日本の英学・医学・教育に大きな足跡を残したヘボンについて略記する。医学博士ジェームズ・カーティス・ヘボンが安政六年（一八五九）日本に着任したときは、既に四四歳の経験豊富な宣教師であり医師だった。（「ヘップバーン」が正しい発音に近いが、通例に従って「ヘボン」と記す）。神奈川（現横浜市内）の自宅近くの宗興寺を借り受け医療設備を設置して貧困と病気に苦しむ人々の治療を始めた。一日に一〇〇人から一二〇人もの患者を診察し治療に当たった。次いで横浜で施療所を開設した。門人の岸田吟香《ぎんこう》（のちに言論人）に伝授して目薬を売り出したり、歌舞伎俳優沢村田之助の手術をして義足を作るなど名医の評判を高めた。キリスト教宣教師でもあるヘボンは近代科学、医学はもとより、教育界の開拓者と目された。早くも文久元年（一八六一）幕府から九人の青年の英語教育を委託され、彼らは六カ月間英学を学ぶため博士のもとに派遣された。「一八六一年から六二年に掛けて、江戸幕府は英学を通じて西洋の新しい知識を学ばせる目的で優秀な青年数名を派遣してきた。青年たちと私との人間関係はすこぶる友好的だった。やがて動乱が起こり、幕府は崩壊寸前という風雲急を告げる緊急事態となり、この青年たちは急遽江戸に呼び戻された。動乱に参加して命を失った者もいたが、新政府のもと、信頼と名誉ある地位を得た者もいた」（博士の追想。『ヘボン―同時代人の見た―』より）。

大村益次郎（圭介のライバル）

島津斉彬（薩摩藩主）

　この青年の中に大鳥圭介がいた。大村益次郎（軍政家、戊辰戦争では圭介の敵将）、林董《はやしただす》（のちに外交官、戊辰戦争では圭介とともに戦う）、高橋是清（のちに首相）、沼間《ぬま》慎次郎（のちに守一、東京府議会議長、言論人）らも教え子であった。一方で博士は和英辞書『和英語林集成』を編纂し刊行した。辞書に用いられたロ

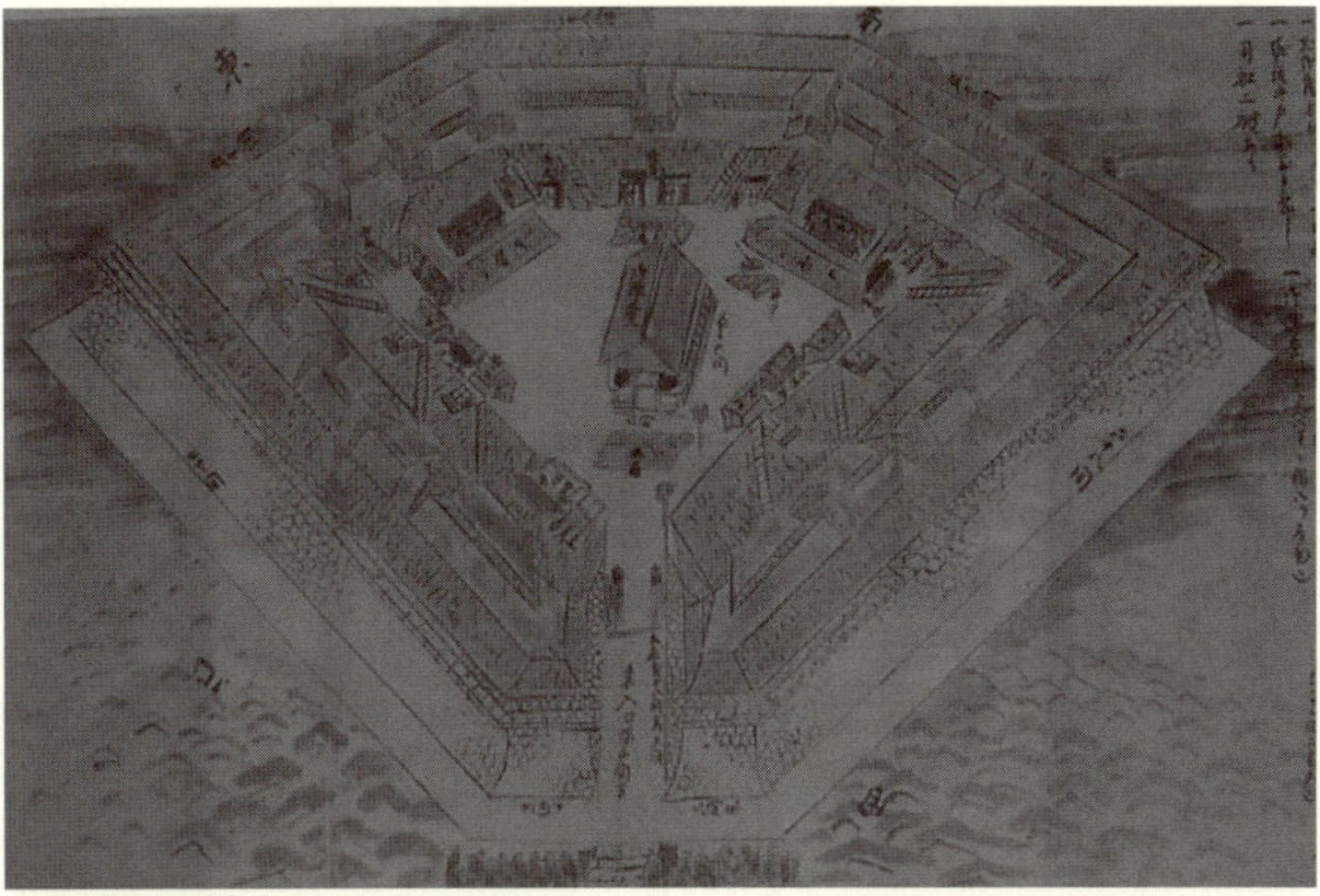
御台場の配置図（東京・港区史料）

ーマ字表記は「ヘボン式ローマ字」として普及した。明治二〇年（一八八七）、念願の聖書和訳も完成させた。クリスチャンの高等教育機関を開設し、これが後年明治学院大学となった。同校キャンパスにはヘボンの胸像が立つ。ヘボン夫人が開いた英学塾はフェリス女学院（横浜市中区）の起源である。蘭学一辺倒だった日本の洋学は、幕末動乱期になって英学の時代に入った。それはアメリカ・ペリー艦隊の浦賀来航がいかに衝撃的であったかを物語るものでもあった。

■■■

圭介は、開明的君主として知られる薩摩藩主島津斉彬の厚遇を受けるようになった。時には多額の御手当金を受けることもあった。薩摩藩士ではない彼が、通常ならばお目見えも叶《かな》わない斉彬と辱知《じょくち》の間柄になったのは、同藩が秀才青年たちに蘭学を習わせるために圭介の門に彼らを預けたことから始まった。若者の中には寺島宗則（のちに外務大臣）、川本幸民《こうみん》（のちに物理学者）などがいた。蘭書・英書

幕府歩兵の訓練（旧太田村、現横浜市中区）

の専門書（化学、天文学、気象学、鉱山学、製紙法など）を彼らに翻訳させ、圭介が三田四国町（現港区芝五丁目）の薩摩藩上屋敷に出向いてその内容を藩主に進講した。圭介自身はテクノロジー（工学系）専門書の翻訳をし、翻訳製本が完了するたびに斉彬に教授し進呈した。説明は明快であり、藩主は西洋の理工系の学問に関心を示すようになった。圭介は「学問があり、大藩の藩主でカネもあり、勢力もある」（圭介・自伝原稿）斉彬を敬愛し、また藩主も圭介の見識を評価していた。圭介はテクノクラート（高級技術官僚）の道を独力で拓《ひら》いていくのである。

薩摩藩の中屋敷は品川の海岸沿いの芝・田町（現港区芝浦、JR田町駅付近）にあった。藩主斉彬は緊急の海防策として、芝の浜に藩独自の台場を構築し大砲を備えつけることを考案した。台場造営の設計施工から現場での指揮を命じられたのが圭介であった。彼の築城技術・港湾技術（今日の土木工学）の知識が遺憾なく発揮され、洋風の大型大砲が備えられた。薩摩藩主からの信頼は揺るがざるものになった。慶応元年（一八六五）一二月、長男富士太郎が誕生した。のちに外交官（メキシコ大使など）、貴族院議員として活躍する。

田舎医者の息子にすぎない無位無官の圭介は、血を吐くような自己研鑽が実って尼崎藩士となって士分に取り上げられ、次いで阿波徳島藩に取り立てられ、さらには近代的な兵法や土木技術の知識が評価されて幕府の代官江川太郎左衛門の江川塾教授となった。士官教育を目指す講武所でも幕臣勝海舟らとともに青年の指導に当たり、同時に築城・砲術・戦術訓練書などの翻訳に当たった。だが彼は幕府の身分制度からすれば陪臣にすぎなかった。外様大名の家臣にすぎなかったのである。幕府は瓦解寸前まで攻め込まれ、地震・水害などの自然災害や急性伝染病のコレラに襲われ、夜盗・かっぱらいが横行する江戸の町民の動揺は甚だしかった。断末魔の叫びを上げていたと言える。幕府首脳は旧来の幕臣だけでは難局の打破はできないと判断し、人材を在野から幅広く採用することになった。慶応二年（一八六六）、圭介は洋学者らとともに幕臣に登用された。三三歳。一躍、徳川幕府の直臣《じきしん》にまで登りつめた。五〇俵三人扶持の禄米が支給された。年に禄米五〇俵と家来三人分の扶持米が支給されるのは、旗本の中では中級である。（一人扶持は年に一石八斗）。登用された者の中には、渋沢栄一（のちに実業家・男爵）、渋沢成一郎（栄一の従兄弟、のちに実業家）、天野八郎（のちに彰義隊隊長）、近藤勇（のちに新撰組隊長）、土方歳三《ひじかたとしぞう》（のちに新撰組副長）などが含まれる。いずれも旗本（一万石未満の幕臣）の扱いである。当初、圭介は幕府開成所（東京帝国大学前身）に招聘《しょうへい》され洋学教授に就任し、同時にイギリス・フランス・オランダの兵法書（軍事関連図書）の翻訳に従事した。次いで、彼は幕府陸軍の歩兵差図役《さしずやく》頭取《とうどり》（現陸軍大尉）となり、さらに翌慶応三年一月に歩兵頭（二千石、現陸軍大佐）に抜擢され、同年三月には歩兵奉行（三千石、現陸軍少将）にまで昇進する。「三段跳び」ともいえるスピード昇進である。

幕府はフランスの陸軍士官ブリュネや同カズヌーヴら一五人を招いて洋式軍隊訓練（士官養成）に取り組むことになった。神奈川の海岸沿いに広がる太田村（現横浜市中区日ノ出町、黄金町、初音町）の丘陵地に「太田陣屋」を造成して訓練場をつくり、開国論者の幕府重臣小栗上野介忠順《ただまさ》が最高司令官となった。小栗を支えたのは、圭介をはじめ矢野次郎（のちに高等商業学校〈一橋大学前身〉校長）、沼《ぬ》間《ま》慎次郎（既述）、益田孝（のちに実業家、ヘボン塾出身）らの幕臣とフランス陸軍士官たちであった。

ここで当時の幕府陸軍体制を、「幕府軍制改正」（安政年間、『勝海舟全集　陸軍歴史Ⅲ』）から引用する。（原文のママ）。

陸軍将士（注――将校と士官）の定員（注――カタカナ表記はオランダ語直訳か）

御老中

一、陸軍惣裁　一人　西洋フェルド　マールシカルク（注――元帥）

若年寄

一、陸軍副惣裁　一人　同ゼネラール（注――大将）

一、陸軍奉行　一人　同ロイテナント　ゼネラール（注――中将）

高五千石

右歩砲騎三兵の惣大将にこれあり候。

一、歩兵奉行　三人　同ゼネラール　マヨール（注――少将）

高三千石　但し、うち二人は歩兵組十六組、撤兵組四組の支配相司り申し候。うち一人は親衛狙撃組四組の支配相司り申し候。以上大将合せて六員。
一、組　十六組
右兵賦人数にて相立て、一組につき三百九十九人、うち小頭五人。但し、十六組のうち常備十二組、外郭番兵二組、遊軍二組。
一、歩兵頭　二組につき一人　西洋コロネル（注――大佐）
高二千石
右は歩兵二組、即ち一レジメントの指揮を司り申し候。
一、歩兵惣目付　二組につき一人　同マヨール（注――少佐）
高七百石
右は一レジメント隊の惣目付にこれあり、西洋アジュダント　マヨール　オヒルデカムプと相唱へ、騎馬惣教頭とも訳し申し候。
一、歩兵目付役　二組につき一人
歩兵差図役頭取にて相勤め候。別段御役料百五十俵。一組につき即ちバタイロン（注――大隊）。
一、歩兵頭並　一人
高千石　右はバタイロン将にして、即ち一組指揮役に御座候。
一、歩兵目付役並
右歩兵差図役頭取より相勤め候。別段御役料百俵。
一、歩兵差図役頭取　五人　西洋カピテイン（注――大尉）
高四百俵　右は中隊の指揮を司り申し候。

一、歩兵差図役　五人　同一等ロイテナント（注――中尉）
高三百俵　右は小隊の指揮を司り申し候。
一、歩兵差図役並　五人　同第二ロイテナント（注――少尉）
高二百五十俵　右は一組半隊の指揮を司り申し候。（以下略）

第四章　紅蓮《ぐれん》の炎、あがる——仏式軍隊訓練、鳥羽・伏見の戦、幕府崩壊

フランス軍事顧問団（中央・団長シャノアン大尉。横浜開港資料館）

「小栗・大島の両閣下に率直に申上げます。あなた方・幕府の歩兵は戦闘集団としてまったく役に立ちません。とても近代戦には勝てません。あたかも、おもちゃの兵隊です」

フランス軍事顧問団の団長シャノアン大尉は、幕府要人（陸軍司令官）小栗上野介忠順《ただまさ》と歩兵頭（同隊長）大鳥圭介を見つめフランス陸軍将校の威厳を込めて背筋を伸ばして伝えた。フランス人通訳メルメ・ド・カション（宣教師。日本名、和春《カション》）は丁寧に日本語に訳した。フランス軍事顧問と幕府要人が非公式に会談したのは、横浜・太田陣屋（現横浜市中区）に駐屯しているフランス陸軍の将校応接室であった。慶応三年（一八六七）二月初旬のことである。張りつめた寒さの日が連日続いた。横

浜港にはアメリカ、イギリス、フランスなど列強の艦船が碇《いかり》を下ろしており、背後には雪の富士の麗峰が青空を背景に裾野を広げていた。フランス軍事顧問団が来日したのは、わずかに一カ月ほど前である。

陸軍大尉は幕府歩兵の調練を数回視察しただけで欠陥を察知した。

「強い軍隊には、心身ともに健康で忍耐強い兵隊が不可欠です。彼らは行軍に慣れ、筋骨堅固のものでなければなりません。町中に育った若者はとかく命令に従わず、苦労に耐える精神力がありません。また妻子のある男も歓迎できません」

陸軍大尉は強い軍隊の条件を次々に示した。

「それでは幕府を長年支えてきた軍人である旗本や各藩の藩士などは軍隊に向いていないことになりますな。大鳥殿」

小栗は隣に座る圭介に声を掛けた。小栗と圭介はフランス語学習も行っておりシャノアンの発言趣旨はある程度理解できた。圭介は深くうなずいて答えを返した。

「各地で戦乱が発生しているこの緊急時ですから早急な軍部改革が必要です。薩長の軍隊が結構強いのもそのおかげかもしれません」

二人の会話は、カションによって通訳された。大尉は語気を強めて語った。

「幕府の兵隊たちは銃砲の取扱い方が未熟ですが、何よりもまず練体法（注——身体の鍛錬法）を徹底して教えなければいけません。大鳥さんは、兵隊調練法の翻訳本（注——『官版、歩兵練法』、陸軍所刊行）を出されているので、よく御存知でしょう。軍隊は規律で保たれます。同時に兵隊の俊敏な動きを普段から鍛えなければなりません。これが練体法です」

戦場では敵の動きにどう反応するか予測ができない。そこで普段から身体が前後左右に自由に飛んだり跳ねたりできるよう、咄嗟《とっさ》の反応を鍛える必要がある、との助言である。「それに」とフランス将校はことばを継いだ。「軍楽隊の充実も忘れてはいけません。軍隊の規律を実践するのが将兵一体となった行進です。それには行進曲が欠かせません。音楽と絵画は神が人間に与えた最高の贈物です。それを『芸術』（l'art）と呼びます」

小栗と大鳥はフランス士官の教養の高さに打たれた。小栗はフランスびいきとなった。

慶応二年（一八六六）五月、横浜郊外・太田村の太田陣屋がフランス三兵（歩兵・砲兵・騎兵）伝習所と定められた。シャノアン以下のフランス軍事顧問団（士官五人、下士官一〇人）が来日したのは、慶応三年（一八六七）一月一三日であった。フランス士官は、幕府旗本は旧来の剣道・槍術で鍛えており近代戦には使いものにならないことを見抜いた。シャノアンは訓練開始から二カ月後幕府に「建白書」（陸軍改善策）を提出した。

幕末の横浜港

同年二月二八日、圭介は歩兵奉行（三〇〇〇石）に昇進した。陸軍司令官（中将）である。フランス将校の助言を受けた圭介は口癖のように言った。「歩兵の基本は二つである。第一に、兵士に銃を持たせること。第二に、主力軍を徒歩兵にすること、である」。

（これより前の文久三年六月一〇日、恩師緒方洪庵が江戸表で急逝した。享年五四。緒方は幕府に招かれ奥医師兼西洋医学所頭取の激務をこなしていた）。

慶応二年（一八六六）一二月五日、第一五代将軍に就いた徳川慶喜《よしのぶ》は、就任直後の孝明天皇の急死もあって幕府政治の大改革に向けて邁進《まいしん》した。慶喜が最重要視したのが強力な陸海軍の創設であった。元陸軍奉行小栗はフランス人外交官らと親交のある同僚の幕臣栗本鋤雲《じょうん》（維新後に言論人）にフランス軍による直接指導を相談した。フランス政府は栗本の意向を理解し初代駐日フランス公使レオン・ロッシュ（Leon Roches, 1809-1901）を通じて軍事顧問団の派遣を快諾した。公使の斡旋により、シャルルS・J・シャノアン（Charles.S.J.Chanoine, 1835-1915）大尉以下一五人のフランス軍事顧問団が結成され、慶応二年一二月八日に横浜港に上陸した。公使ロッシュは幕府の事実上の外交顧問の地位を占めつつあった。彼は既に横浜フランス語学所開設にも尽力していた。（横浜対外関係史研究会・横浜開港資料館『横浜英仏駐屯軍と外国人居留地』参考）。

シャノアン大尉が団長に選ばれたのは、東アジア地域での戦闘経験があるうえ中国語に堪能で中国派遣参謀長の経験が買われたためである。顧問団は、シャノアン参謀大尉を筆頭に、士官としてデュブスケ歩兵中尉、メロス歩兵中尉、デシャルム騎兵中尉、ブリュネ砲兵中尉、フーリエ・ダンクール騎兵中尉。下士官としてメルラン軍曹、ブフィエ軍曹、イグレック軍曹、ペリュセル軍曹、フォルタン軍曹、ボネ軍曹、イザール軍曹、ヴァレット軍曹、ギュテング伍長、メルク伍長である。フーリエ・ダンクール騎兵中尉は遅れて赴任した。（シャノアンは帰国後陸軍の中枢部を歩み大臣にまで昇進する。圭介との関連では、ブリュネ砲兵中尉（滞日中に大尉に昇進）、その副官カズヌーヴ軍曹（顧問団より遅れて来日）、メルラン軍曹、ブフィエ軍曹、フォルタン

フランス公使ロッシュ
（『大系 日本の歴史』より）

騎兵隊隊長成島甲子太郎（横浜開港資料館）

幕府軍艦・開陽

軍曹の五人が重要である。彼ら五人のフランス軍人は兵役免除後も日本に残り、箱館の血戦で圭介らの旧幕府軍を支援するのである）。

幕府の歩兵・砲兵・騎兵の訓練が、最大の開港地横浜の新開地で開始された。騎兵隊隊長は幕臣成島甲子太郎《きねたろう》（のちの柳北、維新後に言論人）であった。青年将校成島は漢詩で「東風二月未帰家　走馬夕陽鞭影斜　憐殺野毛山下路　満地日々蹴落花」（東風二月未だ家に帰らず　馬を夕陽に走らせて鞭影斜なり　憐殺す野毛山下の路　満地日々落花を蹴る）と詠《うた》った。彼は幕府の奥儒者（将軍知育担当）を務める家系に育った知識人《エリート》だった。

戦力の主体は旗本・御家人ではなく、彼らの差し出す軍役《ぐんやく》金《きん》で江戸市中などから雇い入れた主として武士階級以外の傭兵であった。江戸市中育ちの兵隊（旗本など）は体力と忍耐力に欠け、フランス式制服を着てフランス輸入の銃砲で装備しても実践では役に立ちそうもないのである。慶応三年三月二六日、幕府待望の新鋭軍艦開陽がオランダから横浜港に接岸した。五年前の文久二年に注文された同艦は、二五九〇トンでクルップ砲二六門を備え、造艦技術などの伝習のために

イギリス公使パークス

留学していた榎本武揚（当時釜次郎）、沢太郎左衛門ら若き海軍エリートを乗せて来日した。開陽を旗艦（司令艦）とする幕府海軍は日本国内で無敵の勢力を誇ることになる。一方、イギリス公使ヘンリー・S・パークス（Sir Henry Smith Parkes, 1828-1885）も、慶応二年六月イギリス政商トマス・グラバーとともに薩摩藩を訪問したころから、幕府に対し薩摩藩に有利な外交圧力をかけた。幕末の政局は列強の介入（植民地化）を招きかねない危険な薄氷を踏みながら大詰めを迎えた。

開港地横浜には、イギリスとフランスの実働部隊（軍隊）が上海から移動して常駐し、同湾一帯ににらみを利かせていた。情勢が緊迫すると、居留民保護を名目に列強の軍艦が相次いで入港した。英仏軍隊の横浜駐屯は、文久二年（一八六二）八月の生麦事件に対する巨額の賠償金支払いをめぐって幕府や攘夷派と英仏両国が軍事衝突寸前までいった際、居留民と財産保護のために、幕府老中小笠原長行《ながみち》が翌三年四月六日付けの書簡で認めて以降、しだいに既成事実化していった。英仏両国は危機が去ってからも幕府の撤退要求を拒否しただけでなく、陸兵まで派遣して山手の崖地を開いて駐屯施設を幕府の経費で造らせた。幕末の横浜には常時一〇〇〇人を超える英仏軍隊が駐屯することになり、両軍の撤退は明治八年（一八七五）二月まで実現しないのである。

横浜ではイギリスの商人と軍隊に押され気味であったフランスにとって、横須賀は別天地の観があった。そこではフランス人エンジニア・フランソワ・L・ヴェルニー（F.L.Verny, 1837-1908）を代表とする技師団のもとで多数の日本人が製鉄・造船所の建設工事に従事していた。横須賀製鉄所は勘定奉行小栗によって発案されたもので、幕府の直轄経営であった。

　幕府のフランス式訓練は、横浜の太田陣屋では中央政府（江戸城）から遠すぎるとの理由で、慶応三年秋に江戸・神田三崎町（JR水道橋駅付近、現千代田区神田三崎町）に練兵場を移した。歩兵奉行大鳥圭介の下には、大手前屯営の一大隊と小川町屯営の一大隊（講武所の流れをくむ直轄部隊）、このほか三番町屯営の一大隊と歩兵に応じた大砲隊歩兵隊があり、これらを統合して「伝習隊」と名付けられた。幕府最大かつ最強の陸軍部隊（正規軍）は将兵総数三〇〇〇人余りだった。

幕府歩兵の軍楽隊を先頭にした行進（横浜開港資料館）

　圭介は伝習隊創設を回想して言う。（現代語表記、原文のまま）。
「ちょうどその時分、旧幕から仏蘭西の三世ナポレオンに頼んで、陸軍の兵式を改革するために撒兵《さっぺい》（注——洋式歩兵）の教授をして呉れと云《い》ってやった。それがみな翌年になって二五人（注——誤記、一五人）ばかり来た。歩兵・砲兵・騎兵で、大尉ぐらいが頭《かしら》でやって来た。横浜の太田村で練兵をして居ったが、旧幕の陸軍の都合で、横浜より江戸の方へその兵隊を引上げるということになった。それが御維新より三年ばかり前である。その兵は二大隊位しかいない。それを連れて来て、大手前の屯所に置いた。今の憲屯所の処、あの一廓が営所であった。夫《そ》れから追々兵数も増して四大隊位あった。一大隊は兵数八〇〇人ぐらいで、その時分には私が一番隊長の陸軍の役になったが、今の名義なれば陸軍歩兵大尉で、その時には歩兵差図役頭取と云う名義だ。その次に歩兵頭並（少佐）という者になった。先《ま》ず二大隊の長ぐらいの身分である」

「私は終始屯所に通勤し、毎日出て操練をなし、付属の士官は今の様に大尉が幾人、少尉が幾人と云う様にそれを指揮したが、その中隊なり、小隊なりの教官は旗本の子弟であって、兵卒は府下無頼の徒を募集した。その前に江川太郎左衛門の手で仕立てた、御料兵《ごりょう》と云うものがあった。これが五〇〇人もあったろう。代官が御料兵を直接に指揮して居る。これは神奈川とか、八王子とか、藤沢とか云う所から、町家農家の二、三男の者を呼び出して、それに調練させたが、ずいぶん良い兵で、強くはないが確かな家の息子や弟であるから、身持ちなど善かった」

「しかしその時私も言い、人々の考えに、ああいう者では弱くっていかぬ、強敵に当たるには、募集の方法を変えねばならぬと云うて、その頃市中に居る所の馬丁《ばてい》、陸尺《かごかき》などは、大名が国に往った後（注——参勤交代廃止後）は無職にて、市中に徘徊して悪い事をして仕様がない。見世物を毀《こわ》しに行くとか、芝居へ暴れに行くという風で、町家の者は皆困り果てて居る。あれを集めたらよかろうと云う事で、その時の消防夫または博徒《ばくと》なども呼び集めたが、或る人はあの輩《やから》を集めては後に統御に困るであろうと云う。我輩は『それは困らぬ。禽獣ではないからよく道理を言って聞かせれば分る。平生の取締に困るくらいの荒武者でなければいかぬ』と云うて、それから人々に申し付けて、幾人でも連れて来いと云うと、たくさん来た。それから体格の検査をして、五尺二寸（注——一五七・五六センチ、当時の成人男子平均身長は一五五センチ）以上と極め、これより低いものはいかぬと云って、選抜するといくらでも出来る。横浜に千人もあったが、あらたに千人も出来た。これを練習隊と言った。見上げる様な奴ばかりだった（中略）。小隊運動・中隊運動・大隊運動・散兵の操練までやりました。私も諸士官と共に足並みを始め、方筒（注――大砲）の業より諸技術は普《あまね》くやりました」（『大鳥圭介伝』）

幕府伝習隊の訓練（東京都立図書館）

伝習隊は服制が定められ、将校だけでなく下士官・兵卒に至るまでの服装が一定した。将校は羅紗《らしゃ》で造り、下士官は大羅紗と称されて、その後陸軍が着用する軍服の原型になった。兵卒の制服は小倉織（小倉木綿）で造った。残らず揃《そろ》って袖章・肩章を着用したので上下の階級が一目で分かった。兵士も襟《えり》の色、袖口《そでぐち》の色など今日の軍隊と同じものができた。

伝習隊は即戦力を持った精鋭部隊であり、歩兵屯所の門には衛兵が立ち、上官が通ると捧《ささ》げ銃《つつ》で敬礼した。幕末から「気を付け」「肩に筒」「捧げ、筒」「前へ、進め」などの号令が確立した。軍隊用語は圭介らの翻訳から始まった。撤兵隊（歩兵）は静止したら「立て、筒」で銃を地面に立てる。歩兵には、一律に羽織（チョッキ）、紺木綿の筒袖（上着）、同じ紺木綿のシャモ袴（ズボン、俗称ダン袋）が支給された。官給品の中には、各自に一本ずつ配備される真鍮製の脇差もあった。銃剣用である。軍楽隊も幕府の軍制が従来の「慶安軍《けいあんぐん》役《やく》」から新しい洋式軍制に変革される中で生まれた。

江戸で高島流を伝授した江川塾などのオランダ式訓練で用いられたのはゲベール銃（geweer）である。オランダ語で「ライフル銃」の意味である。ゲベール銃は、普通前装滑腔《かっこう》式の洋銃である。円形の弾丸を銃口から装填し、銃腔面は滑らかな筒である。有効射程距離は二〇〇メートル程度であった。在来の和銃と異なって先端に銃剣や銃槍を装填《そうてん》することができて銃床も大きかった。しかし銃弾の飛び方は基本的には和銃と同じであり、発射時の発火装置による震動が少ないだけ和銃の方が命中率は高かった。一九世紀半ばヨーロッパではフランスのミニエー大尉が、椎の実形で中空の基底部を持った銃弾を用いることで装填時間の短縮を図った。銃腔面にらせん状の溝を刻みこむと弾丸に回転が与えられ、弾速・射程距離・命中度が飛躍的に増大する。フランス軍はこのミニエー銃（minié）の普及を図り、イギリス軍は同時期にほぼ同型のエンフィールド銃（日本では〝エンピール銃〟とも呼ばれた）の配備を開始した。その有効射程距離は四〇〇メートル余りにも達し、それまでの銃の六倍に相当した。ミニエー銃の採用により、歩兵の銃はライフル銃に統一された。その後、連発銃と無煙火薬が導入される。

江戸幕府の開国から戊辰《ぼしん》戦争（維新内乱）までの十数年間は、世界史上でも一大変動期であった。クリミヤ戦争（一八五三〜五六）、南北戦争（一八六一〜六五）、普墺《ふおう》戦争（一八六六）と相次いだ戦乱は、銃器の改良期であり急速な開発競争期であった。新式が発明されれば旧式はたちまち中古品となった。幕末日本はそれを売り込む「絶好のマーケット」だった。この時期に起きた銃器の発達は、ゲベール銃からミニエー銃へ、滑腔式から施条《せじょう》式へ、前装（口込《くちごめ》）式から後装（元込《もとごめ》）式に変わったと要約できよう。

元治元年（一八六四）刊の大鳥圭介訳『歩兵練法』によれば、歩兵銃の訓練は以下のようになっている。同書は制式《せいしき》銃にミニエー銃を採用した一八六一年式オランダ陸軍教練書改訂版の翻訳である。日本

徳川慶喜（『大系 日本の歴史』より）

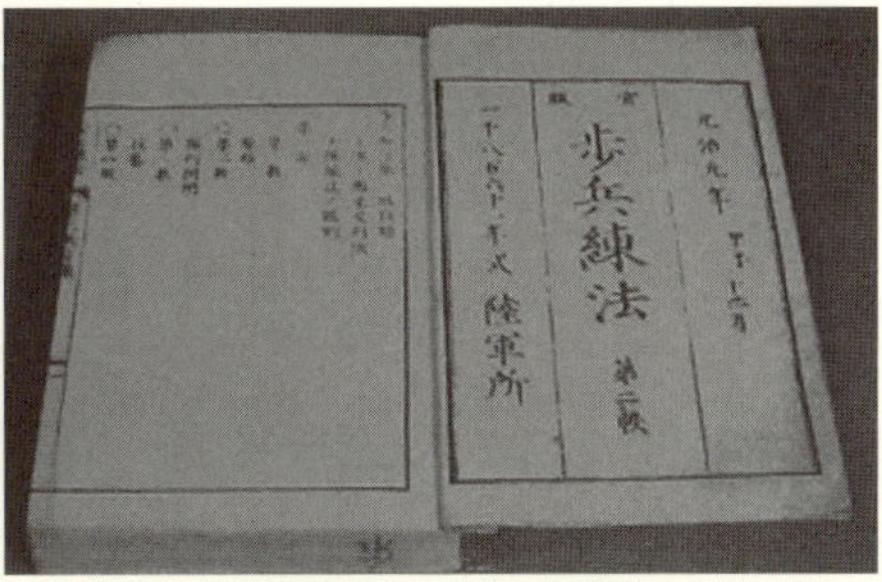

大鳥圭介の軍事翻訳本（横浜開港資料館）

ではゲベール銃装備の時代であった。まず直立不動の姿勢から叩き込む。「頭《かしら》―右」の号令で、首を右に向ける。「直れ」で復帰。「小隊右―向け」で、小隊四〇人全員が一斉に顔だけを右に向ける。「小隊前へ―進め」で行進を開始するが、必ず左足から踏み出す。こうしてまず小隊単位の整列、行進、停止、前進、後退、斜行進、早足、駈足《かけあし》などが整然とできるようになると、初めて銃が持たされる。ただし、まだ弾丸は込められない。銃の持ち方から始める。肩に載せ、肩から下ろすという動作が疲労せずに自然にできるようにする（野口武彦『幕府歩兵隊』参考）。慶応三年ころになるとアメリカの南北戦争終結（一八六五）で中古の銃器が大量に日本市場に放出され、銃価格は低落して種類の明記のないミニエー銃は五両にまで下がっていたが、エンピール銃は三倍以上の一七両の高値相場をつけていた。

■■■

将軍徳川慶喜《よしのぶ》はフランスを頼りにして幕府権限の回復を画策した。これに対し薩摩・長州藩は対抗措置に打って出た。西郷隆盛と大久保利通が幕府を追い詰める「最後の切札」と考えたのは、各国と約束した期日（一八六八年一月一日、慶応三年一二月七日〈旧暦〉）が間近にせまった兵庫開港の「勅許」（天皇の許可）問題であった。慶応三年三月に入ると、イギリス公使パークスらの要求に押されて、慶喜は繰り返し兵庫開港勅許を朝廷に求めたが、その都度不許可となった。だが慶喜は大坂城内で各国公使と会見した際、兵庫開港は約束通り実行すると言明した。西郷と大久保は、外国の圧力と勅許問題をからめて幕府を追い詰めた。できれば平和的に倒幕を実現しようとしたが、彼らの戦略は失敗した。残る選択肢は武力倒幕のみである。薩長両藩は倒幕のための大義名分が必要だった。彼らが頼りにしたのは朝廷の権威であった。孝明天皇のあとを継いだ明治天皇はまだ一六歳であった。慶応三年一〇月一四日、将軍慶喜からついに大政奉還の奏上がなされた。徳川幕府は二五〇年を超える歴史を閉じたのである。崩壊したのである。

慶喜は、大政奉還の上奏文の中で、大政奉還後も公議政体の新政権に有力な一員として加わる態度を表明した。そこで主導権を握れば、徳川家が中心となった新しい統一政権も夢ではない、との読みがあった。しかし、これは実現しなかった。慶応三年一二月九日（一八六八年一月三日）、参謀西郷指揮下の薩摩兵をはじめ、尾張・福井・広島・土佐の諸藩兵が出動して京都御所の宮門を警固する中で、明治天皇が学問所において参内を許された親王・公家・諸侯を引見し、王政復古の宣言を発した。次いで慶喜に辞官・納地を求めることが決定された。京都二条城の慶喜は、新政権から排除されたばかりか領地返上を求められた。最後の将軍は武力行使まで考えたが、朝敵となることを恐れ一三日兵を率いて大坂城に移った。京都では幕府軍と入れ替わりに長州軍が相次いで入城し、千年の都は薩長倒幕派の軍事支配下に置かれた。

大坂城の慶喜のもとには、江戸から増援の艦隊と軍隊が到着し、強気の慶喜は同月一六日、各国公使を引見して、自分が外交権を握っていることを主張し、王政復古の政権を否定した。この間、西郷は江戸薩摩藩邸に浪士を集めて、強盗・放火などの撹乱作戦を展開させた。二五日、江戸薩摩藩邸の焼き討ちが決行され、その報が大坂に着くと、慶喜は主戦派の意見をいれて京都進撃を決定した。戊辰《ぼしん》（注――一八六八年の干支《えと》）戦争の勃発である。

翌慶応四年（一八六八）一月二日、進撃を開始した徳川軍（東軍）は、フランス式訓練を受けた旧幕兵五〇〇〇人と会津藩兵三〇〇〇人、桑名藩兵一五〇〇人を主力として総勢一万五〇〇〇人に上った。一方、迎え撃つ薩長軍（西軍）は土佐藩兵三〇〇人を加えても四五〇〇人程度しか動員できず、数の上では徳川軍が三倍の勢力であった。徳川軍が兵を分けて四方から京都に突入したならば、少ない兵力の薩長軍では抵抗できなかったであろう。実戦では、徳川軍指揮官は全勢力を西郷指揮下の薩長軍が既に守る鳥羽・伏見方面へ進めるという最も拙劣な戦術をとった。一月三日から六日にかけての激戦で、徳川軍は完敗した。指揮官の優劣に加えて、両軍の兵士の素質と士気の差が勝負を決めた。銃砲などの装備の点では、フランス軍事顧問団が育てた旧幕軍は決して薩長軍に劣っていなかった。だが寄せ集めの傭兵の戦意は低く、真っ先に敗走した。会津・桑名の両藩兵中でも会津藩兵は善戦したが、刀と槍に頼る彼らの戦法はもはや時代遅れのものであり、薩長軍のエンピール銃の弾丸を浴びて兵は次々に倒れた。鳥羽・伏見

鳥羽・伏見の戦い（錦絵）

の戦いで薩長軍が勝ったという情報はたちまち京都に伝わり、朝廷の空気が一変した。不安にかられていた三条実美《さねとみ》、岩倉具視《ともみ》ら公家も元気づき、かねて用意してあった錦旗を持ち出す計画がまとまった。「錦の御旗」である。これで新政府軍は「官軍」、旧幕軍は「賊軍」となってしまった。最も動揺したのが大坂城の徳川慶喜であった。敗走する徳川軍は、最高司令官が立て籠る大坂城へたどり着いた。だが慶喜は六日夜密《ひそ》かに城を脱出して、軍艦開陽に乗って江戸に戻ってしまった。江戸は抜けるような冬の青空が広がっていたが、ひどく寒い。薩長軍の勝利により、新政権内部での実権は武力倒幕派に移った。薩長藩は岩倉具視ら公家と組んで「天皇の軍隊」と名乗り、「錦の御旗」を押し立てた。

岩倉具視

　幕府歩兵奉行大鳥圭介は小栗忠順らとともに主戦論者だった。海軍では副総裁榎本武揚らが主戦論者である。慶応四年（一八六八）一月夜、大鳥は慶喜の江戸帰還直後江戸城に推参して将軍に直談判した。

「私の考えにては、私の所管の兵が今二〇〇〇人余あります。その他に諸藩の兵で役に立つべき者が二〇〇〇人もありましょう。庄内藩などもその内の頼もしき兵でありますから、私は二〇〇〇人の兵をもって船に乗り大坂へ参ります。上様はここに居らせられては兵気が揮《ふる》いませぬ。なにとぞ二〇〇〇人余の兵を以て再び東海道へおいで遊ばし、名古屋に御滞陣の上、上方の様子を御覧なさりませ。私の考えにては、大坂城中の兵は四方より取り囲まれて居るかもしれませぬ。私は二〇〇〇人余の兵を率いて参れば、きっと打ち破って通られる様にと存じます。薩摩兵やその他の藩兵も格別多くはありますまい。こちらもいわば烏合の兵ではありますが、向こうもまた寄合勢です。こちらの兵は操練も熟達して、彼らの兵と比較になりませぬ。彼らの倍に向います」

「そういうことをいつでも言われて騙《だま》される。過日の上京の節も万一戦争にでもなると天朝に対して恐れ入ることであるというと、色々評議の時に会津や桑名の藩士の手玉に取る様に言って、無理やりに兵隊を出発させ遂に途中において衝突し、戦争はやはりうまく行かぬ。お前の論もやはりその流ではないか」

将軍は気落ちしていた。

「いや、それは違います。私所管の伝習隊は会津や桑名の藩兵と一緒に見られませぬ。なにとぞ建言の旨趣、御許容下されたい」（『大鳥圭介伝』）

幕末の江戸城（横浜開港資料館）

歩兵奉行大鳥圭介の決死の直訴は受け入れられなかった。連戦連敗した慶喜は自信喪失に陥っていた。慶応四年二月一二日、慶喜は幕臣勝海舟や同大久保一翁ら恭順派に後事を託して江戸城を去って上野寛永寺大慈院での謹慎生活に入り、その後水戸藩に向かった。謹慎生活でヒゲぼうぼうとなった慶喜の落魄の姿は見る者の涙を誘った。慶喜は三二歳で歴史の舞台を去った。しかしながら、正規軍を指揮する大鳥圭介は承服できなかった。
「咄《とつ》、幕臣多しと雖《いえど》一人の節を守りて城に拠《よ》るものなきか。吾《が》儕《じゅ》（私）、戦争を好むものにあらずと雖《いえども》、伏水（注――鳥羽・伏見）戦状大坂の遁走如何《いか》にも醜悪を窮め、天下の笑いを取ること真に遺憾限りなし。是れ徳川兵千載大恥辱なり。吾儕、身武官にあり、万死を分として此の恥辱を雪《すす》がざるべからず」（圭介・自伝原稿）。「節を守る」主戦論者だった。神田駿河台の邸宅に帰った圭介は妻みちに酒を命じた。田舎《いなか》の医者の息子に過ぎない拙者が幕臣に登用された以上は幕府に忠誠心を捨てるなどということはあってはならぬ……。主家の滅亡を前にしてただ死あるのみ、と決心した。憂愁をぬぐい、憂悶《ゆうもん》の情を排するために杯を重ねた。熱い固まりが胸にこみ上げ涙が止まらない。男泣きに泣いた。驚く妻に語りかけた。

「子供たちを連れて下総《しもうさ》佐倉（現千葉県佐倉市）の知りあい宅に隠れていなさい。いずれ必ず迎えに行く」

佐倉藩武家屋敷跡（圭介妻子が隠れ住んだ）

二女一男（長女ひな七歳、次女ゆき六歳、長男富士太郎三歳）の幼子を連れて親藩佐倉藩の藩士荒井宗道宅に身を隠すように命じた。下男安蔵と乳母てつ子を同伴させることにした。

「私もサムライの娘です」

江戸で生まれ育った妻は歯切れよくきっぱりと答えた。夫と生死をともにする覚悟はできていた。しかし両親が死ねば幼い子供を養育するすべがなくなる。それ以上に、圭介は妻子が周りにいては情に溺れて思い切った行動に移れない。しかも妻は妊娠していた。「余も亦必ずしも府下に徒死《とし》せず、世の形勢を察して進退する所あらん……」（圭介・自伝原稿）。雛祭りを前にした三月二日朝、妻みちと子供たちは墨田川河岸で密かに小舟に乗り込み小名木川から舟堀川を経て江戸川に出て、江戸川を渡

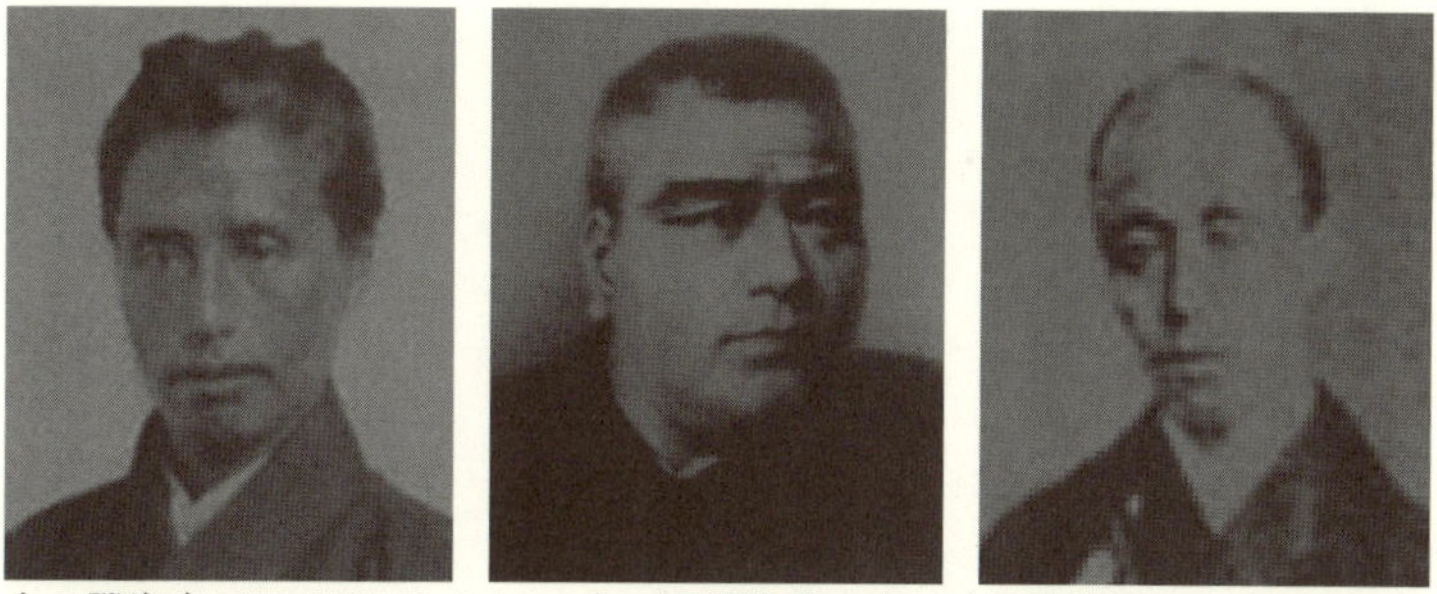

左：勝海舟（『氷川清話』より）。中：西郷隆盛。右：小栗忠順（遣米使節監察役。横浜開港資料館）

り陸路佐倉に向かった。長男富士太郎には女装をさせた。これ以降、妻子は妻みちの実家の姓矢島を名乗り佐倉の武家屋敷の離れに身を隠した。

　これより先、維新政権は東征大総督府のもとに編成した各軍を進発させることとし、同年二月一一日から薩長両軍を中心とする総勢五万人の新政府軍（「官軍」）が続々と京都を出発した。東海道軍はまったく戦闘なしで品川に到着した。東山道軍は近藤勇の新撰組らを打ち破り宿場町の板橋と府中に到着し、江戸城総攻撃に備えた。慶応四年三月一三日、勝海舟と西郷隆盛の歴史的な高輪《たかなわ》薩摩屋敷での談判により江戸城は無血開城されることに決した。勝と西郷は関東各地で頻発《ひんぱつ》する世直し一揆と打ちこわしが暴徒化することを怖れ戦闘を回避した。この劇的な幕切れは、イギリス公使パークスの西郷に対する攻撃中止の強い要請が非公式に出されていたことによる。だが、一方で徳川軍の戦力が温存される結果を招いた。圭介は伝習隊将兵に命じて江戸城内の最新鋭の銃砲を運び出させ江戸を脱出し、彼らを率いて権現様《ごんげんさま》（祖神徳川家康）を祀る野州日光（現栃木県日光市）に立てこもることを決意した。徹底抗戦を誓ったのである。軍資金も調達した。旧幕府海軍を率いる海軍副総裁榎本武揚も同じ決意であった。慶応四年四月、圭介三六歳の春であった。

第五章　常在戦場①——江戸脱出、総州・野州路を紅《あか》く染めて

「軍隊は何よりも統率と規律が第一である。上官の命令には絶対服従せよ。統率や規律を乱す者はその場で厳罰に処する。もとより命令に逆らう者もその場で処罰する」

旧幕府軍（東軍）指揮官大鳥圭介は、本堂入口の階段上段に立って背筋を伸ばし士卒全員に視線をめぐらしながら命じた。江戸脱走の一夜は明けたが、細かい雨は降り続いている。ここは江戸浅草・報恩寺である。圭介は旧幕府軍、会津・桑名藩兵などの士卒を前にして厳命を下した。フランス陸軍を真似《まね》た士官戦闘服を着た三六歳の最高司令官はまなじりを決し命じ続けた。

「敵の挑発にのっては絶対にいかぬ。また地元民に対する乱暴狼藉も絶対にあってはならぬ。婦女子への戯《たわむ》れは賊の仕業《しわざ》同様卑劣なことと心得よ。公儀に仕える武人の恥と肝に銘ぜよ。万一、乱暴狼藉を犯した場合には、ただちにその者の首をはねる。さらには所持する武器はいかに困窮しようとも処分してはならない。銃は命の次に大切なものと心得よ。賭事《かけごと》にもふけってはならぬ」

彼は顔に降りかかる雨を手で払いながら語気を強めた。

「拙者の直属の部隊である伝習隊の隊員に伝える。諸君は絶対に統率を乱してはならない。日頃の調練でも指示している通りだ。模範を示せ。最大の敵は自分の中にいることを忘れるな」

「そして士官全員に告げる。我らが進軍を予定している下総《しもうさ》（現千葉県・茨城県）、下野《しもつけ》（現栃木県）の両国では農民による打ちこわしが続発し、治安は乱れて極めて危機的な状況と聞く。敵軍のみならず、これらの動きにも厳重に注意されよ。農民たちを敵にまわして戦闘は勝てぬ」

広い境内を埋め尽くした士卒全員が頭から水でも浴びせられたようにびしょ濡れとなった。士官・兵卒ともに前日までにこの名刹とその周辺寺院に結集したのだった。冷たい雨は、幕府瓦解で騒乱のるつぼと化した江戸下町を叩《たた》き続けた。（大鳥圭介『南柯紀行《なんか》』、同『幕末実戦史』、山崎有信『大鳥圭介伝』、福本龍『われ徒死せず』、大町雅美『戊辰戦争』、島遼伍『北関東会津戊辰戦争』、大嶽浩良『下野の戊辰戦争』などを参考にする）。

■■■

慶応四年（一八六八）四月一一日、江戸城無血開城の報を聞いた旧幕府陸軍歩兵奉行（注――陸軍少将相当）大鳥圭介は雨が降りしきる中、元佐倉藩士木村隆吉を従え中間《ちゅうげん》の虎吉に柳行李《やなぎこうり》一荷を背負わせて、元勘定奉行小栗忠順邸に近い神田駿河台の私邸を密《ひそ》かに離れた。新政府軍によって開城された江戸城から夜陰に乗じて脱走するのである。江戸脱出を覚悟した大鳥は、徹底抗戦に移る一カ月ほど前に郷里の実弟鉄二郎に書状（慶応四年三月四日付け）を送った。（現代語表記とする）。

「（前略）扨《さて》、時勢も追々変遷いたし、当春大坂表に一戦、関東方（注――幕府方）不利にて、上様（注――将軍徳川慶喜）御東帰以来、天下の形勢も俄《にわ》かに一変いたし従って京師の姦賊《かんぞく》どもの取計いにて追討使御差向けの場合に至り勅使も昨今差付の模様にて、都下の人心も騒々しく御座候。去《さ》りながら上様には朝廷へ対せられ聊《いささ》かも二心なき事故《ことゆえ》、何処《どこ》までも御恭順の道を尽くさせられ候思し召しに候えば、差向き戦争にも相成るまじくやと存ぜられ候えども、後は必ず干戈《かんか》（注――盾と矛）を動かし候様相成り申すべく候。小子儀は近来追々非常の抜擢《ばってき》を蒙《こうむ》り、昨冬以来、三度転役し歩兵頭並より歩兵頭に相成り、歩兵頭より歩兵奉行にこの間仰《おおせ》付《つ》けられ、誠に有り難き義故一命を以て幕府へ忠節を尽し候覚悟に御座候。転役以来国家の為色々尽力忠諫《ちゅうかん》も仕り候えども御採用もこれ無く、三百年の基礎これ有り候えども何分姦小の吏人多々、兎角《とかく》忠言は用いられず、実に自然の勢いかと嘆息、所謂大廈《いわゆるたいか》（注――建造物）の崩るるは一木の支える所にあらず候。今更思い当たり悲嘆仕り候。天祥《てんしょう》（注――中国南宋の忠臣）の忠、岳飛《がくひ》（注――宋代の武将）も宋室の滅ぶを救う能わず。嗚呼《ああ》々々、（中略）。去りながら又時を得ば国共々幕府の為に義旗《ぎき》を翻し候事もこれ有るべくと相楽しみ罷《まか》り在り候。（以下略）」

大鳥は幕府首脳の腰抜けぶりに激怒し、同時に薩長両藩を中核とする新政府勢力が「倒幕」を、武力に訴える「討幕」にすり替えたことに激昂したのである。その敵意と決意は書状の一文「一命を以て幕府へ忠節を尽し候覚悟に御座候」に明確にうかがえる。運命は彼を主戦派のリーダーにしてしまった。

主従三人とも雨具に菅笠をかぶり蓑《みの》を着けている。町人の姿に変装したのである。元歩兵奉行の護身役（副官）に命じられた木村隆吉は天保九年（一八三八）生まれで、同三年生まれの圭介より六歳ほど若い。彼の経歴をつまびらかにしないが、二〇歳のころ佐倉藩の命を受けて江戸の塾で洋学や兵学を学び、のちに「大筒方」に勧めたとあることから蘭学や西洋砲術を会得したと思われる。（『佐倉市史研究第一〇号』の内田儀久論文）。この「江戸の塾」は佐倉藩藩士の洋学者木村軍太郎の木村塾か江川塾であると推測される。江川塾で蘭学や西洋兵学の教授を務めていたのが大鳥圭介である。隆吉は圭介に師事して研鑽に励むうちに、圭介にその才覚が認められ信頼を勝ち得たのではないだろうか。圭介は江戸脱出の際唯一人の側近として三〇歳の隆吉を選んだ。この事実に、その間の経緯がうかがわれる。そして幕府の相当額の軍資金を隆吉と中間虎吉に運び出させた。

彼らは強盗提灯《がんどうぢょうちん》を持つ虎吉を先頭に立て雨に打たれながら神田川に架かる昌平橋を渡り、浅草茅町《かやちょう》に出て、さらに東に進んで墨田川の吾妻橋を過ぎて向島の小倉庵付近にたどり着いた。内密に旧幕府軍が脱走後に結集する場所に指定されていた付近である。だが人影が見えない。圭介は虎吉に命じて近隣の自身番《じしんばん》（町内自警役）をたたき起こして尋ねさせた。江戸の町の治安は危機的状態だった。虎吉の帰りが遅いので、圭介は木村とともに自身番の詰め所に出向いてみた。蓑を身に着けた歩兵分隊員五人が軒下で雨宿りをしており寝ぼけ眼《まなこ》をこすっている。

「なぜ、お前たちはここにいるのか」

隆吉が問い詰め、虎吉が提灯の光を当てた。

「大鳥先生をお迎えしていたのですが、疲れが重なりつい眠ってしまいました」

小隊長は直立不動の姿勢をつくりしきりに詫びた。圭介は苦笑するだけで言葉を発しなかった。

「結集場所が薩長側に漏れ伝わってしまいましたので、浅草の報恩寺に変えました。吾妻橋を渡りなおして、お戻りになることになります。拙者に御同行ください」

小隊長は強盗提灯を手にし先に立って闇に光るぬかるみを避けながら圭介らを同寺に案内した。

「大鳥先生をお連れいたしました」

歩兵小隊長が若葉にうめつくされた山門を駆け抜けて声を張り上げた。本堂前の一対のかがり火がしきりに弾けている。本堂の奥や境内の庫裏《くり》などから足音が乱れ響く。かねて大鳥の命令を受けて参集した部下の士卒が次々に姿を見せた。歩兵頭並（注——陸軍少佐相当、旗本）本多幸七郎、歩兵差図役頭取《さしずやくとうどり》

（注——陸軍大尉相当）大川正次郎、同山角麒《き》三郎《さぶろう》や伝習隊差図役（注——陸軍少尉相当）の若手士官三〇人から四〇人、加えて洋式訓練を受けた兵士四五〇人（伝習隊第二大隊、通称小川町大隊）、さらにはその他の旧幕府軍兵が大鳥の前に隊伍を整えた。大鳥は、彼らに翌日朝六つ（午前六時）まで休憩を取ることを許し、その一方で兵糧の確保を急ぐよう士官に命じた。雨は蕭々《しょうしょう》として降り寺の銅《あかがね》の屋根をたたき続けた。（報恩寺は「坂東報恩寺」と呼ばれ、浄土真宗大谷派屈指の寺院の一つで関東・触頭《ふれがしら》とされて宗派の関東代表の格式を誇った。同寺は台東区東上野に現存する）。

大鳥軍が渡河した江戸川・国府台付近（現在）

翌朝、圭介は朝食後に士卒全員に軍隊の守るべき規律などを厳命した。そして江戸川を渡り下総国府台《こうのだい》の高台（古代・下総国分寺、中世・里見城の所在地、「鴻の台」とも表記、現市川市国府台）に集結するとの命令を発した。兵卒はさっそく脚絆・わらじの身ごしらえを厳重にし、軍服を着て銃を担い兵糧を確保して隊列を整えた。伝習隊隊員はそろいの韮山笠をかぶり軍服を着てフランス製の背嚢（オランダ語「ランセル」がなまって「ランドセル」と呼ばれた）を背負っていた。りりしい姿は一目で精鋭部隊であることが分かった。水溜りが光る境内は、殺気立った兵士たちの熱気でむせかえるような雰囲気だった。幕末・明治維新の大江戸市中は佐幕を名乗る荒くれ武士や辻斬り・強盗・追いはぎの跋扈《ばっこ》する無政府状態の街となり、物見高い江戸っ子たちを震え上がらせた。篠田鉱造『幕末百話』

から一部を引用する。

「〈**物騒な夜中**〉

御世が御一新に変ろうとした文久・元治（注――一八六一年〜一八六四年）、あの頃の江戸の物騒と申したら、代は闇になるかと思われ、辻斬り、強盗、追いはぎ、中にも辻斬り・物取りが多うござんした。腕の利いた悪旗本がこれを機《しお》に好きな真似《まね》をしたんでしょう。夜なんか滅多に出られやしません。夜寝ていても女が『助けてぇ』と泣き叫ぶのを往々《まま》聞きました。ちょうどその頃、私は浅草奥山に住んでいて忘れもしません正月三日、五人連れで日本橋から、夜の今なら午後十二時過ぎ帰ってきたんです。

〈**薄黒い夜**〉

弓張提灯《ながぢょうちん》を提《さ》げて、五人連れというのでブラブラ帰って往《い》く。正月三日だというのに、世間は深《しん》としたもんだ。月のない星明りのきらめく薄黒い夜で、提灯の火で足元を照らして歩くと、天王橋《てんのうばし》の所で、一人がヒエーと脅えたので、提灯を差しつけると、そこに齢寄った男が袈裟懸《けさが》けに斬られて、まっさか様に打倒《ぶったお》れ、まだ斬りたてホヤホヤ、指を動かして口をパクパクとやっているじゃァありませんか。提灯の光に照らされた血糊の凄さ。実にイヤですよ。『コレだから恐怖《おっか》ねエ。五人も居りゃァ気強いが、逃げっこなしでっせ』と冗談口に景気をつけ、内心縮みあがって出掛け雷門の所へ懸ると一団になって五、六人の人が居る……（以下略）」

旧幕府陸軍奉行松平太郎や海軍副総裁榎本武揚らの江戸城に籠城して最後の抵抗をする策略は、密告によって事前に漏れた。榎本は艦隊を品川沖に集結させ、同じ四月一一日に引渡しをする約束の艦船に引きこもった。あげくに、この日は風浪が荒いから翌朝まで待って欲しいと嘆願書を出したまま夜の内に軍艦七隻をすべて脱出させ房総半島先端の館山湾に逃げ込んだ。

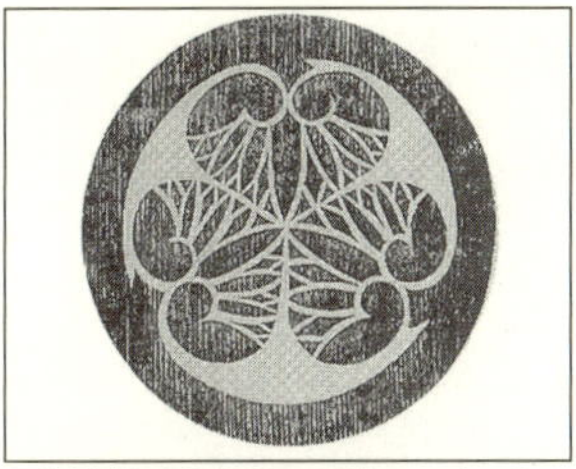
三葉葵（旧幕府軍の軍旗のひとつ）

　徳川家家紋（三葉葵）、日の丸、「東照大権現」と染めぬかれた幟《のぼり》を押し立てた約五〇〇人の軍勢は、馬に乗った指揮官大鳥圭介の指令を受けて整然と進んだ。指揮官のそばには常に副官木村隆吉がいた。雨中の行軍であり、鼓笛隊の演奏は中止させた。低湿地が広がる葛西《かさい》（現葛飾区）の泥濘の道を進み、墨田川とほぼ並行して江戸湾に注ぐ中川を渡し舟で次々に渡った。舟の調達・船着き場の確保は土工隊（幕府の黒鍬《くろくわ》組、隊長小菅辰之助、今日の工兵隊）が本隊到着以前に行ったものであった。黒鍬組は幕府作事方の下僚や江戸の土木工作員・左官・鳶《とび》を糾合した技術者集団（五小隊二〇〇人）であり、進軍の際の橋の応急架設、仮設本陣や進路の造営などに尽力した「縁の下の力持ち」といえ戦闘にも加わった。
　葛西の渡しを渡り南下すると、昔ながらの甲冑に身を固め大身《おおみ》の槍を携え大刀を手挟《たばさ》んだ一〇人ばかりの一隊に出くわした。その姿がいかにも時代遅れであり怪しいので、大鳥は部下に命じて身元を質《ただ》させた。彼らも脱走兵で木更津方面に向かうとのことが分かり、圭介は笑顔をつくって一隊を見送った。このとき、一艘の屋根船が渡し場に漕ぎ着けてきた。船中から四〇人余りの若者が飛び出して来て口々に訴えている。
「我々も大隊に参加させていただきたい。討ち死にも覚悟しています」
　士官に身元を調べさせたところ、彼らは伝習隊の士官候補生で「旧歩兵奉行・大鳥先生を慕って夜通し雨の闇夜の川を船を漕いでやって来た。是非とも大鳥軍に参加させていただきたい」と訴えているとのことであった。大島は進軍を一時中断させ下馬して青年たちを呼び寄せた。

「君たちはまだ若い。修行中の身であり、前途がある。無駄死にすることはない。脱走は思いとどまって江戸に帰れ」

青年たちは声涙《せいるい》ともに下らせて参加を訴え続けた。

「若輩の我々が御用にたたないということですれば、一同この場で切腹いたします」

彼らの「鉄石の覚悟」（『大島圭介伝』）は翻《ひるがえ》すことができない。大島は士官候補生の壮烈な意志に感じ入って脱走隊への参加を認めた。市川の江戸川渡船場に到着すると、新撰組士官小笠原新太郎が出迎えた。市川関所があった岸辺に猪牙舟《ちょきぶね》（平底舟）が多数用意されていた。

市川の大林院（現在廃寺）

「お待ちしておりました。市川の大林院という古寺を陣屋として確保し、そこに大手前大隊（注——伝習隊第一大隊）や他の隊員が多数結集して、先生の来着をお待ちしています」
　圭介は直立不動で伝える小笠原の対応に驚くと同時にいち早い陣屋の確保を喜んだ。江戸川は連日の雨で水かさを増しており流れも速かったが、圭介は直ちに舟に乗り込み約五〇〇メートル先の対岸に漕ぎ着けさせると、高台をよじ登り真っ直ぐに大林院（現ＪＲ市川駅北側・国道一四号沿いにあった日蓮宗末寺。現・廃寺）に向った。雨は小降りとなった。小隊長には衣服を着替えて昼食をとるよう命じ、自らは小笠原の案内で砂地

土方歳三（菊地明・横田淳『箱館戦争写真集』より）

の境内を歩んで庫裏《くり》に入った。各隊の幹部連中が車座になって軍議を論じ合っていた。幕臣からは、土方歳三《ひじかたとしぞう》（旗本寄合《よりあい》格、元新撰組副長）、本多幸四郎（旗本、伝習第二大隊長）、山瀬司《し》馬《ま》（旗本、歩兵第七連隊長）、天野電四郎（旗本、歩兵第七連隊長並）、吉沢勇四郎（土工兵隊長）、小菅辰之助（土工兵隊士官）らであった。会津藩からは、柿澤勇記（藩公用方、伝習隊幕僚）、秋月登之助《あきづきのぼりのすけ》（本名江上太郎、藩主近侍、伝習第一大隊長）、工藤（内田）衛守（藩士、別伝習隊長）ら、さらには桑名藩からは、辰巳鑑三郎（桑名藩隊長）、松浦秀八（致人隊長）、馬場三九郎（致人隊副長）らが参加した。

「行軍の順序を定めた上で、野州（現栃木県）宇都宮に移動すると考えていますが、大鳥先生はいかが判断なさいますか」

軍議の結果を踏まえて、土方が身を乗り出し判断を求めた。

「余が伝習隊らの士卒を率いてこの地に来たのは早速薩長軍と戦うためではない。この地にあって江戸の趨勢をしばらく見極めたうえで軍事行動に出たいと考えていた」

大鳥は冷静に語り、さらに一つの提案を示した。

「この際、諸君と一緒に宇都宮に向うことになれば、余は権現様（注――徳川家康）を祀《まつ》る日光山に滞在し、天下の動向を見守りたいと思う」

「それでは宇都宮を目指すことといたしますが、大鳥先生には我らの士卒を指揮する都督《ととく》（注――最高司令官）にご就任願いたく、全員で御願いたてまつる次第です」

土方は両手を床について懇願するとともに、寺院に参集した兵力（現有勢力）を解説した。それによると、旧幕府軍の伝習隊大手前大隊・約七〇〇人、同歩兵第七連隊・約三五〇人、桑名藩隊・約二〇〇人、土工兵（黒鍬《くろくわ》組）・約二〇〇人、それに大鳥が率いてきた伝習隊小川町大隊・約六〇〇人。総勢約二〇〇〇人の軍勢であった。加えて大砲が二門あった。

「小川町大隊は余が率いてきた軍隊であるから格別であるが、その他の脱走兵は余が承知していない集団であり、彼らの生命の責任を取ることはとても出来るものではない。それに余はこれまで実戦の経験がない。西洋の軍学を修めて来ただけである。余にはこの様な大任を担うことは出来かねる」

大鳥は就任を拒んだが、押し問答で時間を浪費することはできず再三の要請を受け入れて都督に就くことを了承した。指揮官不在ではとても戦闘はできないことは十分承知していた。士官たちは大鳥都督の誕生を祝した。司令官には秋月登之助が、また参謀には土方歳三が就いた。就任に際して、大鳥は即興で詠った七言絶句を士官たちに読んで聞かせた。（読み下し文とする）。

「政綱紛乱し糸の如し、一死報恩この時に在り、八万の親兵薄倖多し、丹心義に就く幾男児」

軍議の決着をみた四月一二日午後、伝習隊を中核とする軍団は、大鳥の命を受けて三軍に分かれて行動を起こした。その編成は次のようであった。（隊員数は概数）。
① 先鋒（前軍）、□伝習隊第一大隊（隊長秋月登之助、七〇〇人）、□桑名藩隊（隊長辰巳鑑三郎、二〇〇人）、□回天右半隊（隊長相馬左金吾、一〇〇人）、□新撰組（隊長土方歳三、三〇人）、□伝習砲兵（隊長秋月兼務、四斤（ポンド）山砲二門、一〇〇人）
② 中軍、□伝習隊第二大隊（隊長本多幸七郎、六〇〇人）

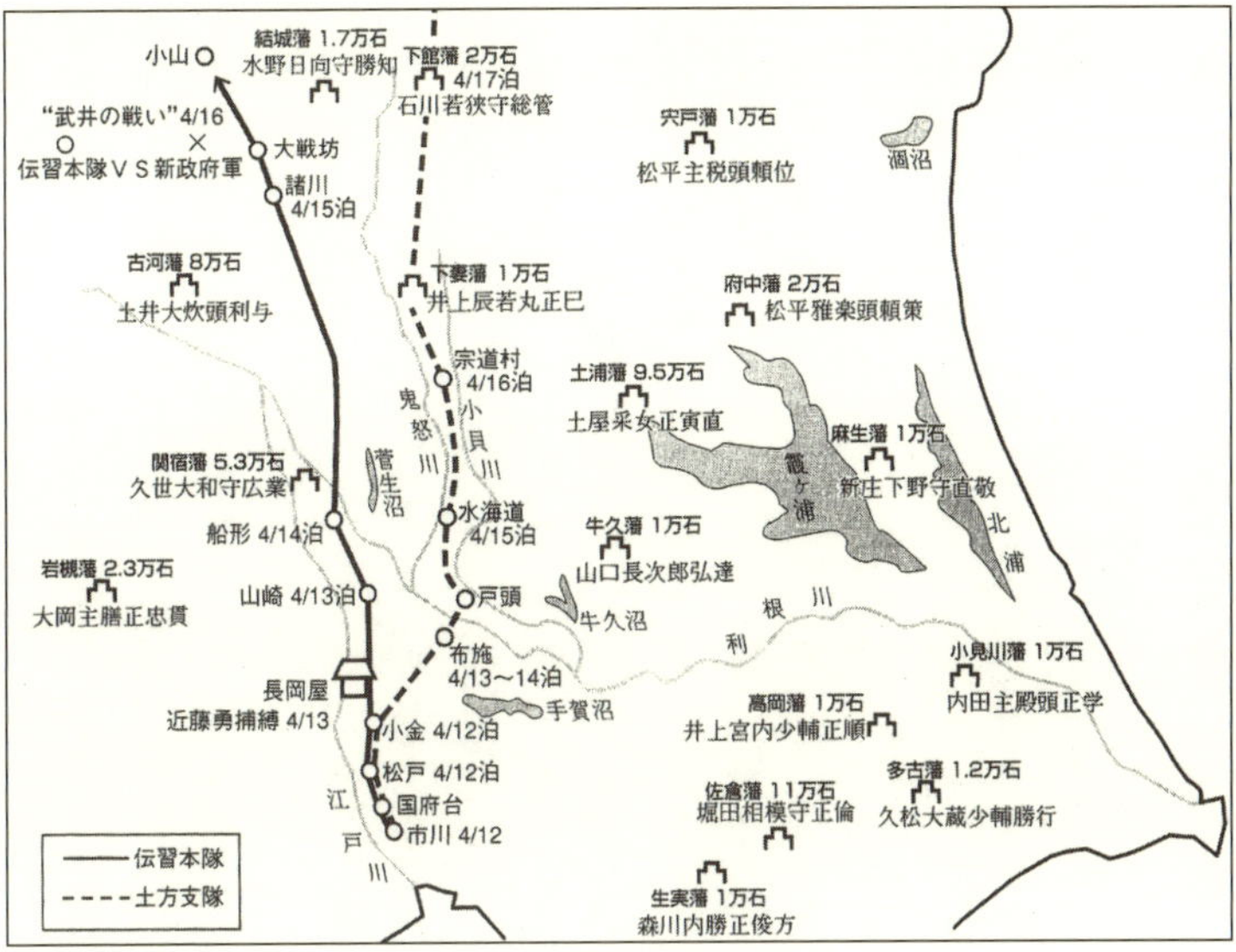

伝習隊分散北上図（島遼伍『北関東会津戊辰戦争』より）

③　後軍、□歩兵第七連隊（隊長山瀬司馬、三五〇人）、□会津藩別伝習隊（隊長工藤〈内田〉衛守、八〇人）、□土工兵（隊長小菅辰之助、二〇〇人）

「上官の命には絶対服従せよ。統率は乱すな。銃は常に身元放さず保持せよ。絶対に烏合の衆になってはいかん」

大鳥都督は全軍に指令を出し、出陣のラッパを吹くように命じた。いずれの軍も「東照大権現」の御旗を陣頭に掲げ、江戸川沿いを北上することとし、先鋒は松戸宿を経て小金《こがね》宿（現松戸市小金）まで行き、同地で宿泊する。中軍は松戸宿にて宿泊する。後軍は大林院を出るが国府台に留まり野営する。雨は呼吸を繰り返すように断続的に降り続けた。江戸川の河岸では帆を降した高瀬舟が列をつくって碇泊していた。

自著『幕末実戦史』で大鳥は言う。「先鋒隊は三津街道（現水海道）の方に進みし故《ゆえ》、後に進み行くべき筈《はず》なれども、多勢の人員陸続として進みては人馬宿泊等に差支《さしつか》え行軍なし難き故、先鋒にも打合せ、中軍は関宿《せきやど》（現野田市関宿町）を通り行きて宇都宮に出んと定めたり」。陣容がいかに大規模だったかがうかがえる。先鋒隊は小金宿で大鳥隊と別れると、戸頭村《とがしら》（現取手市戸頭）、水海道を進軍し、さらに鬼怒川べりを北上して、下妻・下館（現茨城県）では両藩に援兵や軍資金を強談した後、下野《しもつけ》（現栃木県）の芳賀《はが》郡に入る。

■■■

四月一二日、都督大鳥圭介は会津藩士・幕僚柿沢勇記や副官木村隆吉ら中軍士官と昼食のむすびを頬張った後、大林院を出発し松戸宿に向かった。雨中の行軍は難渋を極めた。江戸川べりを北上中、江戸方面から騎馬姿の武者一五人を先鋒とした小隊に遭遇した。兵士のうち銃を携えている者は少数で、大半が長刀《なぎなた》や槍を所持している。小雨のけぶる中を鞭をあげて馳せる姿が「元亀・天正（南北朝や安土桃山時代）の戦絵巻から飛び出して来たような勇ましい姿」（『大鳥圭介伝』）であった。この一団も旧幕臣山中孝司《こうじ》が集めた脱走兵の集団（誠忠隊）であった。彼らも大鳥軍に合流することになった。圭介はその後も甲冑に身を固め手綱を絞って馬を走らせる脱走兵集団に遭遇するが、時代錯誤の勇姿は近代戦にはとても使えない兵力だった。夕方、松戸宿の陣屋に入った。陣屋の主人は、前日前将軍徳川慶喜の一行がこの陣屋に宿泊し、朝早く水戸表へ出発されたと話した。最後の将軍の都落ちに、大鳥ら幹部は暗涙にむせんだ。大鳥は、前を進む先鋒隊（隊長土方歳三）の兵士が名主や町民に軍用金を強要したり、婦女にたわむれたり、さらには人馬を提供するよう求めた事実を知り、かかわった兵士を厳罰に処することにした。

翌一三日は雨空に晴れ間がのぞいた。兵士たちは潤んだような雲間からもれる陽光を背に受けて解放感にひたった。中に田畑や林のサギ、カラス、野ウサギなどを銃で狙い撃ちする者が出てきた。農民たちは連発する銃声に戦闘が始まったのかと逃げ回った。大鳥都督は鳥獣への狙撃を厳禁させるよう隊長に命じた。地元民への配慮もあったが、何よりも砲弾の無駄遣いを禁じたのだった。

昼前、大鳥軍は水戸街道の宿場小金《こがね》宿に入り、浄土宗の古刹東漸《とうぜん》寺で休息し昼食をとった。同寺は将軍が小金牧で鹿狩りをする際に本陣にあてた格式を誇る寺院であり、広大な境内周辺を銃をになった歩兵が巡回した。寺僧らの世話で精進料理を味わい終えたころ、「丸に十の紋所（注――薩摩藩紋章）の旗を翻《ひるがえ》した二〇〇人余りの一隊が流山方面から進んできている」との注進がもたらされた。急報を受けて、都督は流山方面に斥候隊を急派させた。自らも戦闘に備えて馬に乗り副官木村隆吉らを同行させて周辺の地形や街道などを確認して回った。その後情報は地元民からの誤報であることが分かった。この日は日光往還（日光街道）の走る山崎宿（現野田市山崎）に宿泊予定だったが、誤報騒ぎで手間取ったため小金宿の名主（里長）宅に留まることになった。夜の軍議で大鳥は地図をひろげて命じた。

東漸寺（千葉・松戸市小金）

「先鋒隊が水海道方面に進んだので、従来ならばその方向に進むべきだが、何分にも大勢の兵隊が同じ街道を進んでは沿道の人馬への迷惑は一方《ひとかた》ならぬものがある。そこで我が軍は敢えて水海道を避けて関宿通りを過ぎて宇都宮に入ることとする」

大鳥都督の方針は、直ちに騎馬を走らせ前を行く先鋒隊に伝えられた。一四日、山崎宿で昼食をとり、北上して利根川右岸の村落船形《ふながた》村（現野田市船形）に宿泊した。後軍の伝令が宿所に駆け込み「旧幕臣滝川充太郎らが松戸まで来て御料隊《ごりょうたい》（隊長・旧幕臣加藤平内）に弾薬と金子《きんす》（軍資金）を託して江戸に帰った。弾薬や金子は大鳥の元にも届くはずである」と伝えた。大鳥は旧幕臣の支援を大いに喜んだ。一五日、中軍（大鳥軍）は船形村を出発して莚打《むしろうち》（現野田市莚打）の渡船場で利根川を渡った。対岸の同じ地名の莚打（現坂東市莚打）に上陸し、約二里（八キロ）行軍して岩井村（現坂東市岩井）の名主（里長）間中《まなか》宅で昼食をとった。その後態勢を建て直し、諸川《もろかわ》地元の案内者を雇って結城街道を北上し仁連《にれ》宿を経て、諸川宿（現古河市諸川）に向かった。この街道沿いは平坦で田畑と雑木林がどこまでも広がっており、東方には両耳を立てたような筑波山が裾野をなだらかにのばしている。「幽邃閑雅《ゆうすいかんが》の趣《おもむき》」（『大鳥圭介伝』）があった。結城街道沿いでは先に百姓一揆や打ちこわしが荒れ狂ったこともあり、大軍に驚いた農民たちが槍をかざして立ち向かってきた。だが歩兵が銃を構えすべての槍を召上げたため農民たちは逃げていった。この日、名主（里長）中村宅に宿泊した。夕方に朗報がもたらされた。江戸城開城に伴い江戸を脱出した撤兵頭《さっぺいがしら》天野花陰が率いる草風隊（一〇〇人）、旗本寄合松平兵庫頭の貫義隊（一〇〇人）、郡上《ぐじょう》藩士朝比奈茂吉の凌霜隊《りょうそうたい》（四五人）、幕臣加藤平内の撤兵

諸川の旧家

隊（御料隊、二〇〇人）が続々とこの地に結集している。いずれも精鋭部隊と言ってよく、街道の宿場・諸川宿は兵隊であふれ士気は高揚した。

一六日朝、早くも戦雲がたちこめた。全軍が下野《しもつけ》（現栃木県）の小山宿《おやま》（現小山市）を目指して進軍の準備をしていた。そのとき、朝靄《あさもや》をついて大砲や小銃の響きが聞こえるとの注進が大鳥都督のもとに寄せられた。都督は土地勘のある草風隊士官鈴木弥七郎らに斥候を命じた。鈴木らは直ちに馬に一鞭を加えると砂塵を巻き上げて馳《は》せ去った。しばらくして馬の手綱を絞って戻ってきた。

「宿駅から約一里余り北の小山寄りの林に敵兵一〇〇人ほどが潜伏しており、こちらに押し寄せる形勢です。今すぐ戦闘態勢に入る必要があります」

大鳥はさっそく軍議を招集した。伝習隊二小隊を北上させ衝突が予想される武井村（現結城市武井）方面へ進軍させた。同村は諸川宿から結城街道で一里（約四キロ）近くのところにある。さらに二小隊を応援のために赴かせた。諸川には予備隊として伝習隊二小隊、七連隊、草

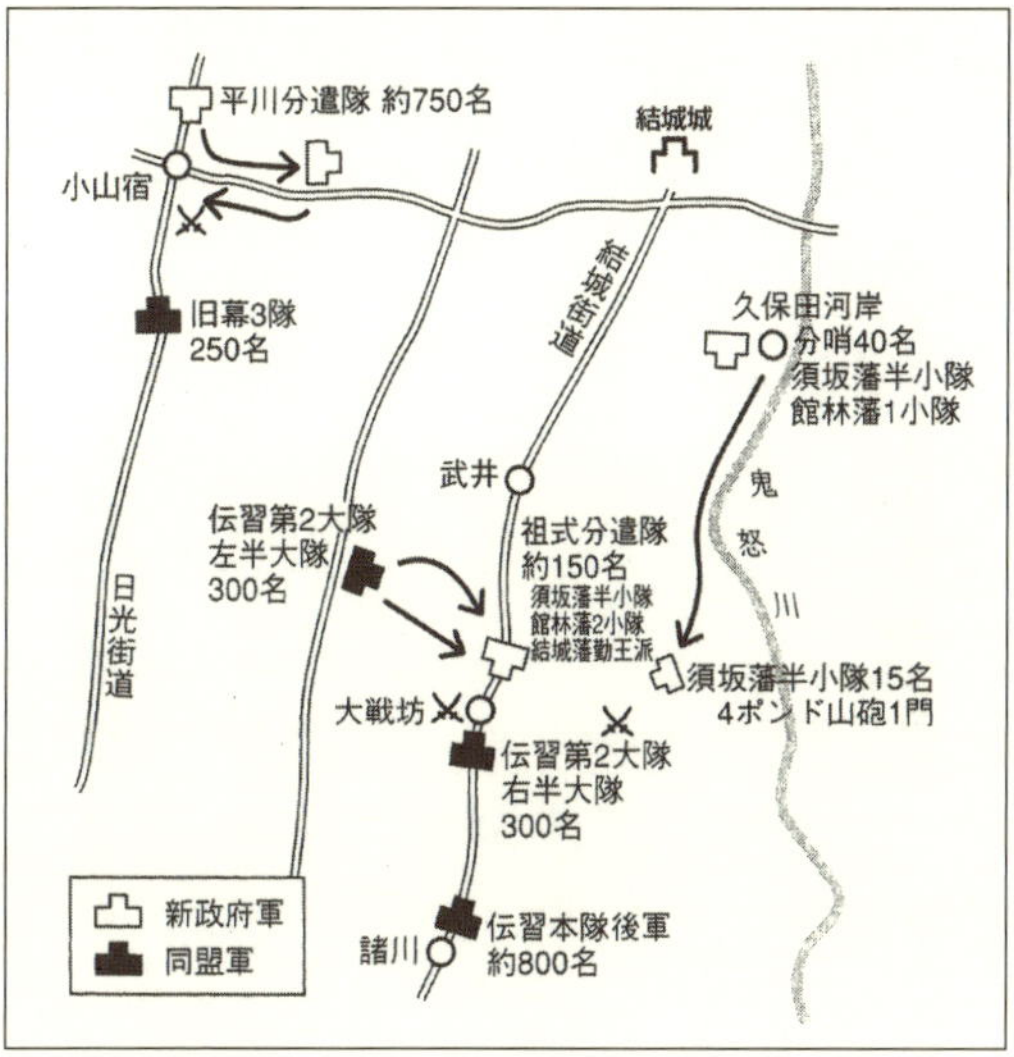

武井の遭遇戦図（島遼伍『北関東会津戊辰戦争』より）

風隊を残した。同時に斥候を放って敵の動きをさぐった。砲声は天地を揺るがせて、時ならぬ雷鳴は敵味方の兵隊を死生の巷《ちまた》に引き込んだ。先頭の伝習隊はフランス製シャスポー銃で一斉射撃し、接近戦では剣を抜き、槍を構えて突撃した。ついに小山の手前の広野で戦端が開かれた。

　大砲や銃の耳をつんざく轟音《ごうおん》がとどろく。銃弾がいたるところで炸裂し、砲弾が降り注ぐ。脱走隊隊長山口朴郎《ぼくろう》は突撃して敵の砲兵陣地に入った。新政府軍は、八人の死体と洋式四斤《しきん》山砲一門それに多数の槍を残して敗走した。このとき都督大鳥は斥候から「戦況は善い。しかし今少し兵を出すべきである」との要請を受けて、都督自ら馬に一鞭を加えて戦況視察のため二〇町余り（約二・五キロ）も走った。新政府軍は結城方面に敗走したことが判明し、味方の将兵を順次戦線から引き上げさせた。緒戦は完勝だった。その夜は、士官は諸川宿に、下士官と兵は大戦防《だいせんぼう》（武井よりやや南の地名、小村）に、それぞれ野営したが、諸川宿では陣屋の四方に番兵を立てて急襲に備えた。この日、小山《おやま》でも予期せぬ遭遇戦が発生した。草風隊・貫義隊と宇都宮や結城から南下した新政府軍との戦闘だったが、ここでも旧幕府軍の勝利となった。

四斤山砲の復元模型（栃木県立博物館蔵）

　戊辰戦争を新政府軍（官軍）の視点から記述した『復古記』の慶応四年四月一六日の記述（武井の戦い）を現代語訳すれば以下のようになろう。

　旧幕府大鳥軍の北上を知った新政府軍参謀祖式《そしき》金八郎は、到着したばかりの館林藩増援小隊を含めて全兵力を結城城の南へ移動させ、大鳥軍の結城街道北上の阻止をねらった。さらに館林藩二小隊の大半と、須坂藩半小隊・岡田兵合わせて一二〇人を武井村に急派して、残りの須坂藩半小隊と館林藩小隊を結城の南東約一里の久保田河岸（鬼怒川右岸）に張りつけた。早朝、一刻早く陣地配備した新政府軍は、街道上に大砲を据《す》えて攻撃を開始した。だが滝川充太郎が率いる大鳥軍伝習第二大隊の右半大隊（二中隊、約二〇〇名）は、藪を利用して敵前近くまで接近し、ラッパを合図に一斉射撃を開始し新政府軍のひるむ隙《すき》に白兵戦に移った。新政府軍の館林藩歩兵隊長石川喜四郎は、崩れた部下を叱咤《しった》しながら陣頭で支えていた。だが敵弾

新政府軍兵士の墓（武井の泰平寺）

麻賀多神社（佐倉市）

が腰部を貫通した（翌日、落命）。日光街道の小山を行軍していた伝習第二大隊長本多幸四郎指揮の左半大隊が、武井村付近から右旋回して新政府軍の側面に進出した。新政府軍は三方から攻撃されて東北方面へ逃げ散った。同じころ、久保田河岸の渡し場に進出していた須坂藩半隊長小林要右衛門が三〇人の小隊（大砲一門）を率い、大戦坊南方に進出したため、伝習隊が深追いを避けて小林隊に当たった。須坂藩戦死六人、負傷四人。館林藩戦死二人。一方、大鳥軍は死傷四人（うち下士官一人）だった。局地戦の際、都督大鳥圭介が最も得意とした戦術が敵を三方向から叩く西洋式包囲網作戦（三正面作戦）だった。だが旧幕府軍の勝利は長くは続かなかった。

（圭介の側近木村隆吉はどんな人生を送ったのだろうか。『佐倉市史研究　第一〇号』の論文などによれば、「佐倉藩士小柴家の長男小次郎の名誉が回復されたのは、もうひとりの佐倉藩脱藩者木村隆吉とともに『両士記念之碑』が、藩士の末裔でつくる佐倉郷友会の手によって〈佐倉市内の〉麻賀多《まがた》神社境内に建立されたことによる」とある。隆吉はその後圭介と袂《たもと》を分かって彰義隊士となり五月一五日の上野戦争で殉死したのだろうか。不明である）。

第六章　常在戦場②——野州での血戦、戦雲は暁《あかつき》の空に広がり

「我輩《わがはい》の隷下部隊である伝習隊兵士が酒問屋たちを次々に脅して酒樽を奪ってくるなどという無頼漢同然の愚行を行うとは、何たることだ。ここ野州栃木宿（現栃木市）では水戸天狗党による略奪放火以降、町民たちは兵隊の暴挙に怯《おび》えている。彼らへの粗暴な振る舞いは絶対にあってはならんと命じておいたではないか」

旧幕府軍都督（最高司令官）大鳥圭介は各隊の隊長らを前に烈火のごとく叱《しか》りつけた。

「軍律を踏みにじった兵は厳罰に処す。我輩が酒問屋に行って直接カネを支払い謝ってくる。奪いとった酒樽の数とその金額を教えよ。民衆を敵にまわしたら野戦は勝てないのだと何度訓示したことか。馬を用意せよ。小隊は我輩の前後に立って警護に当たれ」

三六歳の将軍は精悍《せいかん》な顔をゆがめて厳しい口調で命じた。

「栃木宿の三軒の酒問屋から特大の酒樽一つから二つずつ強奪してきたとのことです。その代金は一五両余（現在の一〇〇万円余）ほどになろうかと思われます」

小隊長が声を震わせて答えた。そして付け加えた。

「閣下に出向いていただいては恐縮この上なく、また敵の狙撃《そげき》を受ける恐れもあります。そこで次の宿場の合戦場《かっせんば》（現都賀《つが》町合戦場）本陣に着いた段階で酒問屋たちを呼び寄せ代金を払うことにしたいと考えます」

「よろしい。酒問屋を呼び寄せよ。酒問屋が姿を見せたら我輩に伝えよ」

大鳥軍が合戦場の本陣に到着してまもなく、三人の酒問屋の主人が都督大鳥の前に姿を見せた。

「我が兵の無礼を心からわびる。お許し願いたい。代金として六両ずつを支払いたい。受け取って欲しい」

酒問屋の主人たちは本陣に呼び出された怯《おび》えから解放された。大金を両手で受け取り、頭を深くたれて礼を言うと目頭を熱くして帰っていった。

その日の夜のことである。本陣の警戒に当たっていた番兵が挙動不審な若い町人風の男を捕らえた。番所に引き連れて追及したところ、栃木宿の北に接する壬生《みぶ》藩（三万石、鳥居家、新政府軍側に立つ）が送り込んだ間諜《スパイ》であることを自白した。報告を受けた都督側近の軍監《ぐんげん》はこの青年の首を直ちにはねようとした。都督大鳥はこれを制して自ら取り調べに当たった。男は泰然自若としていて少しも悪びれず、斬首も怖れない様子だった。

「私は美濃部演十郎と申す壬生藩士であります。藩命を受けた間諜に間違いございません。虜囚の辱《はずかし》めは受けません。即刻、首をはねていただきたい」

正座して正面を向き繰り返した。大鳥は肝の据《す》わった態度に感心した。

「貴公の忠臣《そち》ぶり、真っ当な正直な気持ちは褒《ほ》め称《たた》えるべきものだ。貴公の若い命を奪うのは我輩の能《よ》くするところではない」

都督は美濃部を無罪放免とし部下に命じて壬生城下まで送り返させた。

「諸君、本日は我が軍の兵の愚行で不快極まりない一日であったが、さきほどの若者の言動で鬱屈した心が晴れてきたわ」

圭介は士官たちに伝え日焼けした顔に笑みをつくった。だが士卒たちに笑顔はなかった。（大鳥圭介『南柯紀行』、『復古記』、河上徹太郎『大鳥圭介南柯の夢』、島遼伍『北関東会津戊辰戦争』、大嶽浩良『下野の戊辰戦争』、大町雅美『栃木県の百年』を参考にする）。

■■■

四月一七日明け方、大鳥軍は結城街道の諸川宿を発って北西に進路をとり、日光街道の宿場小山《おやま》宿に向かった。沿道には新緑の森や麦畑が広がっている。身を隠すように行軍する農道は狭い上に曲がりくねっていて見通しが悪い。農家はまだ起きていない。野鳥の群れが行軍に驚いて羽音を上げて飛び立つ。筑波山が現在地を確認する上での目標である。昼食は五里（二〇キロ）先の小山宿でとる計画である。馬上の都督大鳥は間道を選び目立たないように部隊を進めながらも進行を急がせた。

ここで新政府軍（西軍）側の動きを見ておく。東山道総督府（総監岩倉具定《ともさだ》）は、勤王で藩内をまとめた宇都宮藩家老県信緝《あがたのぶつぐ》（のちに勇記）の支援要請に応えて援軍である先遣隊を派遣した。援軍は兵二〇〇人で、大軍監香川敬三（水戸藩士）、小軍監平川和太郎（土佐藩士）、内参謀祖式金八郎《そしききんぱちろう》（長州藩士）の布陣であった。四月二日、江戸を発った香川隊は五日小金井宿（現栃木県下野市）で二隊に分かれ、香川本隊は北上して宇都宮へ、祖式が率いる支隊は藩内抗争で揺れる結城へと迂回《うかい》し、同日旧幕府派が実権を握る結城城を攻撃し占拠した。大鳥軍の宇都宮方面への北上を知った香川本隊は宇都宮藩兵などを加えて陣容を整え、結城の祖式隊と小山で合流し大鳥軍を迎撃しようと謀《はか》った。まず平川隊を古河《こが》（現古河市）方面に向け出撃させた。大鳥軍や土方軍とは別行動で北上して来た旧幕府軍の草風隊・貫義隊・郡上藩凌霜隊《ぐじょうはんりょうそうたい》が、古河に向けて進軍中の平川支隊と小山宿南の日光街道で遭遇し戦闘に入った。遭遇戦の緒戦は旧幕府軍（東軍）の勝利に帰し、この報は大鳥の本陣にいち早くもたらされた。戊辰《ぼしん》戦争は野州の大地を鮮血で染め激化する。

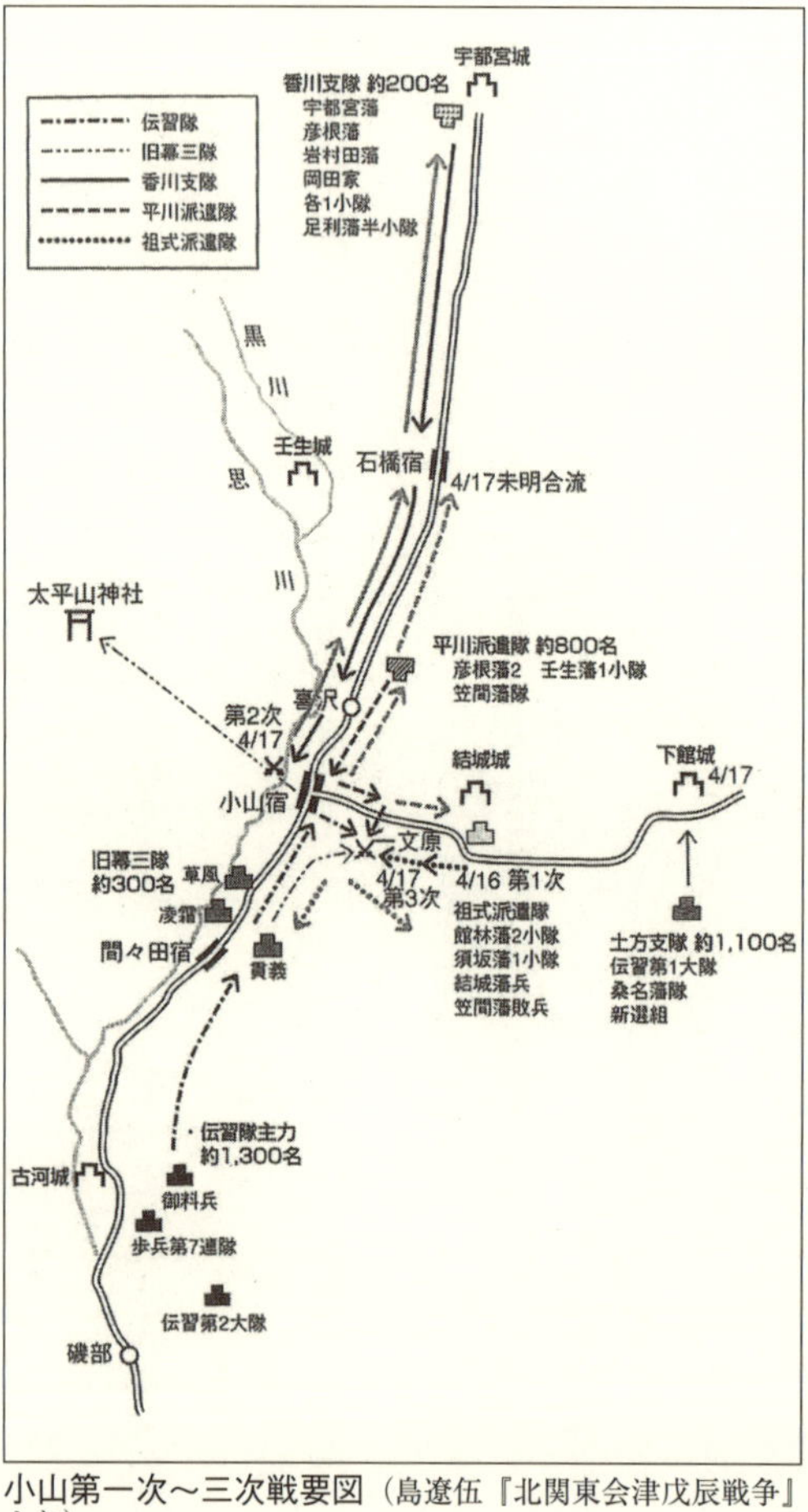

小山第一次～三次戦要図（島遼伍『北関東会津戊辰戦争』より）

伝習隊を中核とする大鳥軍が小山の手前一里（四キロ）の小川に差し掛かったとき、斥候（敵情偵察隊）小隊長が馬を走らせ帰陣し「敵軍、襲来の恐れあり」と報告した。

「農民の注進では、敵兵約三〇〇人が小山に集結して我が軍を撃とうとの構えであるとのことであります」

「全軍停止せよ。直ちに戦闘態勢に入れ！」

都督大鳥は馬上から命じた。小山から約二〇町（二・二キロ）手前の草むらであった。大鳥は、戦術に長《た》けた加藤平内《へいない》をまず呼び寄せ「貴公《そち》の御料兵を三つの部隊に分け先鋒隊として日光街道本道から小山宿の南口に進め」と正面攻撃を命じた。同時に伝習隊士官の大川正次郎《しょうじろう》と山角《やまかど》麒三郎《きさぶろう》を呼び「伝習隊から二つの小隊をつくり、結城街道方面に迂回し一隊は敵の側面から、またもう一隊は敵の背後に回れ」と側面・背後の攻撃を指示した。得意の洋式「三正面作戦」である。残りの伝習隊将兵と第七連隊は後方支援部隊として大鳥指揮下に残した。大鳥を囲んだ軍議は畑の片隅にむしろを敷いて行った。当初は小山で昼食をとる予定だったが、やむを得ず早めに腹ごしらえすることになった。しかし、この地は小村落で農家が少なく、残った将兵三〇〇人の食事を確保するのは容易なことではなかった。兵士が農家を回って麦や稗《ひえ》を調達し各隊に分配した。近くの農家はこぞって協力しコメを炊きお茶を出してくれた。大鳥は相応額の謝礼を農家に与えるように士官に命じた。

五つ半（午前九時）、第一陣の御料隊は隊長加藤の号令で小山の南からフランス製シャスポー銃を一斉に放って猛然と街中に突撃した。迎撃の態勢を整えていた新政府軍は大砲やゲベール銃で応戦した。新政府軍は宇都宮から南下した香川隊を中核として宇都宮藩のほか、岩村田《いわむらだ》藩（現長野県佐久市）・彦根藩・壬生藩それに平川支隊も参戦した。街道の宿場町は砲弾や銃声の轟音《ごうおん》に包まれ、町人は家の板戸を立てて怯《おび》えた。婦女子は恐怖におののき抱き合った。神社や寺院に火が放たれ黒煙をあげて燃え広がった。両軍とも負傷者が続出し、御料隊は後退を余儀なくされた。劣勢の状況は斥候兵によって大鳥に報告された。都督大鳥は伝習隊士官大岡新吾を隊長に命じ、伝習隊一小隊を援軍として派遣し、新政府軍の側面（西側）から攻撃を加えさせた。奇襲作戦は成功し、御料隊は勢力を盛り返して反撃に出た結果、新政府軍は宇都宮方面に退却した。

一方、結城街道を進んでいた伝習隊士官大川正次郎と同山角麒三郎の部隊は、小山宿の背後に到着し

戦闘の被害を受けた常光寺と阿弥陀如来像の弾痕
（栃木県・小山市）

た際、麦畑の中に日の丸をかざして進む隊列を見つけた。日の丸は味方の証拠である。不審に思った大川は斥候兵を放って調べさせたところ、一群は後退する新政府軍であり旧幕府軍（大鳥軍）に偽装していることが分かった。大川は自軍の兵を雑木林に潜伏させ、至近距離まで来たところで一斉射撃を命じた。新政府軍は大砲や銃を打ち捨てて敗走し、宿場北端の喜沢《きざわ》（現小山市）で民家に火を放って逃げた。ここでも大鳥軍の勝利であった。夕刻、都督大鳥圭介は馬に乗り全軍を率いて小山宿の本陣小川家に到着した。大鳥は将兵を前に高揚した気分で演説した。

「諸君が勇猛に戦った結果、完璧な勝利に終わった。聞けば本日は東照宮様（注――江戸幕府開祖徳川家康）の御祭日とのことだ。これにて我が徳川家の再興は間違いなし、である。しばらくは無礼講とする。飲みかつ食い給《たま》え。支援を惜しまなかった村民、町人も酒宴の仲間に入れよ」

連日の奮闘をねぎらい勝利を祝った。日は中天高く輝いていた。本陣とその周辺の兵士は勝ち戦《いくさ》の祝杯を上げ農民の差し入れた赤飯を食した。大喜びの村民たちも加わって飲めや歌えの歌舞音曲でにぎわった。大鳥も士官らと酒盃《さかずき》を手にしたが、数杯を傾けるにとどめた。兵士たちは疲労とすきっ腹のところに酒をあおり前後不覚に酔っ払う者も出てきた。大鳥は、酩酊《めいてい》する兵士の続出を心配して二時間ほどで祝宴を打ち切り、引上げラッパを鳴らさせた。その後、士官を集め味方の死傷者と戦利品を改めさせた。

・分捕品――大砲二門、軍馬二頭、大小銃弾薬、小銃、長持（軍用箱）、薬籠、眼鏡、ピストル。
・死傷者（史料によって数字が異なる）――新政府軍死者二〇人、同負傷者五〇人から六〇人、旧幕府軍（大鳥軍）死者六人、同負傷者一四人。

戦利品の中には、彦根藩大砲方壬生某《なにがし》、笠間某、岡田某の「付け札」（所有者を示す下げ札）があった。

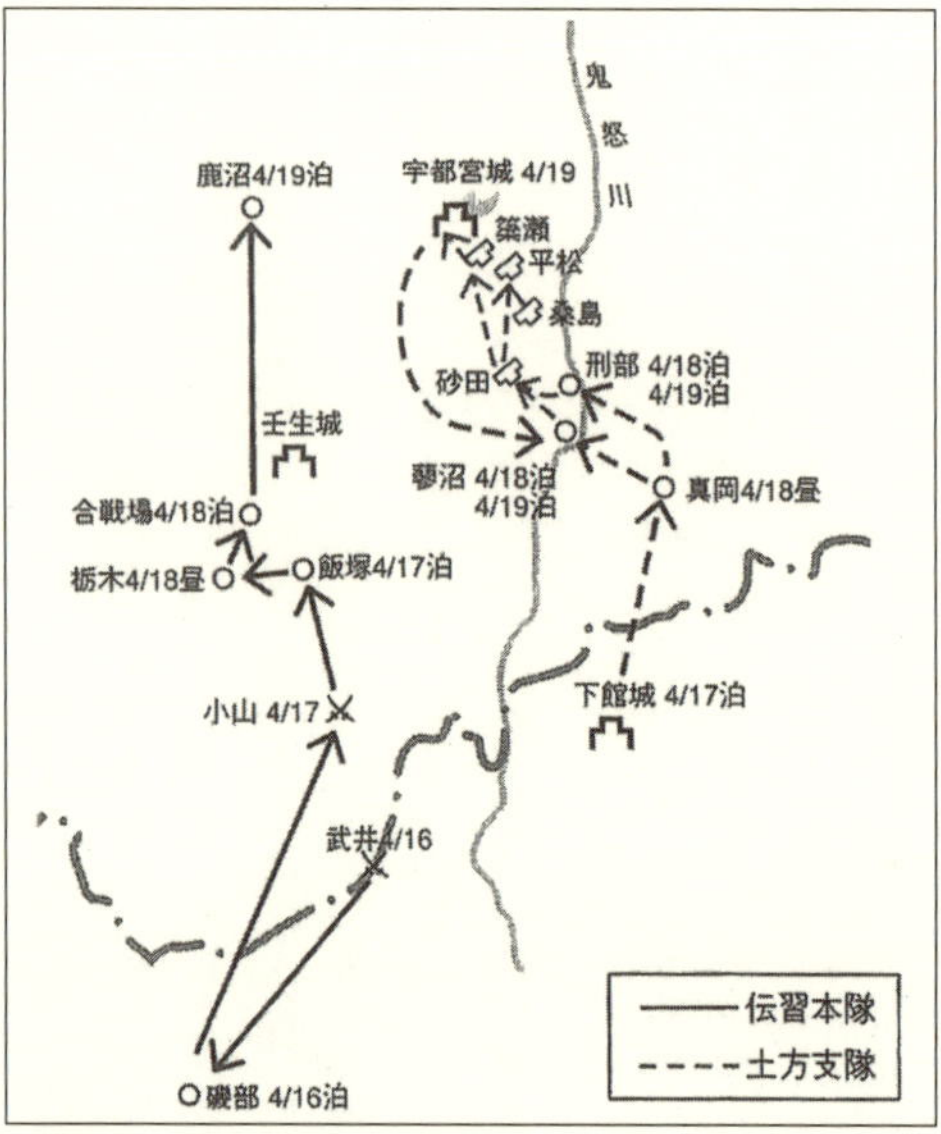

伝習隊および土方支隊進行路（島遼伍『北関東会津戊辰戦争』より）

小山での戦闘は鳥羽・伏見の戦い以降東西両軍が激突した最初の正規戦であった。戊辰戦争を通じて数少ない旧幕府軍の完勝であった。八つ（午後二時）過ぎ、大鳥は小山宿に本陣を張り続けるのは敵の逆襲を受ける恐れがあると判断して、夕刻前には壬生街道を北上して飯塚宿（現小山市）で宿泊するとの指令を発した。草風隊小隊を斥候として飯塚方面で偵察させたところ、「敵軍、急襲の模様」との急報が入った。武井の戦いで伝習隊に叩《たた》きのめされた祖式金八郎が率いる館林藩・笠間藩・結城藩（勤王派）の将兵三〇〇人から四〇〇人が、結城街道から逆襲をかけてくる情勢であるとのことであった。急報と時を合わせるように砲声や銃声が雷鳴のようにうなりだした。砲弾が小山宿に相次いで落下し、動揺した婦女子や老人は往来を右往左往して逃げ惑った。大鳥都督は最強の伝習隊を急派させようとしたが、兵士たちの大半が足元もおぼつかないほどに酩酊していた。そこに砲声が轟《とどろ》いたので部隊は大混乱に陥ったが、伝習隊第二大隊隊長本多幸七郎は酔いの醒《さ》めた兵士を引き連れ新政府軍（祖式軍）に応戦した。祖式隊は槍《やり》を構え、抜刀して白兵戦（刀剣による接近戦）を挑んできたが、伝習隊はシャスポー銃で一斉射撃した。歩兵第七連隊も銃砲で反撃に転じた結果、祖式隊

大島軍本陣付近の神社（小山市飯塚・現在）

は蜘蛛《くも》の子を散らすように戦死者や武器を捨てて結城方面に敗走した。その後隊長祖式は古河藩（八万石、藩主土井家）に逃げ込んだ。新政府軍の死者が二五人に対し、大島軍はほぼ半分の一三人で、戦利品はフランス式山砲三門、水戸藩製和流大砲九門、弾薬、刀剣・槍などであった。

　この戦闘で大きな失態があった。急襲を受けた際、軍馬が狼狽して四方に走り去ってしまった。装備品や弾薬を積んでいた皮製のフランス製ランドセル（背嚢）を多数失う大損失となった。弾薬などの供給が困難な山岳地での戦闘に活用する予定だった戦略物資を失ったことになり、のちの戦いで決定的とも言える物資不足に陥る要因となる。夕暮れが近づき、将兵ともに疲労はその極に達していた。だが大島はこの地は敵襲を受ける可能性が高いとして、当初の予定通り飯塚宿に向かうことにした。大島軍は東照宮の御旗を夕日に輝かせて思川沿いを北上した。その間約二里（約八キロ）である。大島軍でも兵士による町民への食糧の無心や金品の強奪などがあった。沿道の人馬を徴発して戦利品を飯塚宿へ運ばせた。大島は飯塚宿の神社に陣を設営して負傷兵の治療を命じ兵士に夕食をとらせて境内で雑魚寝《ざこね》をさせた。その後隊長らを集めて軍議を開いた。目的地・日光廟堂へ至る行軍の道筋を検討したのである。

■■■

野州は旧幕府軍と新政府軍の主戦場になっただけでなく、それ以前から水戸天狗党の跋扈《ばっこ》や世直し一揆（打ちこわし）の暴徒化に大きく揺さぶられ、庶民は明日をも知れぬ無政府状態に恐れおののいていたのである。元治元年（一八六四）の水戸天狗党の事件では浪士二〇〇人余りが旅籠押田屋を本陣として止宿した。浪士らは足利藩栃木陣屋や裕福な問屋が軍用金提供を拒んだため一軒おきに油樽を置き火を放った。世直し一揆の大騒動は宇都宮藩が勤王路線を決め新政府軍に支援を求めた慶応四年（一八六八）三月二三日から間もなくして発生した。発端は同月二九日安塚村（現壬生町）で起こり、四月一日鬼怒川沿いの桑島村、石井村（現宇都宮市）に飛び火した。さらに鶴田村（同前）に結集した農民は酒屋や問屋などを相次いで襲撃した。一揆勢は荒針村、寺内村、戸祭《とまつり》村（同前）の郷役取締宅を襲い、宇都宮西部の農民の参加のもとに三日には宇都宮の八幡山に三万人が集結した。宇都宮藩兵の追撃を受けた一揆勢は北方に逃れ、岩曽村、上田原村、白沢宿（いずれも現河内町、宇都宮市の北に接する）で打ちこわしを続け、他の一隊は塩谷郡氏家村、桜野村（いずれも現さくら市）に、別の一隊は翌四日同郡大宮村、玉生《たまごう》村、道下《どうした》村、肘内《ひじうち》村（現塩谷《しおや》町）で打ちこわしを続けた。宇都宮周辺では同藩兵に鎮圧された一隊もあった。農民一揆が過激化したのは宇都宮城をめぐる新政府軍と旧幕府軍の攻防戦の最中、とくに四月半ばまでの期間であった。

■■■

「明日朝は壬生城下を通らねばならぬが、いたずらに戦いを挑む必要はない。今夜中に壬生藩側の意向を打診したいが、どうであるか」

大鳥は軍議の冒頭で士官の意向を質《ただ》した。全員同意との結論を受けて、旧幕臣宮川六郎とその従者を二里（八キロ）先の壬生城に向かわせることになった。二人は馬に一鞭を加えて壬生城（藩主鳥居家）

に向かい、重臣に面会した。

「我が軍は明日貴殿の城下を通り日光に至る所存であるが、無事通して下さるか。もし阻止されるならば、武力の行使は好むところではないが、兵力をもって強行するしかない」

応対した郡《こおり》奉行茂木紀孝や大砲奉行友平慎三郎《ともひらしんざぶろう》ら藩首脳は「城主に相談の上、明日我が方からお伝えに伺いたい」と回答した。宮川から報告を受けた都督大鳥は、万一の夜襲に備えて武装を解かずに本陣の神社社務所で横になった。

大鳥軍が進んだ日光例幣使街道（栃木市内）

翌一八日は朝から雲一つない快晴となった。日光連山が北の青空を背景に青い屏風のようにそびえている。大鳥軍は壬生城攻撃の方針を固め準備に入っていた。そこに壬生藩大砲奉行友平慎三郎とその家来が馬で本陣に駆けつけてきて大鳥都督に面会した。

「我が藩には既に新政府軍が入城しております。貴隊には非礼があっては相すまぬことゆえ困却しております。城下通過の儀は御見合わせいただきたい。ついては我が方から道案内の者を差し出しますので、栃木駅の方面に迂回いただきたい」

この真摯《しんし》な訴えは「触らぬ神にたたりなし」の立場表明であったが、大鳥は裏に陰謀はないとして受け入れた。友平が見返りとして提供を申し出た多額の軍用金や米穀類の受領は拒否した。

「我が軍は公儀の軍隊であり、良民から略奪を繰り返した水戸天狗党の輩《やから》と同一視されては困る」

友平は圭介の潔癖に打たれ安堵《あんど》して引き返していった。都督は直ちに全軍に出発の指令を発し、飯塚宿を西に折れて思川を舟で渡り、田畑の村道を栃木宿に向けて行軍した。途中、農家で昼食をとり夕刻前に栃木宿に着いた。栃木宿は日光例幣《れいへいし》使街道が、街中を南北に貫いて走っており道の両側には商家や土蔵が軒を接している。この町の繁栄は例幣使街道の主な宿場であるだけでなく、町を貫いて流れる巴波川《うずまがわ》の舟運の発着場でもあるからだった。川の両岸には白壁の蔵が建ち並んでいる。米俵を満載した高瀬舟は利根川から江戸川を下って江戸に至るのである。繁栄を極めた宿場町も天狗党の略奪放火や薩摩藩士と名乗る討幕浪士一六人が宿泊し出流山《いずるさん》で挙兵した出流山事件により、街は大半を焼け尽くし町民は困窮を極めていた。街道の北端と南端にあった木戸番小屋も番人の姿が消えていた。加えて農民による打ちこわしの不穏な動きもあった。この地には足利藩（一万一〇〇〇石、藩主戸田長門守）飛地の陣屋があった。（藩主戸田長門守と大鳥は旧幕府陸軍時代の陸軍奉行並と歩兵奉行をそれぞれ務めて旧知の仲だった）。陣屋は東西三〇間・南北五〇間（一間は約一・八メートル）の回字形で掘割に囲まれていた。（現宇都宮地方裁判所栃木支部の地）。陣屋では大鳥軍が宿泊を希望していると聞いて動揺した。

舟運の繁栄を伝える蔵屋敷（栃木市内の巴波川、現在）

「我が軍は日光山東照宮礼拝のために通過したのである。兵士には粗暴な振舞いは絶対にさせない。安心されたい」

大鳥は伝令を走らせ陣屋に伝えた。大鳥軍は休憩《きゅうけい》の場として陣屋の提供を受けたのである。ところが、休憩の間に伝習隊の兵士数人が酒問屋を刀剣で脅して酒樽を奪う事件を起した。激怒した都督は兵士を厳罰に処し、酒問屋の主人を呼んで自ら謝罪し代金を支払った。日光例幣使街道沿いの代官屋敷（現岡田記念館）で休憩した後、同街道を北上し合戦場に着いた。この宿場町の場末の遊郭には女郎屋や飲み屋が軒を並べていて、兵士のいざこざが心配された。都督大鳥は兵士の不埒《ふらち》な行為を監視するため自ら馬に乗って部隊を引き連れ町内を巡視し、各所に番兵を配置した。同時に麦が青む畑の地形調査や街道・枝道・河川の位置の確認も行った。

翌一九日朝、大鳥軍は合戦場を発って日光例幣使街道を北上し楡木宿《にれぎ》（現鹿沼市）に向かった。目的地・日光山に近づくためである。昼前、東方の空が火焔《かえん》で焼けただれ黒煙に覆《おお》われ出した。太陽も隠れてしまうほどに黒煙は不気味に広がった。農民に方角を質《ただ》したところ、宇都宮方面であるとのことだった。楡木宿本陣に到着して各方面に問い合わせるよう士官に命じた。「朝方、宇都宮城で戦闘があり、城郭や市街は大半が焼け落ち藩主は壬生方面に落ちていった」との報告であった。大鳥は先鋒隊（隊長・会津藩士・秋月登之助、副隊長新撰組・土方歳三）が宇都宮城に総攻撃をかけたと直感した。この夜は、将兵を宿場の山腹にある寺院に分宿させた。軍議を開き、翌朝は日光への進軍をやむを得ず取り止め、逆の方向（東）となる宇都宮方面に支援に向かうことを命じた。

大鳥軍が栃木宿から鹿沼に北上していたころ、野州南東部の芳賀《はが》郡に進攻してきた旧幕府軍・先鋒隊は真岡《もおか》を経て鬼怒川を渡河した。先鋒隊の軍勢は伝習隊第一大隊・桑名藩兵・回天隊・草風隊など七〇〇人余りであった。四月一九日早朝、宇都宮城を南東の方角から攻撃した。宇都宮城への攻撃を前に、秋月・土方軍は本陣とした蓼沼村《たでぬま》（現上三川町）の満福寺門前で血祭りを行った。進軍中に、鬼怒川の久保田河岸（現結城市久保田）付近で捕らえた黒羽藩斥候兵三人を軍神への手向《たむ》けとして斬首したのである。フランス式軍事訓練を受けた最新鋭の旧幕府軍ではあったが、戦意高揚の儀式は旧来の武士階級の価値観そのものであった。（知性の人・大鳥はこの残虐な出陣式の報告をどのように受け止めたのだろうか）。秋月・土方軍の軍勢は二手に分かれて街中を避け間道を進軍した。宇都宮城は北向きに造営されており、日光・奥州街道が城下の西側と北側を走り、城下への各入口には寺社が建立されていた。北・西方面には分厚い防御の堀を配置した宇都宮城ではあったが、南東部に弱点があった。田川という小河川が流れているだけで、渡河すれば攻撃には最適の場所であった。攻略はこの南東部から始まった。

対する新政府軍・宇都宮藩も、烏山《からすやま》藩の支援を得て南東部の砂田村、平松村、簗瀬村《やなせ》（いずれも現宇都宮市）に出撃し、迎撃する態勢をとった。宇都宮・烏山両藩の藩兵とも刀・槍・火縄銃主体の旧式編制装備で、麦畑や雑木林などに兵力を分散させたため、「東照大権現《とうしょうだいごんげん》」と墨書された白旗を押し立ててラッパを合図に統率を取って匍匐《ほふく》前進する旧幕府軍にひとたまりもなく撃破された。勝敗を決定付けたのは火力の差だった。伝習隊第一大隊を主力とする旧幕府軍は、フランス製最新鋭の銃剣付きシャスポー銃（射程距離六〇〇メートル）で攻撃したが、新政府軍は火縄銃（同一〇〇メートル）とゲベール銃（同二〇〇メートル）での応戦だった。旧幕府軍が簗瀬村の名主宅に火を放つと、火は辰巳《たつみ》の風（南東の風）にあおられ猛火となって市街地に広がった。さらに四方に火を放ちつつ城内に突入した。城主の控える二の丸館に銃砲弾が打ち込まれ、城内では白兵戦が始まった。新政府軍・宇都宮藩兵は退城を決意し、二の丸館に火を放って退却した。火焔に包まれた城下町は四八町の大半を焼失した。前線で指揮を取った宇都宮藩家老県《あがた》は敗北の主因を「本藩は兵士が近隣で起きた一揆鎮圧のため日夜奔走して休むことがなく疲労の極に達していた」（現代語訳）と敗北直後日記（『戊辰日誌』）に記した。

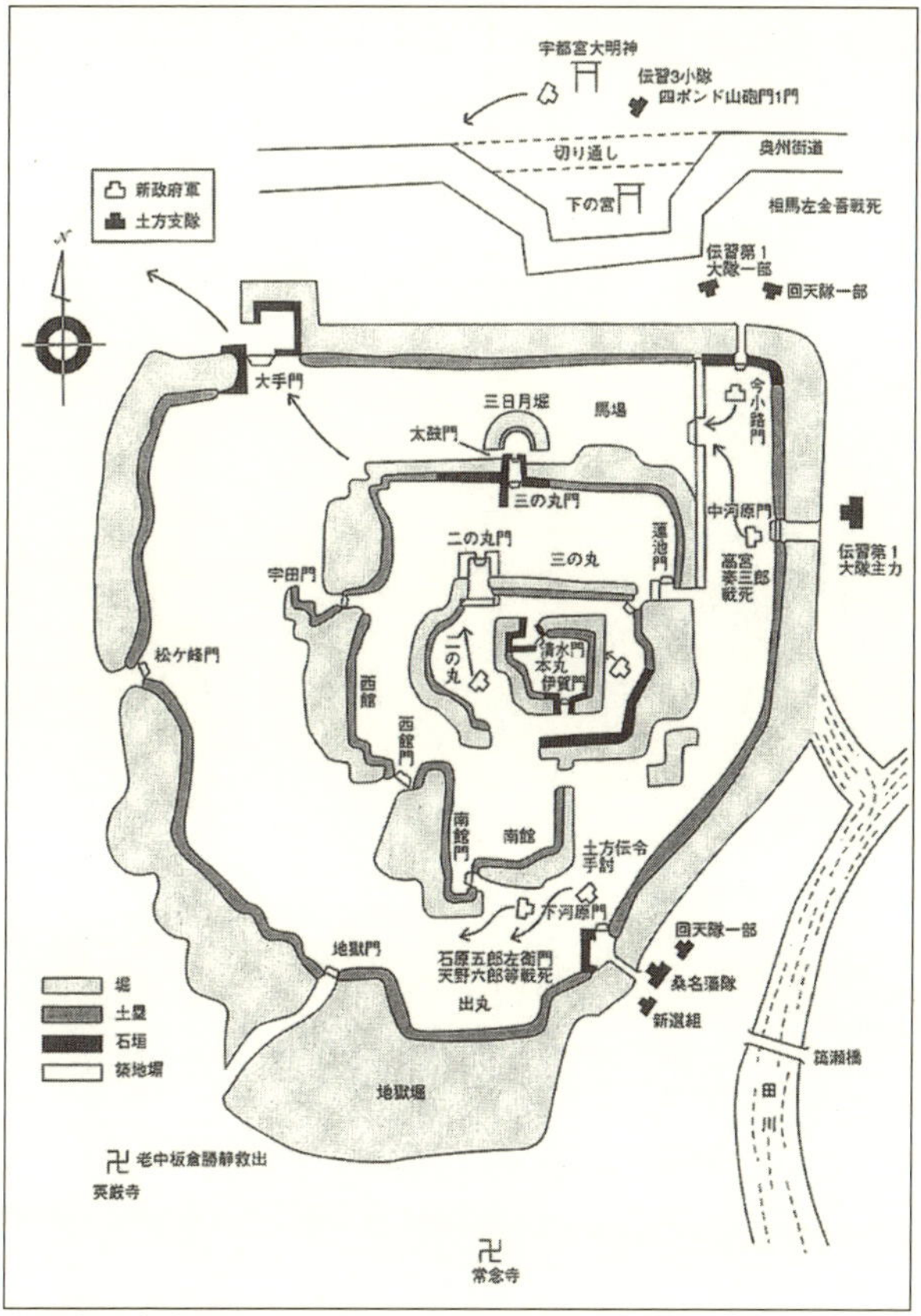

宇都宮城攻略要図（島遼伍『北関東会津戊辰戦争』より）

■■■

二〇日は早朝から晴れわたった。大鳥軍は第七連隊を先頭にして〝三葉葵《みつばあおい》〟（徳川家家紋）の旗を南風に翻《ひるが》えして順次鹿沼の本陣を出発した。平坦な街道を進む行軍だった。宇都宮が間近に迫ったところで、大鳥都督は全軍に休憩を命じ、斥候を宇都宮に走らせ市内の様子を探らせた。間もなくして斥候から報告が入った。

「市中は大半が戦火で焼け落ち、町民の姿は見えず、敵・味方の兵も見えない」

城下町は硝煙が漂う廃墟と化した。大鳥都督は馬に乗って奥州街道などを巡視した後、城下の焼け残った神社で休憩した。路傍には焼け出された町民がボロをまとって飢えに耐え座り込んでいる。大鳥都督は「焼け出された住民たちに食糧を与え、また小銭も施して慰安させよ」と部下に命じた。大鳥は黒煙の垂れこめた城内を視察するため馬を進めた。名城と知られた宇都宮城は前日の激戦と放火で灰燼《かいじん》に帰し、未だに炎が上がっていた。塀からも猛火が立ち込めている。小隊に消火を命じた。盗賊どもの略奪も後を絶たない。二の丸周辺には焼け焦げになった兵士の死体が散乱し、山砲（分解して馬に引かせる野戦砲）、銃器類、車輪などが堀の中に無造作に捨てられていた。三棟の米倉は焼け残っていて、米穀が相当量残されていた。都督は一応の検分が終わってのち、各隊の配置を決めて番兵を立たせ、同時に町民に動揺しないよう求める触書の高札を各所に立てた。さらには、兵隊は町民に乱暴狼藉を働いてはならぬとの厳命を発し士官を絶えず巡視させた。それでも商家で強奪をしたり町民に乱暴を働く兵士が後をたたなかった。放火もあった。中には宇都宮城主戸田家の秘蔵の刀剣を焼け跡から掘り出したり、蔵から金貨・銀貨を探し出して着服する者も出てきた。大鳥はこれらの兵数人を町民の前で鞭打ちの刑に処するよう命じた。極刑の後は軍律を犯すものはなくなった。「兎角《とかく》暴行する者ありて市民を悩まし、大いに困却せり」と彼は日記に記した。

都督は城内の牢獄に幽閉されていた農民二一人を解放した。彼らは宇都宮藩が過酷な税を課した際、抗議のため城門に訴え出た者たちで、「藩兵により二七人が銃砲で殺され二一人は捕縛された」と旧幕府軍に伝えた。束縛から解かれた農民たちは「城に残って旧幕府軍のために働きたい」と訴え出た。

『復古記』は記す。「方今宇都宮侯政律擾《みだ》れ苛政甚《はなはだし》く、酷吏賄賂を貪り、過分の課金を命ず。去る二月中澣（中旬）、又一石一両の大課を命じたり。農民之《これ》が為に沸騰し、邑里《むらむら》党を為して城門に愁訴す。

再建された宇都宮城

大鳥軍の宇都宮城攻撃（『明治太平記』明治8年刊より）

奸吏砲を発《うっ》て、其の二七、八人を殺戮《さつりく》し、二一人を捕らえて獄に下すと云う」（現代語表記）。

二一日は小雨の降る肌寒い一日となった。伝習隊第一大隊と桑名藩兵があらためて入城した。両隊が宇都宮城を陥落させたのであり、都督大鳥は両隊の勲功を称え慰労するために士官と兵士に酒を振舞い勝利を祝った。都督は場内の米倉に残された米穀三〇〇〇俵のうち三〇〇俵を焼失家屋に分け与えさせた。町民や農民の喜びは一通りではなかった。負傷兵のために野戦病院を開設し敵味方を問わず治療をさせ、また重傷の町民の手当てもさせた。夕刻になって、大手門に馬で駆けつけた者があった。馬を降りた男は「拙者は壬生藩の友平慎三郎と申す者で、使者でも間諜でもない。ぜひ大鳥閣下にご面会を願いたい」と丁寧な口調で訴えた。隊長の取り調べに対し「大鳥閣下の人格に打たれ、また存ずる次第があって貴軍に身を投じたい」と答えた。報告を受けた大鳥は壬生藩重臣の訴えを認めた。友平がもたらした壬生藩情報は戦術を練る上で大いに役立った。軍議の結果、翌二二日壬生城を総攻撃することになった。都督大鳥は体調不良のため前線指揮を秋月と土方に譲って宇都宮の本陣で養生することにしたが、これは隊長のみに留め部隊には内密とした。大鳥は地図を見て指示した。安塚口（現壬生町安塚）正面攻撃部隊、安塚宿東から敵の背後を攻撃する部隊、遠く迂回《うかい》して壬生城を叩《たた》く部隊の三つに分けて新政府軍を打破するよう命じた。

壬生城（現在）

■■■

小山での新政府軍敗退の一報は、中仙道の宿場町板橋（現東京・板橋区板橋本町など）の東山道総督府（西軍）に伝わり、援軍が三次にわたって急派された。因州《いんしゅう》（鳥取）藩士河田佐久馬《かわださくま》が率いる山国隊・鳥取藩・土佐藩兵混成隊、総督府参謀伊地知正治《いちじまさはる》が率いる薩摩藩・長州藩・大垣藩兵隊、それに野《の》津《づ》七次《しちじ》・大山弥助が率いる薩摩藩・大垣藩兵である。（山国隊は丹波地方〈現京都府〉山国地方で結成された草莽《そうもう》隊で、山陰道鎮撫使西園寺公望の檄文《げきぶん》に応じて出兵した農民部隊である。今日京都三大祭り

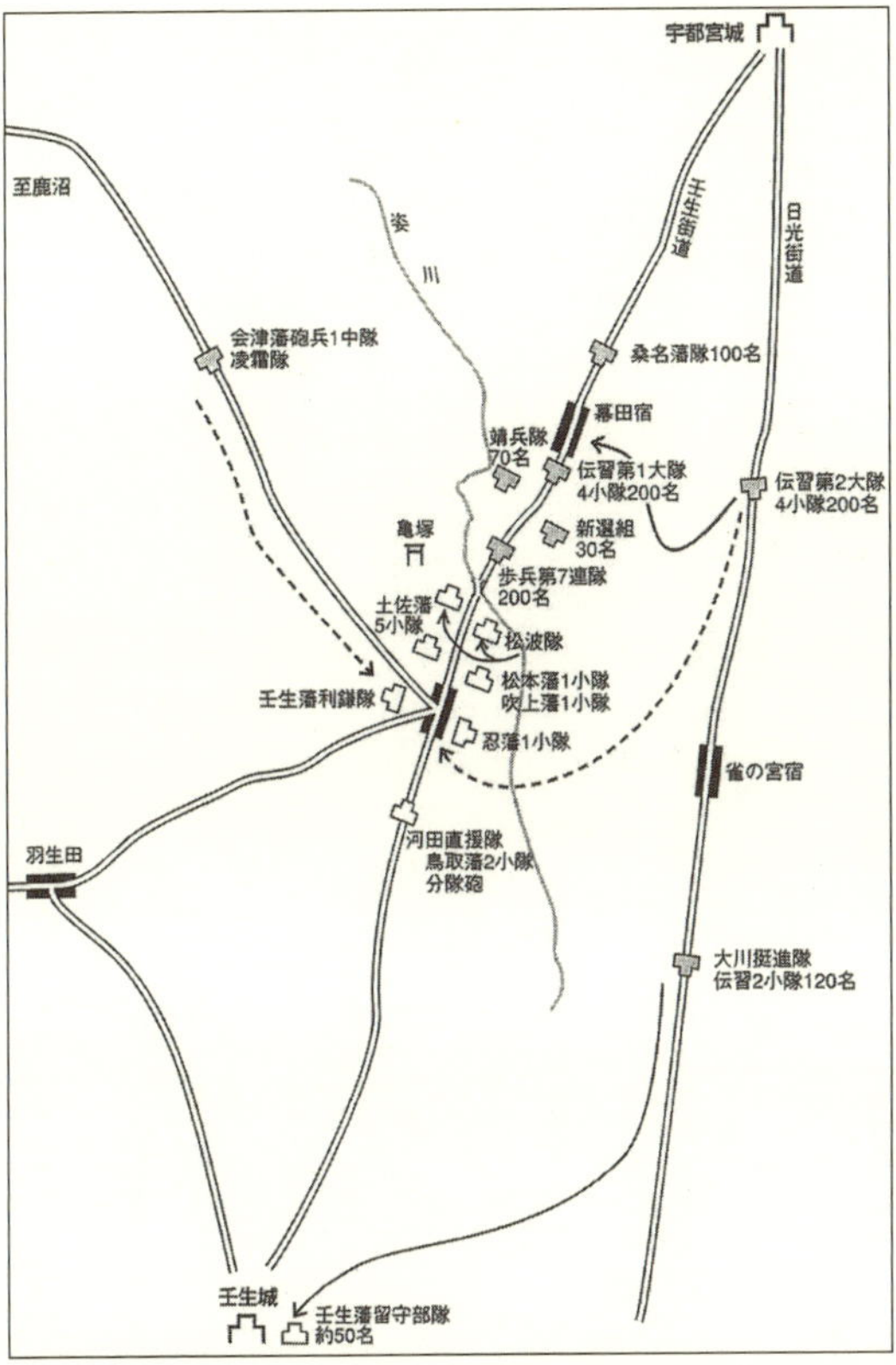

安塚の戦要図（島遼伍『北関東会津戊辰戦争』より）

安塚の戦いで新政府軍を陣頭指揮する河田佐久馬（長岡市立中央図書館蔵）

安塚の戦いの大鳥軍（長岡市立中央図書館蔵）

のひとつの〝時代祭り〟を飾ってその名を伝えている）。二〇日伊地知軍は関宿城に至り、また河田佐久馬が率いる救援軍は北上の途上で宇都宮城落城の報が入り、宇都宮手前の壬生城にひとまず駐屯した。これで新政府軍は増強された。壬生・宇都宮間は約四里（一六キロ）で栃木街道（佐野街道とも言う）が走っている。

二二日（一説には二三日）は朝から暴風雨となった。あたりは墨をぶちまけたように暗く「咫尺《しせき》を弁ぜぬ」（『大鳥圭介伝』）最悪の状況だった。双方の軍とも雑木林に兵を潜伏させ戦闘に備えた。豪雨で道や畑が沼のようになった。夜明け前に戦端が開かれた。姿川《すがたがわ》に架かる淀橋を南に下った安塚宿北端の広野が戦場となった。新政府軍（西軍）五〇〇〇人に対し大鳥軍（東軍）の正面攻撃部隊六〇〇〇人が激突する戦いとなった。暗闇での応戦となり、「互いに進退挙動を弁ずる能わず、唯銃口の火気を標として砲発し」（『浅田惟季北戦日誌』）大混戦となった。浅田は大鳥軍士官である。新政府軍は最新鋭の四斤山砲《しきんさんぽう》で攻撃したが、戦況は旧幕府軍の優位に進み安塚宿内へと迫った。しかし安塚宿を東側面から叩く部隊が、暗闇と冷雨の中で道に迷い淀橋の手前の幕田村《まくた》（現宇都宮市幕田）に向かってしまった。自軍の方に進軍してしまったのである。壬生城に待機していて苦戦の急報に接した河田佐久馬は予備隊を引き連れ安塚に急行した。新政府軍の反転攻勢が始まった。河田は退却する自軍兵士に対し、抜刀して「退

安塚の戦いの大鳥軍犠牲者の墓（壬生町安塚）

く者は他藩といえども死を免れず」（『復古記』）と叫んで押し戻した。河田の勇猛果敢な陣頭指揮や予備隊の砲撃で戦況は一変し旧幕府軍は防衛線である姿川から退却した。三時間の戦闘後、大島軍は戦況不利と判断し幕田村の農家に火を放って一里北西の西川田（現宇都宮市西川田）へ後退した。戦死者は新政府軍の一七人に対し、旧幕府軍は六〇人から七〇人（士官八人または九人。史料により数字が異なる）に上った。都督大島は「味方八部の敗績」（大島著『幕末実戦史』）と記して敗戦を認めざるを得なかった。初の大敗北はその後の不吉な予兆となるのである。

安塚の戦いの戦死者の墓
（上：壬生町安塚、下：宇都宮市幕田）

第七章　常在戦場③――野州から会津へ、暗雲は北に流れて

「この日光の地は、神君御廟（注――徳川家康霊廟・東照宮）のあるところゆえ、もしこの地で干戈《かんか》を交える（注――戦闘を起こす）ようなことでもあれば、神君に恐れ多いことになる。まして廟前を血にそそぎ、霊廟を戦火で炎上させるようなことにでもなれば、貴公の忠誠心は道理を失ってしまう。日光を昔ながらの静寂な霊地のままにしておきたい。それ故、いったん引き上げてくれたまえ」

元幕府老中板倉勝静《かつきよ》（松山藩主）は困惑した表情で懇請した。板倉は嗣子《しし》勝全《かつあきら》とこの地に身を隠し謹慎の態度をとっていた。都督（司令官）大鳥圭介はかつて仕えた旧老中板倉の要求が神君の名を借りて実は日光の寺院の意向を代弁していることを見抜いた。苦労に苦労を重ね多くの犠牲者を出して、ようやくたどり着いた目的の地で退去命令を受けたのである。理解を得られると信じたかつての幕府首脳から言下に拒否されたのである。そこで退去命令に正面から反論するのは避けた。

「当地に神君がおわしますこと、圭介は存分に承知しております。我が軍は、徳川家のために決起した次第であり、万一弾丸が御神廟に触れるとしても決して神君はお叱《しか》りにはなるまいと考えます。防戦

の準備さえ整えば、是非《ぜひ》ここで一戦を交えたいと考えます」

板倉は圭介の強気な姿勢に唖然《あぜん》とし口を開けたままだった。圭介はさらに語を継いだ。

「遺憾ながら、今のところは当地にあっては防戦の用意がたっておらず苦心しております」

土佐藩幹部・前列中央が板垣退助（『板垣退助君伝』より）

圭介はこう答えて席を立った。その後の軍議で、大鳥軍は神廟を参拝した後、今市方面に撤収することになった。板倉旧藩主父子は当初日光の南照院に謹慎していたが、新政府軍大軍監香川敬三（水戸藩士）が軍隊を進めた結果、今市まで出向き降伏する意向を伝えた。そこで父子は宇都宮城に身柄を移されたが、大鳥軍が宇都宮城を攻略した結果、今度は大鳥の判断もあって日光・輪王寺の安居院《あんごいん》に移っていたのであった。大鳥は裏切られた思いを深くしたが、抵抗はできなかった。新政府軍から身を隠す元老中板倉は四〇歳代半ばであった。

■■■

都督大鳥圭介が率いる旧幕府軍（約二〇〇〇人）は、壬《み》生《ぶ》城攻略戦で「八割がた敗北」（大鳥）を喫し北に逃れて宇都宮城に立て籠もる戦術をとった。四月二四日朝のことである。新政府軍も、一翼を担った土佐藩兵が壬生攻防戦で二十数人死傷した。後方支援として弾薬・食糧の運搬を担当する輜重《しちょう》奉行が「味方敗北」と誤認して、軍資金や食糧を馬に積み古河《こが》（現古河市）方面に逃亡してしまった。誤認は江戸尾張藩邸に待機していた土佐藩総督府参謀板垣退助（一八三七～一九一九）や谷守部（干城《たてき》、一八三七～一九一一）のもとにも届いた。板垣らは残りの土佐藩兵を総動員して、二三日夜から翌日朝にかけて野州（現栃木県）救援のため江戸を発った。途上で「敗北」が誤報であったことを知らされたが、宇都宮城奪還のため栃木街道を北上し続けた。新政府軍の主力部隊は前日に壬生城に到着した薩摩・大垣藩の連合軍で、指揮官の大山弥助《やすけ》（一八四二～一九一六）と野津七次《のづしちじ》（道貫）は、後年陸軍卿や陸軍大臣になる名将であった。（大山は青年時代に江川塾で大鳥から洋式戦術を学んだ。大山が開発した青銅製の大砲は「弥助砲」と呼ばれた）。

明神山（大鳥軍の一部がたてこもった二荒山神社）

　大鳥軍が壬生から後退する間も、新政府軍の筒払《つつはらい》（発砲演習）の耳をつんざく砲声が後方からしきりに轟《とどろ》いた。新政府軍が進攻してきた。大鳥軍が城内で陣形を固めたとき、新政府軍が城外の竹林や樹林から砲火を浴びせ始めた。「弥助砲」が炸裂した。大鳥は桑名藩隊と第七連隊に城を脱出して城の北にある明神山（現二荒山《ふたらさん》神社）に兵を登らせて北側から敵軍を攻撃するよう命じた。占領した明神山からは宇都宮の城下町が見下ろせた。加藤平内が率いる御料隊は、宇都宮から二里半（一〇キロ余）南の雀宮《すずめのみや》（現宇都宮市雀宮）で宿営していたが、宇都宮方面から銃砲の轟音《ごうおん》が響きだしたため直ちに城に向かった。

栃木街道の城下入り口は〝六道《ろくどう》の辻〟と呼ばれる交通の要衝であった（六つの街道が交わる地の意）。新政府軍指揮官大山は有数の砲術家であり、彼の軍は待ち構えていた旧幕府軍を難なく撃破した。宇都宮城の松が峰門付近一帯で白兵戦となった。昼過ぎから「殷々《いんいん》たる銃砲声は宇都宮の空に響き、腥風《せいふう》（生臭い風）吹きめぐる修羅の巷《ちまた》」（『大鳥圭介伝』）と化して、敵味方双方の戦死体が散乱した。八つ半ころ（午後三時ころ）、新政府軍・救援部隊の伊地知正治隊が宇都宮城南の地に遅ればせながら到着した。

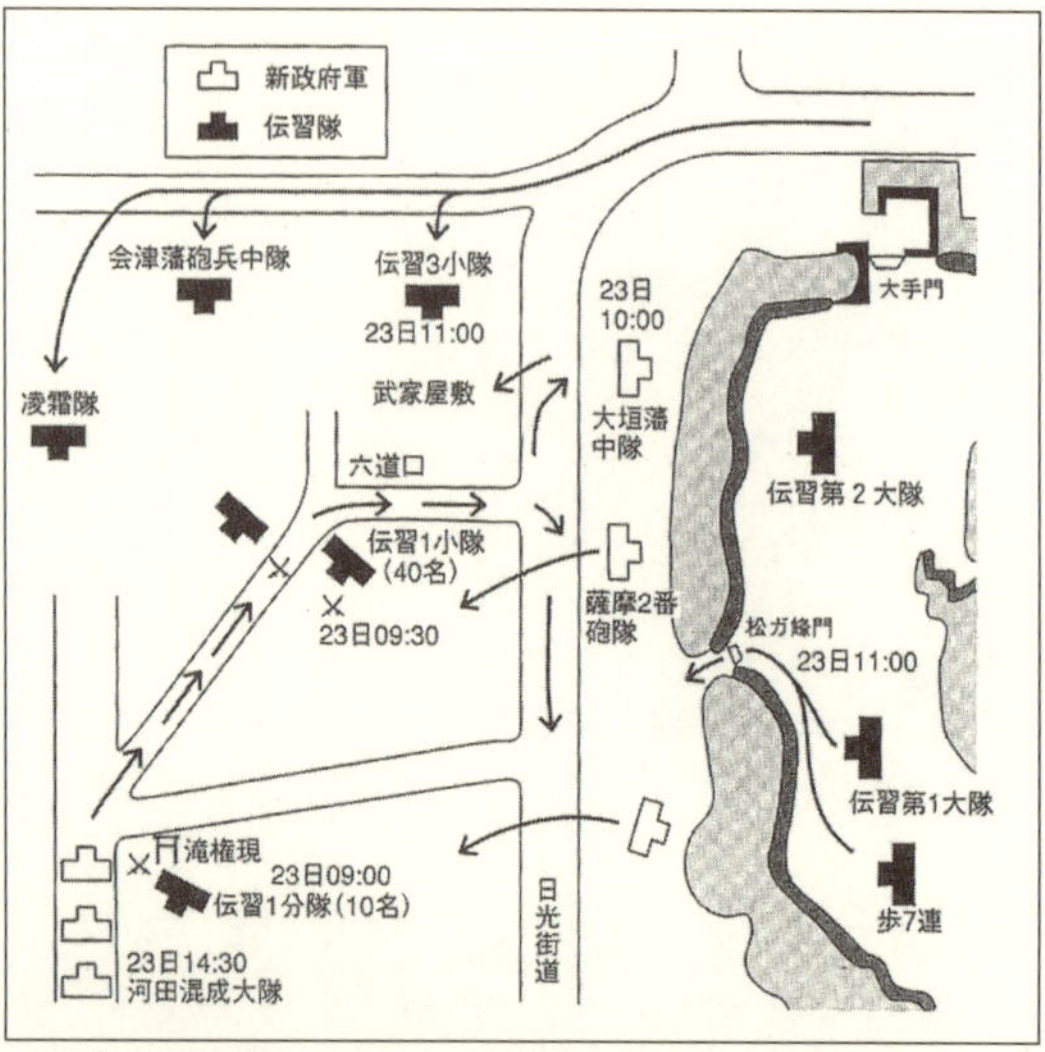

六道辻の戦要図（島遼伍『北関東会津戊辰戦争』より）

新政府軍・旧幕府軍犠牲者の供養碑（宇都宮・六道辻）

政府軍兵士（薩摩藩兵）の墓（宇都宮・報恩寺）

旧幕府軍兵士の墓（宇都宮・報恩寺）

伊地知隊が大幅に遅れたのは、北上の途上関宿《せきやど》藩からの通報で、岩井宿（現岩井市）で大鳥軍とは別行動をとった旧幕府軍（純義隊・誠忠隊・回天隊）を鎮圧していたためであった。大鳥軍は新政府軍を一度宇都宮城下外に駆逐した。だが朝からの戦闘で士官・兵士に死傷者が続出した上、銃砲の弾薬も打ちつくしていた。それ以上に問題なのは、各部隊隊長に死傷者が出ていて統率が取れないことだった。大鳥は城を捨て西方の日光方面に退却することを全軍に指令した。この指令は、明神山に立て籠もる部隊にも伝わり全軍が順次撤退することになった。

戦死者は将校・兵士合わせて七〇人から八〇人にものぼり、大鳥自身も退却の際に榴弾の小片が足に刺さって負傷をしたが、歩行には不自由しなかった。幹部では新撰組隊長土方歳三が足指をケガし、伝習隊第二大隊隊長本多幸七郎が背中に擦過傷を負った。会津藩士柿澤勇記は両股を撃ちぬかれ、同佐久間悌二《ていじ》は胸部を撃たれた。大鳥軍は宇都宮城の二度目の戦いで大敗北を喫し、葵《あおい》の御旗を捲《ま》いて退却を余儀なくされた。宇都宮城は再び新政府軍が掌握するところとなった。負傷した最高幹部土方歳三と同秋月登之助は部隊の指揮ができず、戦線を離脱し会津領に向かった。

〈敗軍の将〉大鳥圭介は士官・兵を率いて西に向かったが、各部隊は連日の疲労と空腹に加えて敗戦の落胆で脚も重く行軍は一向にはかどらなかった。半里（約二キロ）ほど進む間にも落伍兵が出てきた。土地勘もなく、農民に日光路の方角を確認しながら脇道を進む行軍である。夕暮れが迫っている。近くの農家から夕餉《ゆうげ》の煙が立ち昇る。（村落は現宇都宮市戸祭周辺か）。隊長らが、沿道に並ぶ農家に食料の提供を頼んだ。農民たちは、脅えるどころか多数の負傷兵を抱えた大鳥軍を歓迎した。道路沿いに戸板やむしろを並べてひげ面《づら》の痩せこけた兵隊たちに休みをとらせた。老若男女がかいがいしく炊き出しの握り飯に梅干やゴマなどをつけて出し茶も勧めた。空腹の将兵たちは農民の誠意に涙を流した。「地獄で仏」（『大鳥圭介伝』）であった。

「なぜ我々をこんなに手厚くもてなしてくれるのか。感謝のことばもない」

都督大鳥は馬を下りて農民たちに頭を下げた。

「我々は百姓ではありますが、東照宮様のご恩沢《おんたく》に長年浴しています。あなた方は徳川様のためにご尽力なさってくださっています。お江戸開闢《かいびゃく》以来三〇〇年のご恩義に謝する寸志でございます」

名主の初老の男がかすれた声で伝えた。これに大鳥は答えた。

「この戦いの間で聞いた最も喜ばしいことばだ。身分の低い農民ですらこれほどの恩義を徳川家に感じている。親藩・譜代の藩主やその家臣どもの中には安逸な道を選んで逃げ惑っているものが多い。実に嘆かわしい次第だ」

大鳥は握り飯と漬物さらに茶の馳走《ちそう》にあずかり、名主に小判五枚（小判一枚は一両。今日の数十万円）を懐紙に包んで盆の上に置いて「僅少だが受け取るように。皆に分けてくれ」と礼を言った。名主は「滅相《めっそう》もないことです」と受け取りを拒んだ。

「遠慮はいらぬ。労に報いるのは当然である。他意はない」

大鳥は盆に置いた小判には目もくれず馬にまたがった。全軍出発の号令を発しラッパを吹かせた。沿道に立った農民たちのうち、ある者は頭を深く垂れて涙ぐみ、ある者は手を振って見送った。敗残兵の哀れな姿は一目瞭然だった。見送られる兵士たちは疲れた体を引きずるように銃を担いで歩を進めた。日光への道は、伏せた臼のような男体山《なんたいさん》が目標だった。日は西に傾き、日光街道の上徳次郎《かみとくじら》宿（現宇都宮市徳次郎）で休憩した。将兵ともに疲弊の極に達していたが、新政府軍の襲撃を恐れて闇の中を強行軍で進み、翌朝日光の御廟に近い今市宿（現日光市今市）本陣に到着した。ここには会津藩砲兵隊が援軍として乗り込んできていたので、大鳥軍は勇気百倍となった。隊長らを集めて軍議を開いた際、伝習隊幹部が宇都宮戦争以来小銃の弾薬が極端に不足していることを指摘し、緊急の対応が必要であると述べた。大鳥は、会津藩砲兵隊長日向内記《ひなたないき》に対して会津表から弾薬・食糧を送り届けさせるため至急伝令を発するよう命じ、同時に多額の軍資金を渡した。

「都督大鳥圭介は兵学において、元より弾薬輸送の大切なることは承知していたが、実戦に臨んでこの失敗をみたと大いに嘆いた」（『大鳥圭介伝』）

二五日会津藩砲兵隊長日向は、野州・会津の国境（現栃木・福島両県の県境付近）の兵力が手薄であるとの理由をあげて、今市宿から引き上げる意向を示した。大鳥は、新政府軍の攻撃も心配され、弾薬も限りがあるとして留まるように要請した。だが砲兵隊長日向は懇請に耳を貸さず、会津領の山間地五《い》十里《かり》（現日光市藤原町、五十里ダムの地）まで引き上げて行った。やむを得ず、大鳥軍は単独で日光に向かい、夕刻に日光の門前町鉢石《はついし》町に着いた。立ち並ぶ旅籠《はたご》の中から、格式ある旅籠を本陣とした。ここに大問題が発生した。休憩の間に、脱走する兵士が相次いだのである。相次ぐ敗北と強行軍に疲れ果てての逃亡だった。当初の軍勢二〇〇〇人は大幅に減った。

日光・陽明寺（現在）

本陣に旅装を解いて間もなく、日光奉行新荘右近将監《しんじょううこんしょうげん》が組頭清水を引き連れて面会を求めた。

「当地では食糧不足に苦しめられている上に、銃撃戦が展開されては、寺院や僧侶にははなはだ迷惑であります。戦闘をする場を選ぶならば今市に移していただきたい」

「戦術に関することでもあり、直ちに返答はできかねる」

大鳥はこれ以上答えなかった。

その後、この地に謹慎している元老中・松山藩主板倉勝静の使者が大鳥を訪ねてきて、板倉に面会して欲しいと懇願した。大鳥は前老中と聞いて無碍《むげ》に断るわけにもいかず使者とともに安居院《あんごいん》に向かい板倉に面会した。元老中は最後の将軍慶喜が将軍職を辞した際老中を去り、世継ぎの勝全《かつあきら》と寺院に籠もって謹慎生活を送っていると語り、徳川家康ゆかりの地での戦闘回避を訴えた。苦労を重ねてたどり着いた目的の地で、本陣の設営を拒まれたのである。大鳥は熟慮の末板倉の要求をのんだ。

二七日朝靄《あさもや》の中、旧幕府軍（大鳥軍）は東照宮を拝謁した。東照宮・陽明門はことのほか絢爛《けんらん》かつ美麗であり、境内は松や杉の老樹が茂り鬱蒼として昼なお暗い霊地であった。〈敗軍の将〉大鳥は廟前で額《ぬか》ずいた。流れ落ちる涙をとどめようがなかった。昼前に今市宿の本陣に戻った大鳥は、工兵隊幹部と日光街道や例幣使街道を巡視し、要所に防戦用の胸壁を築造させ、また番兵を立てた。これより先、大鳥軍の製造した五〇〇〇発の小銃弾が軍用に耐えない欠陥品であることが分かって戦闘がさらに不利になることが憂慮された。土佐藩兵は薩摩・長州・大垣各藩の総攻撃で宇都宮城が奪還されたことを知って、大鳥軍を追って日光方面に向かう。

今市は、日光街道、奥州街道、例幣使街道、会津街道などの交差する四通八達の要衝の地であり、各街道の番所で警戒に当たる兵士も相当数にのぼった。旧幕府陸軍奉行並松平太郎が近く来着するとの先触れが届いた。松平は鳥羽・伏見の戦いに従軍し帰東の後、陸軍奉行並に昇進していた。同時に、東山道総督府参謀板垣退助（土佐藩士）が率いる新政府軍（土佐藩兵を中核とする部隊）三〇〇人が大鳥軍本陣の南西約二里（八キロ）の大沢（現日光市大沢）まで進軍してきたとの報が入った。（この日、宇都宮戦で重傷を負った会津藩士柿澤勇記が陣没し

家康墓地（日光・東照宮内）

鉢石町の寺院に埋葬された）。

旧幕臣松平太郎が馬に乗り部隊を引き連れて陣屋に訪ねてきた。「参政の書」（旧幕府首脳直筆の書状、勝海舟の書との説もある。不明である）を差し出すとともに、江戸城が崩壊し江戸の町は新政府軍によって完全に占拠されたと伝えた。大鳥はさっそく「参政の書」に目を走らせた。「天下の形勢を察し、暴挙といわれるごとき行動を慎むべし」と記されてあり、戦闘を中止して和睦を図れとの督促状であった。大鳥は旧知の松平に答えた。

「すでに交戦状態が続いている以上、我が方から仕掛けなくても敵から攻撃してくるのは目に見えている。むざむざ弾丸の的になるのは愚かなことであり、戦術をたてて応戦するしかない。好んで犠牲者を増やす愚行は犯さないつもりである」

大鳥の性格を熟知している松平は、笑顔を作ってうなずいた。

「拙者も同感である。実は軍用金を馬に運ばせて持参した」

大鳥は多額の軍用金を受け取ると各部隊に分配させた。（軍用金は勝海舟から松平に託されたもので一説に三〇〇〇両の巨額とされる）。この夜、大鳥と松平は本陣大島方に宿泊し夜を徹して語り合った。

翌二九日、松平は土佐藩首脳部に面会し戦闘の一時中止を申し入れたが、交渉は不調に終わった。

「宇都宮の新政府軍の首脳部に面会し、同趣旨のことを訴えたい。その間、日光に撤収していて欲しい」

松平の要請を受けて、大鳥軍は再度日光に向かった。閏《うるう》四月朔日《ついたち》になったが、松平からは何の回答も寄せられなかった。やむなく都督大鳥は朝食後各部隊長を集めて軍議を開き、今後の対応を協議した。軍議は、弾薬が尽き果て兵隊の疲労も極に達している以上この際会津方面に撤退すべきであるとの意見

〈穏健派〉と討ち死に覚悟の江戸城脱走であり眼前に敵を控えている以上東照宮の前で屍《しかばね》になるまで戦うべきであるとの意見〈強硬派〉が激突して収拾がつかなかった。そこで都督大鳥が口を開いた。「死は易《やす》く生は難《かた》し、という。この際、会津方面に引き上げ、態勢を整えた後に再起しても遅くはない」

穏健派の判断を示した。全軍が国境の山岳を越えて会津に向かうことになった。そのときである。「土佐藩兵が今市に進軍した」との情報が飛び込んできた。

ここで土佐軍の動きを追ってみる。前月二九日土佐軍は二手に分かれて今市宿に到着した。日光に進軍した矢先、瀬川十文字〈旧日光市・今市市の境界〉で最初の交戦となった。旧幕府軍は守備部隊〈草風隊〉を派遣していただけであったので、兵力に勝る新政府軍が圧勝し戦闘は小一時間で終わった。土佐藩兵が休息しているところに、日光山惣代《そうだい》の命を受けた二人の僧侶が駆けつけてきて「日光を戦火から守っていただきたい」と訴えた。土佐軍指揮官板垣退助はこれを了承した。〈その後、日光奉行は山間の栗山〈現日光市栗山〉に逃亡し、日光は新政府軍の支配下に入った〉。

一日七つ時〈午後四時〉大鳥軍の先鋒隊が日光を出発した。この地から会津領の五十里に至るには二つの山道があった。本道と脇道である。大鳥軍はあえて脇道を選び日光からすぐに山林に入り、山岳を越え日陰村〈現日光市〉を経て五十里に達するのである。この脇道は「六方越《ろっぽうごえ》」と呼ばれる難所である。雨後の山道は泥で膝まで浸かった。夕闇が迫る。強盗提灯《がんどうぢょうちん》のローソクも尽きてしまい、大隊は暗闇の中を断崖絶壁の細道を伝って歩を進めた。地元の木こりを案内役に雇わなかったことが失敗であった。夜は更《ふ》けて、各部隊は焚き火で暖をとり、石を枕にし枝葉を褥《しとね》にして疲れた体を横たえた。深山での露営である。

大鳥軍が進んだ付近の山岳渓谷（五十里付近）

夜は明けた。都督大鳥は山頂から早暁の山岳の風景を眺めた。四方の景色は緑に映えて戦時を忘れさせる小桃源郷であった。見下ろす渓谷に花の一群を見つけた。白いふくよかな花はつつじに似た美しさであった。野州花《やしゅうばな》（別名八汐《やしお》つつじ）と呼ばれるこの山地のみの野の花であった。大鳥はさっそく漢詩を詠《よ》んだ。

　深山日暮宿無家　枕石三軍臥白砂　暁鳥一声天正霽　千渓雪白野州花

（深山日暮れて宿るに家無し、石を枕にし三軍白砂に臥す、暁鳥一声天正に霽《はれ》る、千渓雪は白し野州花）

　二日、山岳のけもの道を強行軍で進み山上の平原に出た。そこに一軒茶屋があった。兵隊は歓喜の声を上げた。大鳥は全軍に休憩を指示した。この茶屋名は「笹小屋」であったが、大部隊の兵士の食糧をすべてまかなうことはとてもできず、兵士は古漬けの沢庵《たくあん》やナス漬をかじり味噌をなめ梅干をほお張って飢えをしのいだ。大鳥は部下が見つけた鶏卵二個を飲んで空腹をしのいだ。彼は「笹小屋」の主人を呼び、小判数枚を手渡した。大鳥はいかなる場合でも代金を支払った。兵士による食料品の強奪は絶対に許さなかった。たとえ接待の場合でも謝礼の小判を置く主義だった。

　最初の目標地である日陰村では農家が一五軒ほどあったが、食糧はヒエとアワだけだった。次いで日《ひ》向《なた》村では米はある程度確保できたが、十分ではなくヒエとの粥《かゆ》にして空腹を満たした。全軍この地で宿泊することになり、大島は名主の邸宅に泊まった。この地で宇都宮城の戦いで負傷し戦線を離脱した本多幸七郎ら隊長たちに再会できた。都督が宿泊している名主宅に、会津藩士和田忠蔵と同磯上蔵之丞が訪ねてきて、家老萱野権兵衛《かやのごんべえ》からの伝言を述べた。朗報かと思ったが、「旧幕府軍が会津領内に立ち入ることは迷惑であり、取り止められたい」との退去要請であった。

「これは呑《の》めぬ。我輩が直接ご家老に会って説明いたす」

大島は要請を拒否して全軍を会津方面に向けて進めた。五十里宿で待機していた家老萱野権兵衛に面会し、宇都宮や日光での戦況を伝え、田島（現福島県南会津町田島）までいったん撤退したい旨を強調した。家老萱野が承諾した結果、部隊は五十里宿と三依《みより》（現日光市三依）宿に分散して宿泊した。四日に横川宿（現日光市横川）、五日に山王峠を越えて糸沢に出たところ峠の茶屋があった。ここに会津藩主松平容保《かたもり》の命を受けて若年寄山川大蔵《おおくら》（のちに浩、一八四五～一八九八）が大島軍歓迎のために待機していた。大島は山川に面会し、全軍の取り締りなどを打ち合わせ、ともに田島宿に向かうことになった。

山川大蔵（のちに浩。戊辰戦争の頃）

大島は二三歳の青年将校山川が「会津藩の第一等級人物」であることを見抜いた。俊才山川は藩主松平容保の側近で慶応二年（一八六六）八月カラフト境界画定談判使節小出秀実《こいでひでざね》（幕臣、箱館奉行）の従者に選ばれロシアに同行した。途中フランス・ドイツの見聞で攘夷の不可能であること、時代錯誤であることを体験的に認識して帰国した。大政奉還のころからフランス陸軍教官シャノアンについて西洋式訓練を学んだ。この後、彼は大島と行動をともにすることになる。（山川はのちに陸軍少将・男爵となり、初代文部大臣森有礼に起用されて高等師範学校（東京教育大学を経て現筑波大学）校長も兼務する）。

■■■

閏《うるう》四月六日から一六日まで、大鳥軍は田島宿に宿営し、将兵ともに休養を取って英気を養った。この間、大鳥は山川や部隊長らと軍議を重ね、組織を改編し四個大隊とすることにした。第一大隊は元大手前大隊（伝習隊）であった四五〇人をあて秋月登之助を隊長とした。第二大隊は小川町大隊（伝習隊）の三五〇人をあて隊長を大川正次郎と沼間《ぬま》慎次郎とした。第三大隊は元御料隊と第七連隊との兵三〇〇人で組織し、加藤平内が元御料隊の隊長に、また山瀬司馬と天野電四郎が第七連隊の隊長になった。第四大隊は草風隊と純義隊の二〇〇人で結成し、天野花陰と村上求馬の両人が草風隊の、渡辺綱之助が純義隊の隊長になった。会津藩の兵士四〇人を各隊に分けて配属した。全軍（旧幕府軍・会津軍連合軍、以下会幕《かいばく》連合軍）の都督（総督）は大鳥圭介であった。副都督は山川である。部隊長や参謀との軍議で配置部署を定めた。第一大隊は三斗小屋（現黒磯市）に、純義隊は白河口（現福島県白河市）に、草風隊は塩原口（現那須塩原市）に、第二・第三の二大隊は日光口に、それぞれ向かうことになった。北関東の三つの街道で防衛線を構築する構えであった。大鳥・山川の指揮する会幕連合軍第二・第三大隊は、会津街道（明治以降、会津西街道）を南下して、再度日光山領に入り鬼怒川をはさんで新政府軍と対峙《たいじ》した。四月から六月にかけて日光山麓での戦闘は六回から七回あったが、激戦は二度にわたる今市宿の攻防戦であった。（以下、大嶽浩良『下野の戊辰戦争』を参考にして攻防戦の大筋を記すこととする）。

第一次攻防戦は閏四月二一日であった。山川率いる会幕連合軍は三隊に分かれた。今市宿を東西からはさみ討つ二隊と日光の彦根藩兵を抑える一隊である。山川隊は鬼怒川支川・大谷川《だいやがわ》を渡河して東方角

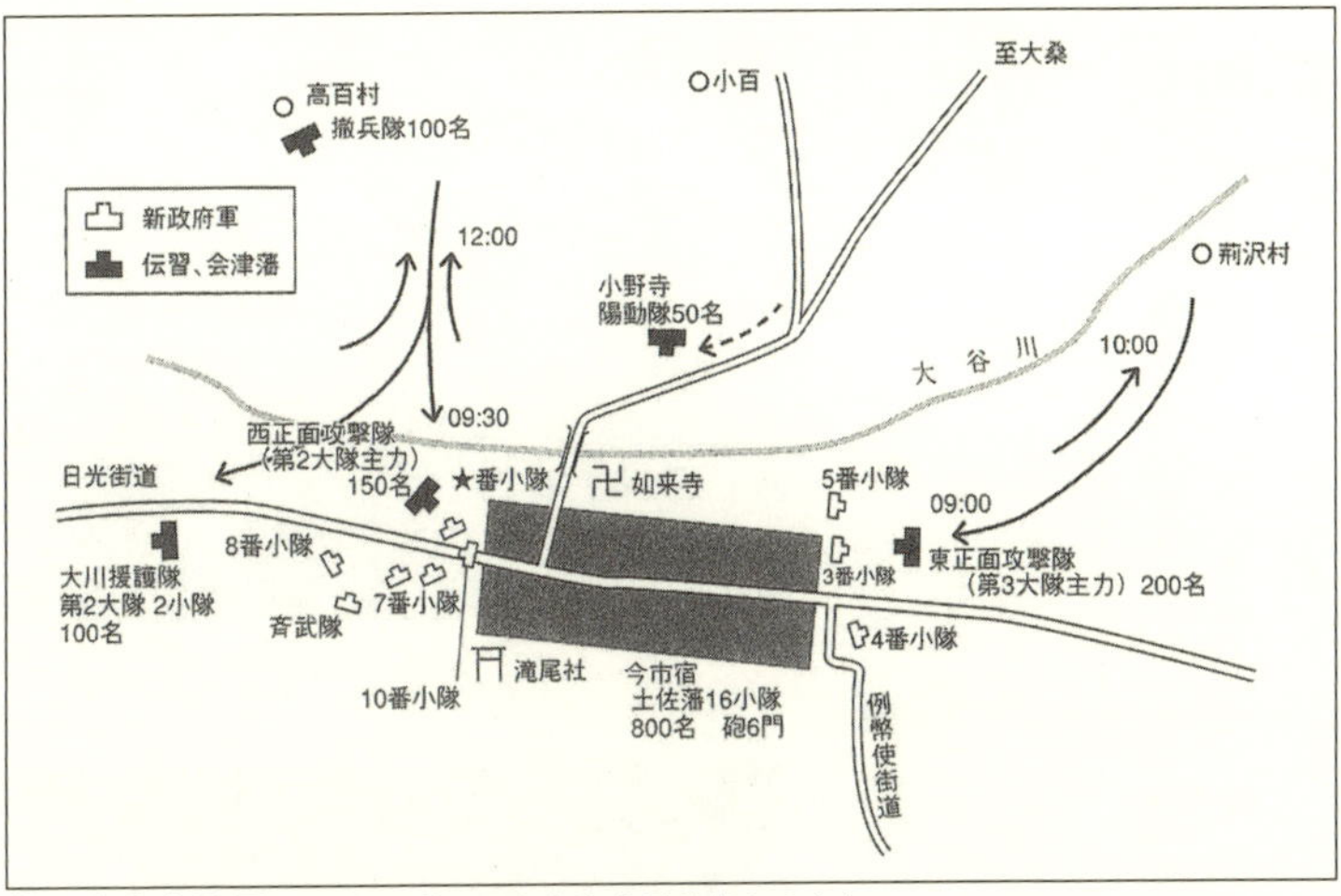

第一次今市戦図（島遼伍『北関東会津戊辰戦争』より）

から今市宿に迫った。沼《ぬ》間《ま》隊は逆の西方角から今市宿の中心部を攻撃する手はずであった。だが沼間隊は渡河に手間取り大きな遅れが出てしまった。結局、山川隊だけの突撃となった。密集隊形で突進したため、迎え撃つ土佐隊は至近距離から集中砲火を浴びせた。戦闘は一時間足らずで決着し、土佐藩の勝利となった。土佐藩兵は五〇〇人、対する会幕連合軍は八〇〇人。兵力では会幕連合軍が勝っていたものの、東西の両方角から攻め上げる挟撃作戦が空転したことが敗北につながった。大鳥は、兵力の分散作戦は自分の戦術上の失態であることを認めた。

　第二次今市攻防戦は、最悪の血戦となった。梅雨の長雨と大谷川増水の中で戦われた。会幕連合軍は第一次攻防戦の反省から、本営を小佐越《こさごえ》（現日光市藤原町）の山中から今市宿に近い小百《こびゃく》（現日光市今市）に移動して再挙を図った。五月五日、梅雨の雨があがった。会幕連合軍は工兵隊の指揮で付近の農民を多数動員して大谷川に橋を架けた。船をつないだ船橋であった。今市宿の東側からの攻撃に備えた。

新政府軍兵士の墓（日光市今市の回向庵）

旧幕府軍無名戦士の墓（日光市今市の日光街道）

翌朝すべての兵力を東側に向け攻撃した。しかし土佐藩隊は西側の防衛を彦根藩兵に任せて総力を東側に回した。さらに予備隊を投入して会幕連合軍の背後を衝かせた。東の宇都宮から支援隊が駆けつけてきた。土佐藩隊は反撃に転じ、会幕連合軍は多数の死傷者を出して再度退却した。一連の戦闘において日光杉並木を両軍とも楯として利用した。このため戦場付近の杉には無数の銃弾が打ち込まれた。今市宿攻防戦は、板垣退助が指揮する新政府軍の勝利に帰した。今市攻略に失敗した会幕連合軍は、宇都宮奪還の野望を捨て、北部の藤原方面に陣地を築き会津街道口の持久防御に移った。

五月三日奥羽列藩同盟が成立し、第二次今市攻防戦のあった六日には北越六藩が加盟して奥羽越列藩同盟へと発展した。閏《うるう》四月一一日、仙台・米沢両藩をはじめとする奥羽諸藩の重臣たちは白石城（現宮城県白石市）に参集した。新政府側の会津・庄内二藩に対する不当なやり方や強引な追討命令に反発した。会津藩のぬれぎぬを論難し暗に薩長二藩を弾劾しようとしたその嘆願書が、奥州鎮撫総督府から却下され、それが参謀世良修蔵（長州藩士）らの画策と知った仙台藩士は、世良を襲い暗殺した。また奥州諸藩は一揆蜂起という事情を口実に会津・庄内征討のための兵隊を引き上げた。この情勢を背景に、五月三日、奥羽二五藩つまり仙台、米沢、盛岡、二本松、守山、棚倉、中村、三春、山形、福島、上ノ山、亀田、一ノ関、矢島、秋田、弘前、新庄、八戸、平、松山、本庄、泉、湯長谷、下手渡《しもてど》、天童の同

弾丸が撃ち込まれた跡のある杉の木（日光市今市の杉並木）

寛永寺の黒門（上野戦争での弾痕が無数に残る。東京・荒川区の円通寺）

盟がなり、さらに北越の新発田、長岡、村上、村松、三根山、黒川六藩が加盟し、ここに奥羽越列藩同盟が成立した。盟主に仙台藩主伊達慶邦《よしくに》が推された。同盟の打倒目標は朝廷ではなく、「君側の奸《かん》」の薩長両藩であった。

一方、新政府軍は同月一五日江戸・上野で彰義隊をわずか半日の戦い（上野戦争）で壊滅させ、後顧《こうこ》の憂いなく江戸から安心して大軍を北上させることができるようになった。上野戦争の後、新幕府軍の死体はすみやかに片付けられたが、彰義隊の遺体は見せしめとして放ってあった。これを見かねた三ノ輪（現東京・荒川区、当時箕輪）の円通寺住職大禅仏磨和尚は、三幸こと侠客三河屋幸三郎と計り、山

彰義隊士の墓（円通寺）

彰義隊士供養の碑（東京・上野）

内で火葬を政府に申し出て許された。仏磨は一〇人余りの作業員を使って二六六体のしかばねを集め、それを上野の山の入口山王台で焼いて、遺骨をすべて自分の寺に納めて墓を建てたとされている。（森まゆみ『彰義隊遺聞』）。日光街道沿いの円通寺は寛永寺の黒門が残されている寺である。明治四〇年（一九〇七）帝室博物館の庭より移された。この上野戦争当時の門は寛永寺創設以来五代目である。五代目は明和九年（一七七二）の大火（目黒行人坂大火）の後に建造された。同寺には、榎本武揚、大鳥圭介、沢太郎左衛門、高松凌雲、丸毛靭負《ゆきえ》の石碑があるほか、松平太郎、大禅仏磨和尚、三河屋幸三郎、松廼

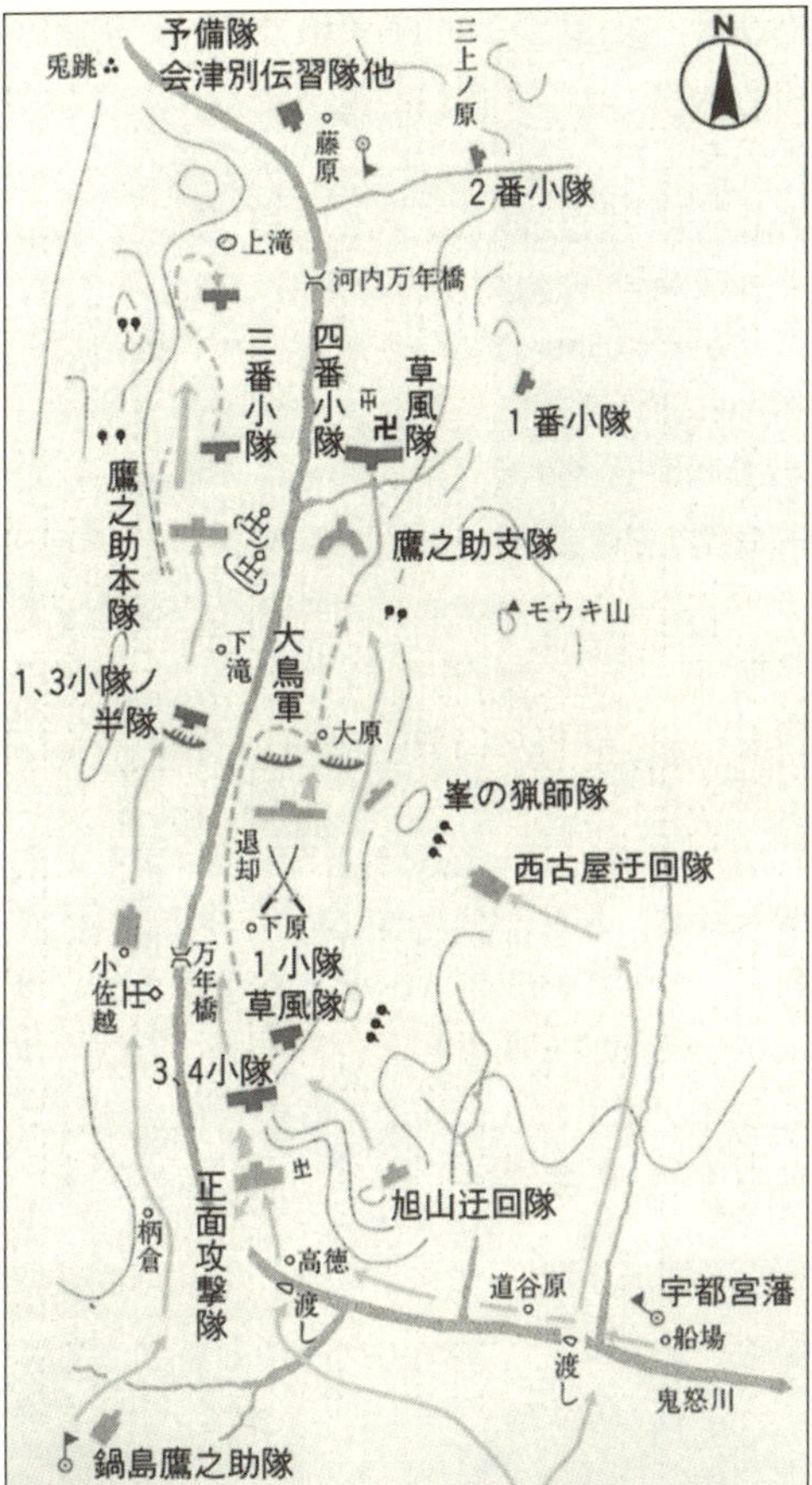

藤原の戦い戦闘要図 6月25日～26日（大獄浩良『下野の戊辰戦争』より）

屋露八（幇間）こと土肥庄次郎の墓碑や記念碑もある。石碑を造ったのが、本郷肴町《さかなちょう》の石屋・酒井八右衛門（通称、井亀泉《せいきせん》）であった。

六月二六日、新政府軍は鬼怒川上流の渓谷両岸から進撃を開始した。対する会幕連合軍は左岸の断崖上から攻撃を加え、右岸では奥地まで兵を引かせ、敵兵を引き付けておいて叩くとの戦術を駆使した。アームストロング砲や銃砲が分捕られるなど新政府軍は敗退した。都督大鳥は山川ら幹部と軍議の上、山間僻地のこの地をいち早く離れて会津に向かうことを決めた。この日夕刻、大鳥は伝令がもたらした書状を読んだ。小栗上野介忠順《ただまさ》の斬首を伝えるものであった。

小栗父子の墓（東善寺）

閏《うるう》四月五日、東山道先鋒総督府軍監原保太郎（丹波の出身）と豊永貫一郎（土佐藩士）は、高崎・安中・吉井の三藩（いずれも上州〈現群馬県〉の藩）の兵八〇〇人を率いて、小栗忠順の領地上州群馬郡権田村（現高崎市倉渕町権田）を襲い、東善寺を包囲して忠順を捕縛した。大井磯十郎ら家臣三人も同じく縛《ばく》についた。旧勘定奉行小栗忠順は幕府崩壊によって江戸から身を引いて自領の山間地で隠遁の生活を送っていた。翌六日、忠順ら主従四人は、三ノ倉村の烏川《からすがわ》（利根川支川）河原で斬首された。養嗣子《ようしし》又一忠道もまた翌七日、身柄を拘束されていた高崎城下で塚本真彦ら三人の家臣とともに斬首に処せられた。忠順が四二歳、忠道が二一歳であった。忠順は旧幕府内の主戦論者の大立者であり、新政府軍は、彼の識見や力量の上から後世恐るべき首脳の筆頭格に位置づけて極刑に処したのである。斬首後、小栗が多額の幕府軍用金を自領に隠匿《いんとく》していたとの噂《うわさ》が絶えなかった。

大鳥は書状を握り締めたまま肩を震わせて泣いた。山川をはじめ部隊長らもうなだれてもらい泣きをした。夕焼けが鮮血のように野山を染めた。

第八章　常在戦場④――会津から蝦夷《えぞ》地へ、暗雲は急を告げて

「会津・二本松・仙台の奥羽越列藩同盟三藩の将兵どもは本当に体を張って自国を守る気概があるのか！　統率もとれず、苦境に陥るとすぐに陣形を崩して後退し、全軍なし崩しに敗走してしまう。これではとても頼むに足りぬ。烏合の衆と変わらぬではないか！　こんな体たらくでは、最新鋭の兵器を備えた薩長連合軍にはとても歯向かうこともできぬ」

都督大鳥圭介は声を荒げ吐き捨てるように言った。普段は見せない姿である。目の前に立つ自軍の将兵たちは敗北の悔しさと同盟軍の余りのふがいなさに怒りを抑えきれず唇をかみ締めている。石筵《いしむしろ》山での山岳戦は会津・仙台・二本松三藩軍の敗退で大敗北を喫したのである。

「我が方の犠牲者のほうが、彼らより多いとは一体いかなることでしょうか」

「われらに援軍を要請したのはあいつらである。意気地ないあいつらとは最早《もはや》共に戦えぬ」

「彼らが進んで最前線に立たない以上、会津藩を見捨ててもいいのではないでしょうか」

隊長らからも怒りの声が堰《せき》を切ったように上がった。山岳での連日の攻防戦で将兵とも生死の間をさ

迷い、綿のように疲れ切っていた。初秋の太陽は西に傾いて猪苗代湖（面積一〇四平方キロ）の湖面を輝かせ地平線に落ちていこうとしている。鏡のような猪苗代湖の向こうに会津若松の鶴ケ城がある。指揮官大鳥は目をつむり口を固く結んで腕を組んだ。殺気立った不気味な時が過ぎた。

そのとき、伝習隊第二大隊長本多幸七郎や同隊歩兵隊長大川正次郎が兵を率いて無事撤収してきた。行方不明とされ命を落としたともされた大隊長らの帰還で部隊の雰囲気が大きく変わった。大鳥は無事帰還した本多らの手を固く握り締めた。

「会津ら三藩は我が軍だけを残して意気地なく引き上げた。許すことはできぬ。腰抜けどもめ！」

本多も三藩の将兵が伝習隊を残して勝手に戦線から離脱したことを糾弾した。部隊は再び殺気立った。

大鳥は士官を前に集めて口を開いた。

「我輩《わがはい》も彼らを許す気にはなれない。だが敵は本日の勝利の余勢を駆《か》って明日再度攻撃を仕掛けてくるに違いない。三藩の隊長らを呼んで軍議を開いた上で今晩から防戦の陣形を指示しなければならない。弾薬も限られており苦戦することは覚悟している。お前たちは正規兵の模範を示せ。本日のことは忘れ、明日に備えよ」

全軍が冷気の降る山中に露営することとなった。

大鳥軍が北関東や会津地方で転戦を続けている間も中央政府の新体制（明治維新体制）が着々と構築されていった。新政府軍は上野戦争圧勝の四日後の五月一九日に江戸鎮台《ちんだい》を設置した。その下に寺社・市政・民政の三裁判所を設けた（裁判所は地方の直轄地行政庁）。次いで七月一七日には鎮台は鎮将府と改められ、駿河《するが》（静岡県東部）以東関東一円、さらに陸奥《むつ》・出羽（現東北地方）を含む一三カ国が管轄下に置かれた。同じ日、江戸は東京（当時は「トウケイ」と呼ばれる）となった。それは西京（京都）

に対する呼び名だった。九月には「明治」と改元され一世一元の制となった。（山崎有信『大鳥圭介伝』、河上徹太郎『大鳥圭介南柯の夢』、田中彰『明治維新』、野口武彦『幕府歩兵隊』を参考とする）。

■■■

慶応四年（一八六八）七月二一日、都督大鳥圭介は会津藩砲兵小隊長竹本登らを先導役に立て伝習隊第二大隊（約五〇〇人）を率いて北上し、下野《しもつけ》（現栃木県）北部山岳地帯の国境を越えて阿賀川上流の旧幕府領田島宿（現福島県南会津町田島）に入った。同月二六日本郷宿（現会津若松市会津本郷）で昼食をとって休息していると、会津藩からの伝令小森数馬が馬に鞭を打って駆けつけて来た。

大内宿本陣跡

「新政府軍（注――東山道総督軍）の火器による猛攻が続いていて、奥州街道の防衛線・白河城が陥落の瀬戸際に立たされています。磐城平（現福島県いわき市）城が落城して以降、三春《みはる》藩（現三春町）も板垣退助率いる新政府軍に寝返り、新政府軍は二本松城の攻略にかかろうとしています」

小森は使者の口上を伝えた後「石筵口《いしむしろぐち》で敵の侵攻を阻止すべきですが、会津藩ではその余裕がありません。ついては貴下の率いる大隊を支援に送り込んでいただきたいのです」と結んだ。三春藩の降伏は二七日である。総司令官大鳥はおもむろに口を開いた。

「もっともな判断である。だが我が軍は山岳地での連日連夜

母成峠古戦場の碑（現在）

会津藩主松平容保（『会津藩と新撰組』より）

の戦いで疲労の極に達している。しばらくは兵卒を休ませたい。直ちに返答しがたいので、貴君の案内で城内に至り宰相殿（注――藩主松平容保《かたもり》）に謁見した上で御意向を承り、二本松城への対応を決定したい」

大鳥軍は会津西街道を進んで大内宿で休んだ。藩主松平容保は大いに喜んで大鳥の謁見を許し、大鳥の主張を受け入れた。大鳥軍は城下の実蔵寺を本陣として宿泊し、二九日藩主の要請を受け猪苗代方面へ出陣することになった。この間、大鳥は滝川、鈴木ら伝習隊幹部を田島宿に急派し農民の若者を対象として新兵を募らせた。銃器も不足していた。旧幕臣で砲術に長けた林正十郎に小銃製造に当たらせた。

会津若松の城下は風雲急を告げていた。藩主松平容保（一八三五～一八九三）の居城は鶴ケ城である。その城下町会津若松は、会津盆地の東南部に位置して東に広大な猪苗代湖を控えている。四方を山に囲まれているが、盆地に通じる各街道から新政府軍（追討軍）が迫っていた。峠や隘路が戦略上の最重要地点になった。東の奥羽街道方面では、石筵口の母成峠《ぼなりとうげ》（標高九七二メートル）が要衝である。薩摩・長州・土佐各藩兵中心の主力軍が侵攻の構えである。南の日光口（藤原口）からは、会津西街道の山王峠《さんのうとうげ》を越えて肥前（現佐賀県）・宇都宮各藩兵が進む。西の越後口（津川方面）からは阿賀野川の谷間を薩摩・長州藩はじめ安芸《あき》（現広島県）・越前（現福井県）・松代など各藩兵が入る。大鳥軍にとって、北方の大峠《おおとうげ》・檜原峠《ひばらとうげ》は隣国の米沢藩が会津藩と軍事同盟関係にあるので強固に構える必要はなかった。

「白河城に続いて二本松城も落城した。いずれも相当数の犠牲者が出た模様である」

八月朔日《ついたち》朝出発の準備をしている最中に情報がもたらされた。近代銃砲を備えた新政府軍（指揮官伊

白河城（現在）

二本松城（現在）

白河口戦死者の墓（白河市）

白虎隊の墓（会津若松市）

地知正治）の圧勝であり、阿武隈川べりの白河城（小峰城）攻防では同盟軍側に六〇〇人を超える戦死者が出た。とくに支援のため参戦した会津軍は三〇〇余りの犠牲者を出した。それまでの最大の戦死者数であった。（二本松城は二九日に落城したが、少年隊の戦死は会津白虎隊とともに維新史の悲劇であった。この日は越後の長岡城も陥落し城下は焦土と化した）。会津藩の洋式訓練を指導したのは圭介に学び部下となった旧幕府軍歩兵指図役頭取畠山五郎七郎らで、幕府崩壊後会津に走った伝習隊第二大隊長沼《ぬま》間慎次郎も一時期洋式砲術などを教えた。（「浜通り」「中通り」が新政府軍の手に落ちた。残るは「会津」だけとなった）。

　伝習隊将兵の中には猪苗代方面への出陣を拒むものも出てきたが、大鳥は相応の軍用金を与えることを条件に出発させた。鶴ケ城から北東に二里（八キロ）ほど行軍し、大寺（現磐梯町）の陣屋で昼食をとり、さらに猪苗代湖の北を走る間道を進んだ。先方から隊列を乱した兵隊の群集が向かってきた。戦いに敗れて敗走する集団である。斥候兵に確認させたところ、隊伍をくずした仙台藩将兵たちの一団だった。馬上の都督大鳥は士官を呼び止めて撤退の理由を質《ただ》した。額に傷を負った士官は答え

女石激戦地（仙台藩の戦死者150人を祀る。白河市）

鶴ケ城（会津若松市、現在）

た。

「敵が我が藩の国境に迫ってきているとのことで、その戦闘正面に急ぐ途中であります」

将兵あわせて四〇〇〇人もの敗残兵である。大鳥はこれが撤退の言い訳であることを見抜いた。

「敵兵に恐れをなし、戦わずして間道を選んで逃げ延びるとは何たることか。仙台藩の弱兵は使いものにならぬ」

仙台藩将兵が脇道をたどって東へ立ち去った後、大鳥は彼らを非難した。この日は猪苗代の本陣に宿泊した。磐梯山が夕日にシルエットとなって映えている。「敵兵が沼尻峠を越えわが方に向かって進軍中」との報がもたらされたが、確認の結果誤報であった。新政府軍の攪乱《かくらん》戦術であった。二日は旧幕府領地（山林）で昼食の後、酸川《すかわ》上流の木地小屋《きじごや》（現猪苗代町若宮）に陣を構えた。この山間地には三〇軒ほどの農家があった。東方の石筵山山頂まで四里（一六キロ）の山林地であり、ここを前線司令部とした。翌三日大鳥は旧幕府軍伝習隊第二大隊長本多幸七郎や同隊歩兵隊長大川正次郎ら幹部を連れて石筵山を偵察した。会津・二本松・仙台各藩の帰国兵五〇〇人が陣小屋に詰めており、猪苗代の会津藩城代田中源之進が指揮をとっていた。偵察の結果、この地は「守るに便利で攻めるに難《かた》い要害の地」であるとして、二本松城奪回を当面の目標とし、二本松・会津両藩の将兵四〇〇人を大鳥軍に合流させることにした。二本松藩兵士を先導役に立て二本松方面に向かったが、道に迷い夜通し山中を徘徊する失態を演じた。

朝六つ（午前六時）になって、遠方の本宮《もとみや》宿（現本宮市）が炎上しているのが山頂から見えた。新政府軍が民家に火を放ったのであった。大鳥軍は石筵山に引き返すこととともに、斥候隊を二本松方面に送り込んで新政府軍の動向を探らせた。報告では、新政府軍は東北最大の雄藩仙台藩を叩《たた》くとの方針と石筵口や楊枝《ようじ》口（現郡山市楊枝、通称楊枝峠）に迫って目前の会津藩を攻撃するとの方針に二分されて最終決断は下されていないとのことであった。八月半ば指揮官大鳥は猪苗代で会津藩執政田中、同内藤ら幹部と密会し今後の方策を協議した。田中らはしきりに二本松城への進撃を主張した。大鳥は、弾薬と兵員の不足、新規募集の兵は農民出身者が大半で規律がとれないことなどをあげて反対した。ところが一九日になって、会津藩・二本松藩・仙台藩の将兵が二本松奪還攻撃に向かったので大鳥軍の支援を求めたいとの伝令が入った。やむを得ず大鳥は前線基地の木地小屋に戻ったところ、伝習隊の隊長本多、歩兵隊長大川ら幹部も兵を引き連れて出陣した後だった。彼は馬から降りずに大隊の後を追った。

山中の尾根道を進むと、歩兵や砲兵が続々と引き上げてくる。彼らは会津や二本松の藩兵で、新政府軍の猛攻におびえて撤収してきたとのことであった。大鳥配下の伝習隊は正面に出て戦ったから後から引き上げてくるだろうと語って立ち去った。

隊長本多幸七郎が夜本陣に帰って戦況を報告した。ここでも会津・二本松藩兵の弱腰が目立ったのであった。二本松方面から新政府軍が攻撃しかけてきた。そこで仙台藩と会津藩の兵を右翼に回し、二本松藩兵を左翼に向かわせ、伝習隊が正面で迎え撃つ陣形をつくった。

「両翼の兵士は格別の血戦にも及ばず山腹を撤退してしまいました。我が伝習隊は応戦を続けましたが、多勢に無勢で持ちこたえられず、また戦死者が相次いだので引き上げたわけです。これでは共同して戦うことはできません」

本多は顔を震わせ無念の表情をつくった。

「会津・仙台・二本松の同盟軍三藩将兵は体を張って戦う気概があるのか！」

大鳥は激怒した後、付け加えた。

「三藩の将兵は頼むに足りないが、彼らの兵力を使わなければ戦えない。それが現状である」

大鳥は、敵兵攻撃の際には合図として銃砲をたて続けに二発打つことを番兵に命じ、全軍に銃を枕もとに置いたまま露営するよう指示した。

翌八月二一日、最初に攻撃が仕掛けられたのは母成《ぼなり》峠である。大鳥圭介『南柯紀行』から引用する。（現代語表記とする）。

「山々の形勢胸壁（砦）の数を一巡せしに、石筵山は惣名（総称）にて幾相連り、山形平坦、恰《あたか》も二本松城の上に臨めり。防御すべき筋は南北に亘《わた》りて長さ大抵三里（一二キロ）余りもあり。余地の形山林なく、ただ草茫々として何所《どこ》も騎馬にて行くべし。但し西北より東南に険谷ありて渡り難し。これを勝沼という。東方に出で南に近きものを萩岡という胸壁あり。中央に中軍山（母成峠）あり。その傍に勝沼の道あり。最も北にありて高く聳《そび》ゆるを硫黄山という。その麓に接する所を勝岩と名づく。会津は周囲の入口二十一道あり。何れも険阻にして守るに便なり。ただ一口は広漠として山も坦夷《たんそ》なるを以て防ぐには甚だ難渋なり。往昔《おうせき》葦名（戦国時代の会津領主）の時も（仙台藩祖・伊達）政宗この口より攻め入りて会津を滅ぼしたりという。これを防ぐ兵数は問うに五百人程度なりという。たとえ精兵にても二千人余りより以下にては覚束なし。然るに五百人なれば第二大隊（大鳥軍）を合して漸《ようや》く七百人なり。而《しか》してその五百人なるものの多くは農兵にて節制なきものなり。これを守るには今五百人も入用なりと思えども、今見込なきを以て如何《いかん》ともすることとなし。本日諸隊長と地形を見して、夕方に又木地小屋へ返りたり」（注——丸カッコ内は引用者）

新政府軍は兵士三〇〇〇人の多勢である。守る大鳥軍は農兵を含めて七〇〇人で無勢に近い。母成峠は安達太良山《あだたらさん》（標高一七〇〇メートル）の麓に波状に起伏する台地で、会津・二本松軍はここに柵と土塁で三段構えの陣地を構築していた。山頂は寒風が吹き荒れ、朝夕の冷気が肌を刺した。旧幕府軍伝習隊を主力とする大鳥軍は勝岩（一名、勝軍山）と呼ばれる小山の胸壁《とりで》に陣取った。だが、大山弥助が指揮する薩摩大砲隊の猛烈な砲撃で釘付けにされている間に、迂回《うかい》戦術を取った新政府軍に左翼から背後へ回られてしまった。伝習隊は戦線を支えきれずに、大鳥は撤退を命じた。薩長兵は余勢を駆って、そのまま一気呵成に会津領内に攻め入った。翌二二日には猪苗代湖口の渡河地点、日橋《にっぱし》川の十六橋を騎虎の勢で突破した。（今日、この地に安積疏水設計を指導した明治初期のお雇いオランダ人技師長（長工師）ヨハネス・ファン・ドゥールンの立像が湖面に向かって立っている）。新政府軍は驚異的な速攻で二三日には若松城下に突入した。

旧幕府軍指揮官大鳥圭介は敗戦の後、数日間を数人の側近と山中をさ迷っていたが、途中で次々に逃げのびる兵士や婦女子の群れに遭遇した。中に滝川充太郎、大川正太郎ら伝習隊士官もいた。桑名藩主松平定敬《さだあき》（松平容保の実弟）や伝習隊第一大隊副隊長（元新撰組副長）土方歳三らの疲労しやつれた姿もあった。山中の大塩宿（現北塩原町大塩）を経て檜原湖畔の檜原宿（現北塩原町檜原）に出て宿営した。大鳥はそこで初めて若松城の危機的状況を知った。この間、「大鳥都督は母成峠で戦死した」と新政府軍からデマがしきりに流された。大鳥は会津を見捨てるのは忍びないとしながらも、将兵は空腹の上に疲労しており弾薬・食糧ともに不足という最悪の状態のため、西に隣接する奥羽越列藩同盟の雄米沢藩領に向かうことにした。

一方、古屋作左衛門（旧幕臣、幕府奥医師高松凌雲・実兄）が指揮する衝鋒《しょうほう》隊は、八月一八日、再び越後方面の赤谷口（現新発田市）に出陣していたところへ、若松から急報が届いた。藩主松平容保の直書である。「敵軍が猪苗代湖を破って城下に迫っている。至急引き返せ」との文面であった。隊士は昼夜兼行で八月二五日若松に戻り、城を包囲している新政府軍と戦端を開いた。朝八時から午後二時までの戦闘で、戦死者二〇人、負傷者六一人に達する大激戦となった。

■■■

「拙者がまず庄内藩に出向いて会津の情勢を伝えた上、藩の方針を確認し、その結果をお伝えします。それを受けてから庄内藩領に進軍していただきたい。庄内藩でも藩内での対立が続いている様子です」

土方歳三は都督大鳥に伝えた。大鳥は直ちに了承し、土方が率いてきた新撰組などの部隊を大鳥軍に合流させた。旧幕府医官で奥羽越列藩同盟軍医でもある松本良順（佐倉藩蘭学者佐藤泰然の次男、榎本武揚副官林董《ただす》は実弟、一八三二〜一九〇七）は庄内藩の信頼が厚いことから土方に同行することになった。この間、大鳥と行動をともにしてきた庄内藩執事本間友三郎にも一足早く同藩首脳と面会し大鳥軍の米沢領内通行と宿泊を認めるよう働きかけてもらうことになった。本間はオランダ商人スネルから銃器類を大量に購入したことで知られる。

十六橋のファン・ドゥールン像

奥羽越列藩同盟軍は、近代兵器装備が戦略上必要不可欠であることを痛感し、中でも庄内藩は酒田の豪商本間家から大金を軍資金として提供させた。開港間もない新潟港でオランダ商人エドワルト・スネル（Edward Schnell, 兄は会津藩軍事顧問ヘンリー・スネル）から兵器を購入するため、同藩中老石原成知を新潟に派遣した。シャープ銃六〇〇挺、同弾薬六〇万発、ミニゲール銃三〇〇挺等の武器・弾薬の購買契約（五万二三二二メキシコ・ドル）を結んだ。その他会津藩、米沢藩、庄内藩の三藩が各一万両、酒田本間家が実に四万両を立替え、さらには新発田より二万両を供出させ、イギリスから鉄船および鉄砲などを買入れることになった。この間で動いたのが庄内藩執事（藩主補佐役）本間友三郎であった。

新政府軍は奥羽越列藩同盟の抵抗に反撃を開始した。七月二五日早朝、軍艦二隻（長州藩丁卯、朝廷御用船摂津）を含む六隻の艦隊に一五〇〇人の兵を乗せて太夫浜《たゆうはま》（阿賀野川右岸の浜）に上陸させ、越後の戦線を分断する作戦に出た。たまたまその日、石原は前日の契約書を懐《ふところ》にして庄内に帰るため舟で阿賀野川を渡り、午後三時過ぎ松ケ崎浜の船着場に着いた。出羽浜街道に出てすぐ、早朝上陸した長州藩兵の一隊と遭遇した。長州藩兵は駕籠《かご》に数発の銃弾を打ち込み、よろけ出た石原を後から頭部に切りつけ絶命させた。石原の懐から、武器・弾薬の購買契約書が見つかり、それはすぐに京都朝廷の太政官に送られた。

慶応四年（一八六八）四月イギリス公使が中心となって、イギリス、フランス、オランダ、ドイツなどの外国公使団は、戊辰戦争に局外中立を取るとの声明を出した。新政府はスネルの行動に対して「声明を無視したもの」と批判し、オランダ公使に厳罰に処するよう迫った。明治元年（一八六八）一〇月二〇日、横浜のオランダ領事館で「スネル裁判」（日本初の領事裁判）が開かれた。領事裁判は、オランダ公使ボイルブルークが裁判長になり領事館が法廷となった。裁判長は石原が持っていた武器弾薬の売買契約書には、署名、捺印もなく保証人の連記さえないので証拠としては認められないとして、新政府の主張を退けた。中立違反と反論した日本側には国際法上の知識がなく外国側に軽くいなされた拙劣な結末となった。徳川幕府が開国と同時に列国と結んだ安政五年（一八五八）の通商条約（仮条約）では、外国人が日本国内で犯した罪の裁判権は外国にあるという不平等な内容であった。スネルは戊辰戦後新政府に未払い分の五万六〇〇〇円を請求し、ほぼそれに見合う四万メキシコ・ドルの賠償金を獲得した。「死の商人」の暗躍であった。

■■■

大鳥軍が米沢藩領の関門（関所）前にたどり着いたときのことである。米沢藩の数人の番兵が隊列の前に立ちはだかって通行を許さなかった。

「綱木《つなぎ》（現米沢市綱木）まで通されたい。そこまで行けば貴藩の重役とも面会し、滞在の許可を得ることができよう。庄内藩の本間友三郎氏にも通行をお願いしてある」

大鳥は馬を降り自ら関門の役人を説得した。

「我が藩だけでなく会津藩からも脱走兵の通行を禁じるように求められている。通行は認められない」

役人はどなるようにして繰り返した。だが大鳥軍の一部が武力突破の構えを見せたことから、役人は人数を数えた上で通行を認めた。夕方、綱木宿に到着した。ここにも会津の戦火から逃れてきた婦女子や幼児が多くいて雑踏し、加えて米沢藩の兵士が投入されていたので、宿泊場所が確保できなかった。大鳥は藩兵の幹部に藩の方針を質《ただ》したが、言を左右にして明快に答えない。宿泊所や弾薬の提供を頼んでも協力する姿勢を示さない。この期《ご》に及んで、大鳥ら幹部は米沢藩が新政府軍に帰順する方針であることを知った。先にこの領内に入った土方や松本らの身の上を案じた。

「この際、米沢藩を叩《たた》くべきだ。数日前までは我が軍に頼ってきた者が、今は我らを仇敵のごとく扱うとは何事であるか！」

大鳥軍の士官は激怒して指揮官大鳥に迫った。

「何分弾薬と食糧がない。ここで一戦を交えるのは会津藩にも利益がない」

大鳥は切歯扼腕《せっしやくわん》に堪えなかったが、全軍に檜原峠まで再度撤収を命じ会津の攻防戦の情報収集に当たることにした。八月二五日のことである。その後会津盆地のほぼ中央にある阿賀川沿いの塩川（現喜多方市塩川町）まで進んで斥候を放った。会津若松は市中に新政府軍が侵攻して連日砲弾が轟音をとどろかせて炸裂しているが、落城せず持ち堪《こた》えているとの報告であった。二九日、慶徳村（現喜多方市慶徳）まで進み、さらに木曾村（現喜多方市山都《やまと》町木曾）の山間地を目指した。

九月に入ると、新政府軍は会津城を包囲した。城郭を眼下に見下ろす小田山《おだやま》（標高三七二メートル）から薩摩藩の四斤山砲、肥後藩のアームストロング砲が一五〇〇メートルの距離である天守閣めがけ轟《ごう》音《おん》を響かせて発射する。多い日などは、一日に二五〇〇発を数えたが、天守閣は必死の防衛で持ち堪えた。維新史で語り継がれる籠城戦が始まった。

衝鋒隊（隊長古屋作左衛門）は、会津北郊に各部隊の残兵七〇〇人ばかりで屯集していたが、弾薬も食糧も乏しくなって戦意が奮わなかった。九月三日、米沢藩が戦わずして降伏し北方が危険になった。これでは孤立無援になると判断して、同月九日大島軍と合流して猪苗代湖方面に輸送路を切り開く作戦を実行しようとして破綻《はたん》を生じる。

母成峠での敗北によって大島軍は会津藩との連絡が断ち切られ、弾薬・兵糧の供給を拒まれた。間に立って折衝した衝鋒隊までが側杖《そばづえ》をくらって藩当局とは相互不信に陥った。大鳥と古屋は、いったん会津領を脱出するしかないと判断し裏磐梯の山岳を抜けて福島宿にたどり着いた。九月一二日であった。福島の陣屋には、旧幕府の重臣らが身を寄せ合っていて、中には元老中板倉勝静《かつきよ》、同小笠原長行《ながみち》、元陸軍奉行並松平太郎、幕臣松岡四郎次郎らのやつれたひげ面の姿があった。彼らは鳩首会議を開いて、旧海軍副奉行榎本武揚《たけあき》が率いる艦隊と協力して会津を助けるとの方針を固めた。

旧幕府海軍の強力な艦隊は江戸湾品川沖を去って銚子沖で暴風にあい数隻を失ったが、仙台の外港・松島湾に碇泊中だった。榎本は、四月一一日の江戸城明け渡しの朝、幕府艦隊八隻を新政府側に引き渡すことを拒んで安房国《あわ》（現千葉県）の南端館山沖に脱走した。このとき、幕臣勝海舟が館山に急行して榎本を説得し品川沖に帰航させた。同月二三日、東海道先鋒総督府参謀らと折衝して、八艦のうち富士山、翔鶴、朝陽、観光の四隻を新政府側に引き渡すことで事態の収拾を図った。旧徳川幕府側に残ったのは、開陽、回天、蟠龍、千代田形の四隻であり、旧式の戦艦は新政府軍に引き渡した。これら四隻に新たに長鯨、咸臨など四隻を加えて新編成した榎本艦隊が、品川沖を脱走して北上したのは八月一九日であった。

西軍砲陣跡（会津若松市小山田）

九月一五日に仙台藩が降伏した。同二二日、ついに会津藩が徹底抗戦もむなしく降伏して若松城は開戦から一カ月後に開城した。鳥羽・伏見の戦いから一〇カ月が経っていた。犠牲者の数からみても戊辰戦争最大の惨劇であった。大鳥らは奥羽諸藩が戦意喪失して頼りにならない以上は榎本艦隊に頼る道しか残されていないと判断した。榎本はオランダに留学した幕府海軍の重鎮であり、大鳥とは江川塾での同窓であり中浜万次郎から英語指導を受けた学友であった。（この月一〇日、圭介の三女きくが妻みちの隠れ住んでいる下総・佐倉（現佐倉市）の知人宅で誕生したが、東北の地で転戦を続ける圭介には吉報が届かなかった）。大鳥は仙台に到着後榎本ら優れた旧知の指導層に再会でき、敗軍の寂寥の中にあっただけに大いに慰められた。土方歳三とは、大鳥軍が檜原から米沢領に入ろうとした際、庄内藩と話をつけてくると言って別れたのだが、彼も仙台に退去していた。

仙台藩主の別邸に旧知のフランス陸軍顧問団士官ブリュネや軍曹カズヌーヴら五人が同藩軍事顧問として滞在していると聞いて、大鳥はさっそく訪ねていった。フランス陸軍砲兵中尉ブリュネは、三年前に横浜の幕府軍事調練所で指導した際、大鳥に高等数学・土木工学・築城学を教授してくれた恩師であり、互いに手を取り合って再会を祝ったが、苦境の戦況を語るにつけ涙も流し合った。「旧識の友に会せしを喜び、手を握り涙潜々《さんさん》たり」（『大鳥圭介伝』）。ブリュネらは兵役免除後も日本に残り、榎本艦隊とともに江戸を脱出した。彼は軍事顧問団長だったシャノアン大尉に宛てた手紙を「予《よ》はフランス国士官としての将来をなげうち、日本の為に最善の努力をなし日本の知己に報いんとするのみである。フランス国の国威を輝かすことなくんば、ただ死あるのみだ」の一節で結んでいる。ブリュネは語りかけた。

「大島さん、敗戦は残念なことです。悔しいことです。でもその原因を客観的に分析できなければ、近代戦は次の勝利を手中に入れることはできません」

（ブリュネ大尉はその後横浜からフランス植民地ベトナム・サイゴン経由で帰国し、軍事法廷で裁かれたが、軽微な処分で終わった。それから三〇年後、シャノアン団長はフランス陸軍大臣となり、またブリュネは参謀長にまで昇進する）。

新政府への帰順に傾いた仙台藩では、旧幕府軍の主力部隊が藩内に駐屯しているのは迷惑であるとしたことから、大島軍を中核とする大部隊は城下を去って松島や塩釜に移動した。歌枕でもある風光明媚な海岸で軍事教練をしたり魚釣りをして、艦船の修理を待った。仙台藩では旧幕府軍に立ち去ることへの見返りとして物資や食糧を進んで提供した。

ここから大島と行動をともにした集団に、仙台藩士星恂太郎《じゅんたろう》が率いる額兵隊があった。これは星が洋式訓練で調練した仙台藩精鋭部隊だったが、訓練が十分ではないとしてこの間出動を控えていた。軍事訓練が終了したときにも、藩当局が出動を認めなかったため、星は独自の行動を取り「浜通り」相馬口（現相馬市）の新政府軍と戦うため南進した。その軍服は英国風の赤い上着を着て実戦の際には裏返すと黒になるようにできていた。軍楽に詳しい彼は軍楽隊を隊列の先頭に立てた。大島軍は福島から桑折《こおり》（現福島県桑折町）を経て仙台への行軍途中でこの派手な軍団に出会った。そのすぐ後に仙台藩主が引き止めに追いかけて来る一団にも出会った。星は藩主の命令でやむなく兵を収めたが、やがて箱館に渡り大島伝習隊とともに奮戦する。

戊辰戦争の最後の舞台は、「蝦夷地《えぞ》」と呼ばれた北海道に移る。一〇月一二日、北の果てを目指して出航した榎本艦隊には総計で三〇〇〇人余りの旧幕府将兵が分乗していた。大鳥軍（伝習歩兵隊）は二二五人が旗艦開陽（二八〇〇トン）に乗り込んだ。（このほか主な部隊は衝鋒隊四〇〇人、彰義隊一八五人、砲兵隊一七〇人、伝習士官隊一六〇人、新撰組一一五人など。海軍六五〇人余り。加えてフランス陸軍軍人五人）。星の額兵隊（二五二人）も同乗し北に針路をとる。

潮風はことのほか冷たく全身を刺した。榎本艦隊が目指した上陸地点は目的地の箱館をあえて外して、その北方一〇里（四〇キロ）にある、亀田半島を回り込んだ内浦湾（噴火湾）のひなびた漁村・鷲ノ木《わしのき》浜であった。海は大時化《しけ》で荒れ、艦隊は隊列を乱したが、長鯨・開陽は一〇月一九日に無事着帆した。目の前に現れた新天地は「甲板上に出て四方を望むに、積雪山を埋め、人家も玲瓏《れいろう》として実に銀世界の景なり」（大鳥圭介『南柯紀行』）。日光が積もった深雪に乱反射する処女地だった。（注——大鳥は榎本配下の将校に参入したことから、これからは「都督」（総督）との表現は使わないこととする）。

第九章　常在戦場⑤――蝦夷地から牢獄へ、敗北の響きと怒り

榎本・大鳥軍の上陸地（北海道）

明治元年（一八六八）一〇月二一日、榎本軍は北海道南部の内浦湾（噴火湾）・鷲ノ木浜に無血上陸した。大鳥圭介は配下の各部隊がすべて揚陸を終了した翌二二日まで鷲ノ木の陣屋（民家）にとどまった。雪に埋もれた漁村は、寒村ながらも民家が一〇〇棟ほどあって、物資調達も可能であった。民家の軒先には刃物のようなつららが光っていた。榎本軍は、大鳥の指令により二手に分かれて箱館方面に向かった。地上部隊の指揮官である大鳥は、第二大隊遊撃隊、新撰組、伝習第二小隊、第一大隊一小隊を従えて上陸地に近い森（現森町）から大野（現北斗市大野町）を経て函館を目指し（現在のＪＲ函館本線沿い）、土方歳三には額兵隊と陸軍隊とを率いて川汲《かわくみ》（現函館市南茅部町）から亀田半島沿岸部

の間道を大きく迂回《うかい》して進軍するよう命じた。雪は一尺（約三三センチ）も積もり狭い道は凍りついて、冷気が髪や髭を針のように凍らせた。兵隊と馬は真っ白な息を吐き、雪をかき分け氷に脚をとられながら進軍を続けた。目指すは箱館の五稜郭である。防寒用トンビ合羽《がっぱ》で身を包んだ大鳥は本隊を率いて山間の道を急いだが、吹雪の中の行軍で砲車は雪に埋もれた。このため砲兵隊は遅れて長い列となり、これを追い越す形で銃をかついだ歩兵隊が先行した。大鳥と土方が指揮する歩兵隊は、雪の平原でも統率をとって戦闘態勢を組んだ。歩兵たちは戦場慣れしていて、隊長のラッパの指令に合わせて行動した。戦地の広さや勾配《こうばい》を見込み横へと広がって敵陣地を包み込んだ。敵に接近すると突撃戦に持ち込んだ。

知事清水谷公考《しみずだにきんなる》（一八四五～一八八二）が監督する五稜郭の守備部隊は訓練された兵士が限られている上に、銃砲装備も貧弱であった。知事清水谷は京都・公家の生まれで、明治元年四月箱館裁判所（地方行政庁）の新設とともに総督を拝命し、箱館へ赴任して箱館府知事となった。二三歳の若い行政府長である。彼は幕府最後の箱館奉行から業務引き継ぎを受けたが、孤立無援に等しい蝦夷地には寒冷な気象に加えて物資欠乏の不安が付きまとい前途多難であった。五稜郭は、大鳥にとっては緒方洪庵の適塾の先輩に当たる蘭学者・洋式軍学者武田斐三郎《あやさぶろう》（一八二七～一八八〇）によって設計された。日本初の星型で掘割に守られた西洋式城郭である。オランダの築城文献を取り寄せて考案したとされる。箱館市街地から東北東へ約五キロ離れた平地に構築された。元治元年（一八六四）に完成して、幕府の箱館奉行所が入っていたが、徳川政権瓦解《がかい》の後は新政府の出先機関である箱館府が置かれていた。

大鳥隊は雪の峠を越えた。銃砲声は聞こえず、大鳥は戦闘が終わっているのを知って夕刻、峠下村（現七飯《ななえ》町）に軍を進めた。この地の戸切地《へきりち》陣屋に入った大鳥は、先発部隊の士官である人見勝太郎、滝川充太郎、大川正次郎らからそれまでの戦況を報告させた。夜襲を受けた人見隊は、応戦しながら後

旧幕府軍とフランス軍人（菊地明・横田淳『箱館戦争写真集』より）

箱館戦争関連図

退を余儀なくされたが、滝川・大川両隊の応援を得て反撃に転じた、と報告した。大鳥は、人見隊が箱館府兵の夜襲を受けたことを鷲ノ木に急報させた。報告を受けた榎本は、知事清水谷に訴願しても何の結論も得られないと断定し全軍に総攻撃を命じた。大鳥指揮下の部隊は日の丸の旗を押し立て、進軍ラッパを吹き鳴らして雪の舞う五稜郭に乗り込んだ。

奥州（東北地方）での山岳戦で戦火を潜り抜けてきた将兵の士気は高く、箱館府兵は算を乱して敗走した。知事清水谷とその兵は抵抗もしないままアメリカやイギリスの蒸気船に助けを求め津軽海峡を渡って青森方面に逃れたのである。一〇月二五日、大鳥部隊は箱館府の中枢部である五稜郭を奪取した。大鳥部隊の中には砲兵大尉ブリュネらフランス陸軍軍人五人が参謀格として参加していた。五稜郭には人影はなく、もぬけの殻で書類や家具類が散乱し、盗賊どもが食糧や調度類を荒らしまわった後だった。堡塁には、安政元年（一八五四）伊豆下田で遭難したロシア海軍・軍艦ディアナ号の二四斤砲が四門装備されていた。だが四つの巨砲は使用に堪《た》えなかった。五稜郭外の函館府役職宅を占拠しようとしたところ、福山藩と長州藩の新政府軍将兵六人が重傷を負って倒れていた。大鳥は欧米の戦時国際法を学んでいた。その知識から、負傷して戦闘能力を失った敵（新政府軍）兵士を殺害してはならないとして、函館病院に送って治療をほどこすようにと命じた。負傷兵は回復後の翌年、輸送船で青森まで送り届けられるという手厚い保護も受けた。

榎本は旧幕府若年寄永井尚志《なおむね》（玄蕃）を箱館奉行に命じ市中の治安を維持した。箱館は安政二年（一八五五）の開港後、短期間に国際貿易港として急速に発展し、一大繁栄地になっていた。大鳥は運上所（税関）と箱館湾入口の弁天台場に日の丸の旗を掲げさせた。日の丸掲揚は、国際貿易港の箱館に駐在する外国公館に「権力移管」を誇示するものであった。榎本政権の樹立が宣言されてからは「国旗」となり、この「国旗」の下に菊花の紋章の旗（錦の御旗）を掲げて襲い来る新政府軍と戦うことになる。

榎本武揚はなぜ北の大地・蝦夷を目指したのだろうか。その理由の一つに彼が青年時代（当時釜次郎）に蝦夷地から北蝦夷（現カラフト）まで踏査した体験があった。嘉永六年（一八五三）六月、アメリカのペリー艦隊が来航し、同七月ロシアのプチャーチン艦隊が後を追うように周航した。事態を重く見た幕府首脳は、翌安政元年（一八五四）三月、目付堀利熙《としひろ》と勘定吟味役村垣範正《のりまさ》を巡検使として蝦夷地に派遣し領土の確認を行った。そのとき、堀の配下で測量方を務めたのが榎本である。犀利《さいり》な頭脳の一八歳の若者であった。蝦夷の大原野は緑の季節を迎えようとしていた。青年はこの広い原野に限りない愛着を持った。彼を堀に随伴させるよう働きかけたのは父榎本武規《たけのり》であった。武揚の父は備前国（岡山県）の郷士箱田円右衛門の次男で、勉学好きな彼は青年時代に伊能忠敬の内弟子となって天文学や測量術を学んだ。伊能が他界したころには、優秀な数学者・測量家として知られるようになった。彼は榎本家という家康以来の御家人の家柄の株を一〇〇〇両で買い、榎本家の息女と結婚して榎本武規と名乗った。その間にもうけられたのが釜次郎であった。武規は「技術官僚」として幕府天文方に出仕するようになり、息子釜次郎には自ら漢学をはじめ数学や地理学を教えた。

榎本武揚は先に元軍艦奉行勝安房守（海舟）を通じて新政府軍首脳に檄文「徳川家臣大挙告文」を送っていた。

「〝王政復古〟は一、二の雄藩（注――薩摩、長州両藩）の私意によるもので、将軍慶喜は朝敵の汚名を負わされ、わずか七十万石の駿府の地に封じられることになった。八百万石によって養われてきた幕臣は路頭に迷う以外になく、これら家臣救済のため蝦夷の地を幕府に賜《たまわ》りたいと願い出た。しかし、それに対する返事は今もってなく、そのためわれらは蝦夷に赴《おもむ》いて開拓に従事し、同時に南進を企てているロシアに対する防備に就く」

■■■

榎本・大鳥・土方の雄姿（『明治太平記』明治8年刊より）

一一月一日、土方歳三が率いる新撰組、彰義隊（隊長渋沢成一郎、のちの実業家渋沢栄一のいとこ）、額兵隊（隊長星恂太郎、仙台藩洋式歩兵隊）などの各隊が五稜郭から海岸を西に走って松前城を陥落させた。（松前と江差はニシン漁で知られた）。大鳥は五稜郭に留まって全陸軍の指揮を取ることになり、松前城攻略には出向いていない。仙台から同行したフランス陸軍軍人のブリュネ砲兵大尉、副官カズヌーヴ軍曹、メルラン軍曹、ブフィエ軍曹、フォルタンの五人のうちブリュネ、メルラン、フォルタンは五稜郭に残り大鳥の参謀として作戦の指導を行う。その後フランス海軍顧問団に所属していた見習士官（少尉）ニコール、同コラッシュ、下士官クラトウ、同ブラジュ、陸軍下士官トリプが加わり総勢一〇人となる。

榎本軍は破竹の勢いだった。蝦夷地を平定・統一したのである。だが、勢いもここまでだった。一一月一五日大雪が降り寒気が張りつめる真冬日となった。海は荒れ狂った。震え上がる寒さに「耳鼻切ラルル如ク」（榎本『説夢録』）という状況であった。江差沖で開陽を座礁・沈没させてしまった。開陽は二つめの錨を下ろしたが、しだいに海岸に押し寄せられついに座礁した。無敵とされた軍艦を激浪の中に失って、榎本海軍の損害は計り知れなかった。幕府がオランダに建造を発注した開陽の起工から進水、領収まで立ち会った榎本にとって、その沈没は我が児を失う以上の痛恨事であった。陸軍を指揮する大鳥圭介は開陽の座礁の報を聞いて「暗夜に燈《ともしび》を失するが如く茫然たり」（大鳥『南柯紀行』）と記した。さらに不運は続いた。開陽を助けるために派遣された僚艦の回天と神速のうち神速も荒波を受けて座礁した。大打撃の連続だった。

箱館を占拠した榎本軍は列強諸国との外交折衝を行い、一一月七日までにアメリカ、ロシア、イギリス、ドイツ、フランスの各国から局外中立の合意を引き出した。九日に榎本と永井が停泊中のイギリスとフランスの艦船の艦長と会談した際、彼らは旧幕府軍を蝦夷地に誕生した「オーソリティーズ・デ・ファクト（Authorities de facto）」、〝事実上の新政権〟として認め、新政府側にその旨を申し出た。だが新政府側は議定《ぎじょう》岩倉具視が「承知いたしがたき」との書面を榎本宛に送った。新政権は認められるはずもなかったのである。

一二月一五日、箱館では榎本を首班とする臨時政府の成立が宣言された。盛大な祝賀会が挙行された。雲一つない晴天で、湾内に停泊中の旗艦回天以下の諸艦と砲台から一〇一発の祝砲が放たれた。夜は雪の町の軒先に提灯《ちょうちん》が連なって灯《とも》り酒宴でにぎわった。榎本軍は指揮命令系統が定まっていなかったことから、行政と軍事の組織確立を急ぐ必要があった。アメリカの民主的方式にならって士官以上の「入れ札」（投票）で総裁をはじめ主要な役職（陸海軍の士官以上）を選出した。日本で初の「入れ札」による役職選出であった。投票総数八五六票のうち、主な上位は榎本武揚一五六票、松平太郎一二〇票、永井玄蕃一一六票、大鳥圭介八六票、松岡四郎次郎八二票、土方歳三七三票であった。この結果を判断材料として「箱館政権」の中枢部が決まった。以下のような布陣であった。

総裁――榎本武揚、副総裁――松平太郎（旧幕臣）、海軍奉行――荒井郁之助（同前）、陸軍奉行――大鳥圭介、同並――土方歳三、箱館奉行――永井玄蕃、同並――中島三郎助（旧幕臣、浦賀奉行与力）、開拓奉行――沢太郎左衛門（同前）、松前奉行――人見勝太郎（同前）、江差奉行――松岡四郎次郎（同前）、会計奉行――榎本対馬（同前、武揚養子）、同川村録四郎（同前）、歩兵頭――本多幸七郎（同前）、同古屋作左衛門（同前）、軍艦頭――甲賀源吾（同前）、軍艦頭並――松岡盤吉（同前）（以下略）。

松平太郎（菊地明・横田淳『箱館戦争写真集』より）

人見勝太郎（菊地明・横田淳『箱館戦争写真集』より）

陸軍奉行大鳥が急いだのは地上軍の兵員確保と統率強化であった。「十二月頃より五稜郭にて生兵《せいへい》（新兵）を募り、百四、五十人を得て、これを歩・砲の二種に分かちて訓練せしが、たちまち練達して熟兵に劣らざるに至れり」（大鳥『南柯紀行』）、「大小の武器に乏しく、大いに困却せしが、器械方官重・貝塚らその外の者、勉強工夫によりて漸く不足補うことを得たり」（同前）。

一二月初旬、新兵を募集し約一五〇人を採用して歩兵と砲兵に分けた。フランス軍人の指導も含めた連日の戦闘訓練の結果、正規兵に劣らない精鋭部隊となった。「軍隊の水準は兵士の資質よりも、指揮官の能力と厳しい訓練による」。大島はそう確信した。箱館での小銃製造が軌道に乗った。歩兵の給料も定められた。西洋式の月給制だった。工兵隊による五稜郭の改構・増強と大砲据《そな》え付けも進んだ。室蘭の岬には沢太郎左衛門の指揮によって砲台が築造された。

榎本軍首脳陣：前列左から荒井郁之助、榎本武揚。後列左から小杉雅之進、榎本対馬、林董三郎、松岡磐吉（菊地明・横田淳『箱館戦争写真集』より）

■■■

薩長軍を主力とする新政府軍にとって、局外中立撤廃の目に見える成果は、日本近海では最強戦艦である甲鉄（旧ストーンウォール、のちに東《あずま》艦）の取得であった。これはアメリカ南北戦争中に南軍がフランスに発注した装甲砲艦である。南北戦争で南軍が敗れた後、幕府が購入を約束していたが、政権崩壊で買い手が消滅し横浜港に繋留されたままとなっていた。新政府が入手を強く希望したが、アメリカは局外中立を楯に取り引渡しを拒否した。中立撤廃によって、ようやく明治二年（一八六九）一月六日譲渡契約が成立した。これで彼我《ひが》の海上戦力は逆転した。同時に局外中立撤廃は、兵員輸送のための外国船チャーターも可能にした。三月中旬、最新鋭艦甲鉄（艦長中島四郎）や春日を主力とする新政府海軍八隻の江戸湾からの北上が伝えられた。開陽を失った榎本軍は甲鉄の奪取作戦を決行する。海軍奉行荒井郁之助とフランス海軍士官ニコールの発案であり、大鳥や土方も賛同した。作戦は、北上する艦隊が本州（太平洋側）の最終補給基地として寄航する南部藩玄関口・宮古《みやこ》湾（現宮古市）を奇襲して、二艦が甲鉄に平行接舷して兵士が敵艦に乗り移る。直ちに甲板の昇降口を確保して敵兵の自由を奪い、そのまま箱館まで曳航《えいこう》してしまうとの大胆な計画だった。作戦は、回天、蟠龍、高雄が共同で展開し、回天は甲鉄以外の敵艦の牽制と作戦検分を行う。残り二艦が接舷を敢行する。三月二一日早朝、三艦は海軍奉行荒井郁之助を最高司令官とし土方を副司令官格として陸兵と海軍士官ニコールらフランス軍人を乗せて靄《もや》の中箱館港を密かに出航した。

新政府軍艦・甲鉄

幕府軍艦・回天

艦隊は情報収集しながら南下し宮古湾に向かったが、暴風雨に見舞われて離散する。またも風浪にもてあそばれたのである。二四日結集地の宮古湾南方の山田湾に回天が到着し、次いで機関を損傷した高雄が来航した。蟠龍はついに姿を見せず戦線を離脱した。作戦は、回天と高雄で決行することとなった。二五日未明出航したところ、高雄が再度機関を故障させて、ついに回天は単独で宮古湾に進攻せざるをえなくなった。宮古湾の鍬《くわ》ケ《が》崎《さき》港には甲鉄をはじめ春日、朝陽、丁卯、陽春、延年の軍艦と飛龍、戊辰《ぼしん》、晨風《しんぷう》の輸送船が停泊していて、回天は偽装のためアメリカ国旗（星条旗）をマストに掲げて甲鉄に近づく。この無謀ともいえる単独の中央突破作戦はニコールの建議だった。突撃を前に、兵士は同士討ちを避けるため右肩に白布（徽章《きしょう》）を付けた。回天は掲げていた星条旗を降ろし日の丸に換えると甲鉄の左舷に接触しようと試みた。〝敵艦乗り移り作戦〟（〝アボルダージュ〟＝フランス語）である。

だが回天は外輪船で平行の接舷はできず、あたかも猪のように船首から衝突していった。このとき、両艦の間に一〇メートルほどの距離を生じてしまった。回天は後退すると勢いをつけて再び接触を試み、甲鉄の左舷に回天の船首が乗りかかるようにした。しかし両艦の高低差は三メートルもあり、回天の船中で待機する陸兵は目くるめく高さに飛び移ることに尻込みして、抜刀し勇んで甲鉄に乗りこんだ兵士はわずかに七人であった。両艦の間で銃撃戦が始まり、新政府軍は回転式ガトリング砲（機関砲）を連射した。回天艦長甲賀源吾が被弾して戦死した。享年二八。このほか一九人が命を落とし多数の負傷者を出した。やむを得ず司令官荒井は撤退を命じた。血戦はわずかに三〇分で終結した。甲鉄から回天に帰還できた兵はわずかに二人だった。二六日同艦は箱館港に帰港したが、海戦に遅れた高雄は敵艦に追走されたあげく宮古湾から北方約三〇キロの南部藩領羅賀《らが》海岸（現田野畑町）に乗り上げて自焼し乗員七二人は南部藩に投降した。晩い春を迎えた三月二六日、新政府艦隊は本州最北端の陸奥湾に到着した。青森に集結した陸戦力の総数は七〇〇〇人余りの大部隊にふくれ上がった。

■■■

新政府軍の渡海作戦が開始される。四月九日津軽半島の風浪が静まるのを待って先発隊一五〇〇人が上陸を敢行した地点は、榎本軍の意表を衝《つ》いて渡島《おしま》半島西岸の日本海に面した乙部《おとべ》（現乙部町、江差の北方一〇キロ）であった。榎本軍はこの方面は無警戒であり無防備だった。陸軍司令官大鳥は敵に虚《きょ》を衝かれた。新政府軍は、なんら抵抗を受けずに根雪の解けた海岸べりを進攻した。戦闘部隊は二手に分かれて一手は同日中に江差を占領し、さらに海岸沿いの松前を目指した。その一部はまた分進して松前半島の付け根にある木古内《きこない》方面に向かう。もう一手は内陸の山地を迂回し二股口（現大野町二股）から箱館に南進する作戦であった。戊辰戦争の最終幕、〝箱館戦争〟の火蓋《ひぶた》が切って落とされた。それから一カ月余りの間、北の大地の海岸線や山地で雌雄を決する大血戦が繰り広げられる。

　明治二年（一八六九）四月一二日から二〇日まで断続的に戦われた海岸べりの木古内の戦闘では、大鳥が陣頭指揮をとり伝習隊・額兵隊・彰義隊が善戦して新政府軍の進攻を阻んだ。ちょうどそのころ、四月一三日から二四日まで山地で続いた二股口の戦闘でも、土方や大川の指揮する伝習隊・衝鋒隊が陣地を築いて奮戦し迫り来る新政府軍を撃退した。兵士の中には戦闘中一〇〇〇発もの弾丸を発射し顔が真っ黒になった者もいた。奮戦した兵士には前年一二月に募集したばかりの新兵もいたが、彼らは勇猛果敢に戦った。新政府軍側が新兵器を惜しみなく投入したことから、二つの戦闘とも激戦になった。彰義隊差図役丸毛《まるも》利恒《としつね》の『北洲新話』（『箱館戦争史料集』）は激戦の模様を伝える。

「木古内にては早天より敵、兵を潜め来り、大霧咫尺《しせき》を弁ぜざる（注――見通しが全くきかない）に乗じ、忽然《こつぜん》としてわが胸壁の下より発砲す。このとき、額兵隊（四小隊）は山上の壁を守りしが、俄《にわ》かに起ってこれと応戦す。また彰義隊の守りし砲台の下へ敵迫り来る。わが兵これを壁下に近づけ、大砲（十二斤柘榴《ざくろ》弾）一発八人を倒す。大鳥圭介はこれを見て直ちに伝習兵一隊をして山腰をめぐり、兵を草中に散らしてその横を撃し、しかして彰義一小隊をして山を巡り、敵の後面より狙撃せしむ。両軍相戦うことほとんど五時間（六時より一〇時に至る）暁敵、遂に敗走。その兵追撃、また木古内に陣す」。「一股方面にては、土方歳三、衝鋒隊・伝習歩兵隊、僅かに一三〇〇余人を以て前日第三時より今朝第七時まで凡そ一七時間の烈闘、わが兵ますます精神を励まして防戦す。因《よ》りて敵は空しく死傷のみ多くして遂に抜くこと能わず。怖れて退かんとす。わが兵急に追い撃ちてこれを破る。捕獲すこぶる有り」。「わが費やす所の弾薬はほとんど三万五千余発に及ぶ。総じて彼の兵は多くスペンセール（注――スペンサー銃）・スナイヅル（注――スナイドル銃）等、元込の銃を用えり。しかして、わが兵はミニエー銃を用いる」（原文のママ）。新政府軍は新式の元込め銃を使用していたが、榎本軍は旧来のミニエー銃だった。伝習隊には高性能のフランス製シャスポー銃がもう手元に残っていなかった。

榎本軍優勢の戦局を大きく変えたのは、新政府海軍の支援だった。四月二二日大鳥圭介は兵を木古内から撤収し箱館に戻った。松前城を占拠した新政府軍が北上して挟撃される恐れが生じ、それと同時に軍艦が箱館港に接近してきたからであった。防御線として、箱館湾西際の矢不来《やぶらい》（当時は「やぎない」）に頑強な陣地を構築した。四月二九日、海岸の新政府軍陸兵が攻めかかるが、これを狙い撃って寄せ付けなかった。午後になって、沖合いに菊花の紋章の大旗を船首に翻した新政府軍の軍艦七隻が現れた。海上からの砲撃が始まる。初めて経験する艦砲射撃の威力は凄まじかった。空が濛々《もうもう》とした黒煙で暗くなるほどで、轟音が響き弾丸が雨のように降り注いだ。とりわけ甲鉄が放つアームストロング砲の七〇ポンドの巨弾は、一発で胸壁を打ち崩し兵士をなぎ倒した。砲弾の破片で裂かれ爆風で吹き飛ばされた戦死者が散乱した。矢不来陣地は戦闘能力を失い、全隊が箱館方面に後退した。二股口を死守した部隊は統率が取れず遊兵化してしまった。硝煙弾雨の生き地獄である。

■■■

五月一一日ついに新政府陸海軍の箱館総攻撃が開始された。同軍は海と陸から進攻を開始し、五稜郭、弁天台場（砲台）、その中間に位置する津軽陣屋など三拠点を分断する作戦に出た。五月七日の海戦で榎本海軍の軍艦回天・蟠龍を戦闘不能にして、制海権を確立していた。箱館湾内の七重《ななえ》浜沖から各拠点に猛烈な艦砲射撃を浴びせかけた。閃光と大音響が箱館の海山に雷鳴のようにこだまして、大鳥軍兵士の耳を聾《ろう》した。それに呼応して箱館山西南方向から上陸した陸戦隊も進出してきて、近郊の七重浜と桔《き》梗《きょう》野《の》で、大鳥軍の各拠点堡塁から出撃する歩兵隊と交戦状態となった。一一日、箱館と五稜郭の間の地峡部・一本木関門付近の戦闘で、陣頭指揮に当たった土方歳三が流弾を腹部に受け戦死した。享年三四。

一本木関門跡

土方歳三戦死の碑

箱根病院跡

翌一二日、二・七キロの長距離を飛来し、正確な弾着で五稜郭に落ちる艦砲射撃の至近弾を浴びて、古屋佐久左衛門が重傷を負った。アームストロング砲の強烈な七〇ポンド弾である。その後意識を回復せず、治療の甲斐《かい》なく戦死した。享年三七。勢いに乗る新政府軍兵士は箱館病院に乱入し、榎本軍の負傷兵を刀で斬《き》り銃で撃とうとした。三三歳の院長高松凌雲《りょううん》は「負傷兵を切るなら、拙者を殺してからにせよ」と殺気立った兵士（主に久留米藩兵士）の前に立ちふさがった。そこに薩摩藩隊長山下喜次郎が来て「負傷者を惨殺してはならぬ」と兵に命じ「安心して治療に当たられたい」と凌雲に伝えた。その上で病院の門前に「薩州改め」と大書した看板を掲げることを許した。（薩摩藩の許可が出ていることを示したのである）。これに対して、同病院の高龍寺分院では津軽藩の兵士が乱入し、負傷兵十数人を惨殺した上、病院に火を放って逃げた。

凌雲は敵味方の隔てなく負傷兵の治療に専念した。彼は人望の厚い医師であり、青年時代にフランスに留学して西洋医学を学ぶ機会に恵まれた。パリの病院入口に、〝Hotel Dieu〟という看板が立てられていて、凌雲はフランス語〝Dieu〟が「神」の意味であることを理解しており、病院が「神の館」の意味であることを知った。病院長は「病院は新しい生命が生れ、また消えてゆく神の宿る館なのだ」と説明し、若い日本人医学生は「医学が神聖なものだ」との思想を得心した。彼は戦死した歩兵頭古屋佐久左

高松凌雲（松戸市戸定歴史館）

衛門の実弟である。

連日の猛烈な砲撃は兵士の士気を阻喪させずにはいなかった。しだいに戦線を離脱する兵が増えてきた。新政府軍の五稜郭包囲網は日一日と狭められた。五月一一日新政府軍の総攻撃により弁天台場は孤立した。籠城を続けることはできず、一五日弾薬も薪水《しんすい》も尽き果てた弁天砲台が降伏し、二四〇人余りの兵はそのまま台場で謹慎を命じられた。この情報は五稜郭に陣取る総裁榎本には届かなかった。新政府軍から榎本に軍使が送られ、和平勧告が持ちかけられたが、榎本は丁重に拒絶した。この最終局面で、五稜郭内では将兵それぞれの間で荒波にも似た動揺が起きていた。榎本海軍の見習い士官で、のちに明治政府に仕えて清国駐剳公使になる林董《ただす》は内情を語っている。話中の「高松君」は医師高松凌雲である。

「箱館の官軍（新政府軍）の方から、五月一二日夜病院の高松君を介して、マグロ五尾と酒樽二つ（注――一説に酒五樽とある）を送ってきた。五月一六日〝長々御滞陣につきこの品を送る〟という手紙が付いて来た。それまでは、官軍は残酷な者であるから降参すれば舌を抜かれるとか、頭へ釘を打たれるというので、兵はみな五稜郭に固まっていたのが、マグロ五尾と酒樽二つで軟化してしまった」

五稜郭には度重なる敗北で将兵の間に厭戦気分が充満してきた。榎本は内心では戦意を喪失していたが、将帥の矜持《きょうじ》をどうにか保っていた。死を覚悟した榎本は敵将黒田清隆（江川塾での大鳥の教え子）に海軍法典『万国海律全書』（フランス人・オルトラン著）のオランダ語原書を贈った。遺書の代用品であった。新政府軍はその返礼に酒樽とマグロを城内に届けた。一六日午後、榎本は攻撃中止を命じ、傷病兵を湯ノ川の仮病院に送り込み食糧も届けさせた。そのとき弁天台場の降伏の情報が入った。彼は万策尽きて抗戦を断念する。自室に入った総裁榎本は切腹の準備を整え、部下を呼んで介錯を命じた。自らの一命をもって部下の助命を求めようとした。だが介錯人の刀は駆けつけた側近大塚鶴之丞《かくのじょう》によって取り上げられ、榎本は自ら命を絶つことはできなかった。大塚は刀を取り上げようとして榎本と争い左手指三本を失った。総裁は新政府軍の軍門に下って処刑されることにより、将兵の助命を嘆願することを決意し、全軍の前で降伏を宣言した。一七日午前九時、亀田村（現函館市）三軒家で東西両軍の首脳による会談が行われ、榎本ら首脳は亀田八幡宮に詣でて降伏を誓願した。一八日榎本は将兵を整列させて決別の言葉を述べた。

「諸君、幸いに我輩らを見捨てず同心戮力《りくりょく》（注――心を合わせて尽力）今日に至れり。今まさに永訣《えいけつ》せんとす。朝廷寛仁、諸君必ず、青天白日を仰ぐ日のあるべし。決して力を落とさず、一は朝廷のため、一は君家《くんか》のため今日まで奮戦せられしものを以てこれに報じられよ。諸君自愛自重せよ」

聞くもの全員が肩を震わせ涙にくれた。榎本、松平、大鳥、荒井の順で砲弾の跡が生々しい五稜郭の城門を出た。続いて、一〇〇八人の将兵も五稜郭を後にし、箱館の寺院や神社などに収容された。鳥羽・伏見の戦いから始まった戊辰戦争は、新政府軍の勝利によって約一年半にわたり日本国中を巻き込んだ内戦の幕が下りた。陸軍奉行大鳥はこの無条件降伏をどう考えていたのか。彰義隊創設者の一人だった本多晋《すすむ》は生前の大鳥から以下のような追想談を聞いた。

「『殺されやしない』。箱館で降参した時も榎本は正直だったから、しきりに切腹したがった。一度切腹しようとするところを大塚鶴之丞（旧幕臣）に止められた位だが、僕はそう思っていたよ。なに降参したって殺されやしない、と」（山崎有信『大鳥圭介伝』）。悲壮感や挫折感はうかがえない。ここに榎本との精神的屈折の落差を思わざるをえない。

旧幕府軍士卒は、津軽海峡を軍艦や輸送船で渡って青森に運ばれ、身分や所属によっていく組かに分けられ弘前や秋田の寺院に軟禁された。その後、東北諸藩などに身柄を預けられるが、やがて赦免されて帰郷して行った。下級歩兵の扱いは非情な仕打ちとなり、わずかな旅費だけを支給されて国元に送り帰された。

榎本武揚供養碑（東京・荒川区・円通寺）

戦争終結後、榎本軍の戦死者の遺体は街中や山野に累々《るいるい》と横たわり、新政府軍（西軍）はそれらを打ち捨てにして埋葬や墓碑の建立を禁じた。街中に転がる遺体は腐臭を放ち酸鼻を極めた。箱館に配下の子分六〇〇人をかかえる任侠柳川熊吉は遺体が白骨化し放置されているのを不憫《ふびん》に思った。彼は箱館病院の新館建設に当たった大工棟梁大岡助右衛門と相談し、子分たちを督励して遺体を集め、実行寺に大八車で運び埋葬して墓標を立てた。これを知った新政府軍の兵士は墓標をなぎ倒し、熊吉を捕らえた。「処刑にせよ」との意見もあったが、軍監田島敬蔵のはからいで釈放された。熊吉は、明治四年函館の海を見下ろす山林二四六一坪を六〇円で購入し、そこに多数の無名戦士の遺骨を移して墓標を立てた。（明治二年一〇月箱館は戊辰戦争の鮮血の舞台となった悪夢を振り払うように「函館」と改称した）。

五稜郭の陥落後、明治二年（一八六九）六月三〇日に大鳥圭介は榎本武揚、松平太郎、荒井郁之助、永井玄蕃、松岡盤吉、相馬主計の六人とともに東京に護送されることになった。アメリカ船籍の輸送船で青森に行き、その後は網張駕籠《かご》に押し込められ細川藩歩兵中隊（隊長志水一学、副隊長石寺九兵衛）に護送されて、東京・和田蔵門前の辰《たつ》ノ口（現東京・丸の内）の兵部省軍務局糺問所仮監獄まで四〇日かけて到着した。細川藩兵は隊長から隊員にいたるまで篤実な者ばかりで、朝夕心を尽くして旅情を慰めた。宿泊の際には駕籠から出して監視役も立てずに自由行動を許した。敗軍の将にとって、その配慮は気の毒なくらいだった。「是素《もと》より朝廷特旨の厚きより出ずると雖《いえども》、其藩の我等を愍《あわれ》むの深きより生

沢太郎左衛門顕彰碑（東京・荒川区・円通寺）

永井玄蕃供養碑（東京・荒川区・円通寺）

ずることならんと、七人共に団居する毎《ごと》に、何を以て之《これ》を謝せんと言い合えり」（大鳥『南柯紀行』）。大鳥は心のこもった応対ぶりに深く感謝した。榎本や大鳥ら七人は六畳敷きの狭い牢屋に投獄された。

■■■

大鳥は後年榎本や荒井らと相談して、八〇〇〇人の戦死者の霊を慰めるために函館山南麓（函館市谷地頭町）の山林中腹に追悼の碑を建てることになった。七回忌に当たる明治八年九月に供養碑が建立されて、〝碧血碑《へきけつ》〟との文字が刻まれた。見上げるように高い縦長の石碑は伊豆で採取した石塊を使い、東京・霊岸島で製作され海路でこの地に運搬された。「碧血」は「非業に死んだ忠臣の血は三年経つと碧《みどり》

碧血碑（函館山）

柳川熊吉の顕彰碑（函館山）

に化す」との中国故事からとったもので、力強い楷書は大鳥の書とされる。碑の裏面には「明治辰巳実有此事、立石山上以表蕨志」とのみ記されている。(「明治元年、二年に一大事件があった。碑を建立し微意を表明する」との簡潔な表現である)。総工費三一六〇円(当時)。設計施工は旧幕府軍工兵隊差図役近松松太郎が担当した。追悼碑建立に伴って、碧血会という戦死者の遺族を含む戦友会が生まれた。碧血碑の近くに柳川熊吉の顕彰碑「柳川翁之寿碑」が立っている。(注——兵力や死傷者などの数字は史料によって異なる——作者)。

第十章　〈敗軍の将〉の再生――〝皆一場の夢なり〟

「フランス人海軍少尉ウジェーヌ・コラッシュ（Eugene Collache）君は、行方不明ではなく、ちゃんと生きていたようですね。南部藩（現岩手県）によって護送されて、我々よりも早くこの牢屋につながれ、我々よりも早くこの牢屋から放免されたようです。朗報ですね、榎本さん」

獄中の大島圭介は壁を隔てて牢につながれた榎本に英語で小声で話しかけた。

コラッシュ（フランス軍少尉）

「コラッシュ君はまことに奇人だった。羽織袴を愛用し、日本刀を腰にさしてチョンまげまで結っている。それに長身でもないから、日本人とよく間違われたようだ。彼は北海道を独立国にしようとの我々の計画に共鳴してくれた」

榎本はオランダ語で返答した。榎本と大島はアメリカ帰りの中浜万次郎から英会話を教授された仲間であった。今度は別の牢から沢太郎左衛門がオランダ語で語りかけた。沢は大鳥らよりも後に入獄した。

「確かにフランスの軍人たちは奮戦してくれました。ところで、どうやら我々を極刑に処するとの維新政府の方針は取り下げられそうです。出入りの商人からうわさ話として聞きました。新聞もそんな風に報じているそうです。これは内密に願います。大鳥さんの門下生だった黒田清隆さんが助命嘆願のため東奔西走しているそうですね」

これを受けて、壁を隔てた牢屋の荒井郁之助がオランダ語で答えを返した。

「黒田さんは、榎本さんが箱館の戦争の際に贈った海軍法典『万国海律全書』のオランダ語原書を大切に保管しているようです。西郷さんが、黒田さんに我々の極刑取り消しを命じているようです。すべてが西郷さんの判断のようです。これも内密の話です」

四人は声を潜めて笑った。榎本と沢は幕府派遣の

沢太郎左衛門

大鳥圭介（出獄後）

大島らの助命を訴える黒田（坊主頭である）

留学生としてオランダで航海術などを学んだ留学生仲間であった。大鳥は欧米留学の経験はないが、青年時代からオランダ語の兵学書などを翻訳している。荒井は幕府海軍伝習所でオランダ語や英語を学んだ。

そこに中年の小柄な看守が二人の小使を連れて見回りに来た。

「唐人のたわごとのような言葉は使ってはならぬと、繰り返し命じているではないか。日本のサムライは日本語を使え。貴公たちは捕らわれの身であるぞ。勝手なことは許さぬ。命令に背けばお仕置きが待っていることぐらい存じていよう」

看守は野太い声を荒げて事務的に命じると、すごすごと立ち去った。実のところ、彼は薄暗い格子の中の牢人たちが「ただ者ではない」(『大鳥圭介伝』)ことは、その立ち居振る舞いからもすでに察していた。自分との余りの人格的格差に、近づきがたい畏怖の念すら覚えていたのであった。獄中の男たちは旧幕府軍首脳である前に、当代随一の開明的知識人だった。(大鳥圭介『南柯紀行』、同『幕末実戦史』、山崎有信『大鳥圭介伝』、福本龍『われ徒死せず』、石井寛治『大系　日本の歴史』、『岩波講座　日本通史　第一六巻』、嶺隆『新聞人群像』を参考とする)。

永井尚志

■■■

明治二年(一八六九)五月の箱館五稜郭の落城後、旧幕府軍の陸軍奉行大鳥圭介は、総裁榎本武揚、副総裁松平太郎、海軍奉行荒井郁之助、箱館奉行永井尚志《なおのぶ》(玄蕃)、蟠龍艦長松岡盤吉、箱館新撰組隊長相馬主計の六人とともに敵の軍門にくだり、東京・辰ノ口にある兵部省軍務局糺問《きゅうもん》所（現東京・千代田区丸の内の東京銀行協会ビル付近）に護送された。糺問所は江戸城の和田倉堀が道三堀に連なる場所にあり、評定所《ひょうじょうしょ》（最高裁判所に相当）など江戸幕府の中枢機関が集まっていた。同年六月三〇日、彼ら〈敗軍の将〉は白洲の上に正座させられ二人の取調方役人から順次尋問を受けた。所持品をすべて取り上げられ腰を細縄で縛られて揚屋《あげや》（未決囚用仮監獄）に投獄された。取調方役人は月岡と小栗と名乗り、江戸市中に住む撃剣家で維新後政府

相馬主計

松岡盤吉

糾問所跡（東京・千代田区丸の内）

に雇われたとのことであった。法律や裁判には門外漢であった。

糾問所は大鳥には忘れがたい場所であった。この牢固たる収容所は幕府の歩兵頭であった二年前に彼自ら設計施工を指揮した建物であった。「自業自得か」。彼は苦笑せざるを得なかった。

大鳥は自著『南柯紀行』に記している。

「予嘗《かつ》て船来の虎を見しことあり。今日の姿は恰《あたか》も見世物小屋の虎の如し。悲しむべき哉《かな》」。落魄の身であった。同所は徳川幕府時代には陸軍大手前歩兵屯所と呼ばれており、大鳥や荒井が最高幹部として正門を乗馬姿で通過するたびに、数人の番兵が直立不動の姿勢をとって捧《ささ》げ銃《つつ》の最敬礼をしたところであった。わずかに数年前の記憶である。

「嗚呼《ああ》、人世《じんせ》の栄枯浮沈も甚だしい哉《かな》。往事を思い出せば皆一場の夢なり」（大鳥『南柯紀行』、原文のまま）。牢屋は五つの局（監房）に分かれており、彼らが投獄されたのは一番牢で六畳敷きの広さだった。厠《かわや》（便所）と流し場があって畳敷きの部分はわずかに四畳半であった。この狭い牢に七人の中年男が囚われの身となって明日をも知れぬ暮らしを続けることになった。この薄暗い牢は江戸幕末期に歩兵の未決囚を投獄したところで、白壁には落書きが所かまわず書きなぐられている。フランス語を解する大鳥は、落書きの中にフランス海軍見習い士官（少尉）コラッシュの走り書きがあり、彼が二カ月前に入獄しその後出獄したことを知った。彼はフランス人軍人一〇人の中でもユニークな存在だったが、行方不明で場合によっては戦死と噂されていた。（コラッシュはその後本国へ送還された）。

一日三度の食事は竹の皮に包まれた握り飯と沢庵漬け一切れそれにお茶だけで、看守が格子戸のすき間から差し入れた。夏の盛りであり、厠が鼻を突く異臭を放ち、また暗がりには蚊柱が立った。衛生上の配慮などまったくなく、明かりは廊下の提灯《ちょうちん》だけだった。彼らは看守を説得して蚊帳三張を求め、同時に無聊《ぶりょう》をなぐさめるために図書、囲碁の石、将棋の駒を差し入れさせた。最初の蚊帳（甲）に榎本、大鳥、荒井の三人が入り、次の蚊帳（乙）に松平と相馬が、最後の蚊帳（丙）には永井と松岡がそれぞれ入った。

月が変わった七月四日、入牢者の入れ替《か》えがあった。七人は別々の牢（監房）に分けられることになり、榎本はそのまま一番牢に留まった。二番牢に永井が、三番牢に松岡が、四番牢に大鳥が、五番牢に相馬が、六番牢に荒井が、七番牢に松平がそれぞれ移された。六番牢と七番牢は、にわか普請で狭い上に薄暗く動物の檻のようであった。大鳥の移った四番牢は大部屋（一三畳敷き）で、箱館戦争をともに戦った旧幕府軍士官や兵士が多く、神木隊《しんぎたい》（高田藩脱走兵の部隊）や海軍士卒らが多数を占めていて総勢二〇人余りだった。寝苦しい季節であり、一畳に二人ずつ背中合わせに寝るのは苦行だった。枕は支給されないため、飯を包んだ竹の皮を数枚束ねて使った。人数が多い分、厠の悪臭もひどかった。大鳥は看守に香水を購入するよう依頼し、悪臭をなんとかおさめた。入浴は一〇日か一五日に一度で、人数が多い上に残暑が厳しく、身体は垢《あか》だらけとなった。そこで食事の際に残った湯を使って、一日に四人または五人ずつ流し場の箱の内で行水をした。順番はくじ引きで一番牢から七番牢までの順を決めて入った。

翌五日、沢太郎左衛門と渋沢成一郎が仙台藩士らとともに入牢した。榎本や大鳥らは沢や渋沢と両手を握り合って互いの無事を祝福しあった。沢は旧幕府軍艦開陽の艦長で、開陽が北海道・江差《えさし》沖で難破した後は室蘭で拘束され開拓を行っていた。渋沢は元彰義隊隊長だったが、天野八郎と対立して上野戦争の前に決別し箱館五稜郭の戦いに参加した。入獄から一〇日ほど経って、榎本から順次取調べを受けた。大鳥は松平に続いて調べを受けた。取調方の小栗と月岡が正面の一段高い部屋に正座している。その横に筆記係の役人がおり、大鳥は白洲の上に敷いた薄い茣蓙《ござ》に正座した。両足がしびれ激痛が走る。大鳥の横には二人の小役人と、縄取りの者（獄吏）が付き添っていた。小栗は獄中生活の労苦を慰めたあと、「白洲の吟味」（取調べ）に入った。

「翻訳中の洋書や翻訳した原稿は今も残されているか」

「余は軍人というよりも学者だと考えている。それゆえ、多くの和書や洋書を所持していたし、草稿や翻訳原稿も相当数あったと思う。しかし昨年、江戸城を脱出する際、家屋はもとより草稿類も捨て置いたので大半は散逸するか無くなっているであろう」

大鳥は、翻訳原稿の中に兵学や軍事関連の教本が少なからずあったことには触れなかった。小栗は尋問を続けた。

「戊辰《ぼしん》戦争の最中に、フランス軍人士官ブリュネを仙台に同行させたのは誰の判断であるか。また同人はフランス皇帝から貴公らの旧幕府軍を支援せよ、との厳命を受けて来日したのであるか」

「ブリュネは榎本海軍と共に江戸品川沖から北上して松島で上陸し仙台に入った。余とは仙台で初めて面会したのである。ブリュネにフランス皇帝閣下から厳命があったとは思えないが、不明である」

大鳥はこう答えた後、小栗と月岡に視線を移し発言を求めた。

「我々を厳罰に処すことは一向に構わぬ。ただ我々の配下にいた幕府脱走兵たちには寛大な処置でのぞんでいただきたい。出来れば無罪放免としていただきたい」

大鳥は背筋を伸ばして部下の助命を願い出た。

大鳥らはこの日初めて、牢の格子戸の外で建物内の周囲の土間を歩行したり運動したりすることが許された。外国の貴人や土佐藩老公山内容堂が度々馬車で門前を通過する際にその車輪の音が「凛々《リンリン》として耳を貫き」(『大鳥圭介伝』)、大鳥は「軽裘肥馬《けいきゅうひば》」(注——富貴の人の外出する時のいでたち、同前書)を思い深い挫折感に襲われた。筆墨の使用を禁じられていたため困窮していたが、新来の者が矢立と筆を持っていたので反古紙《ほご》を入手して日記を記しだした。牢内では書物が乏しかったが、各自申し合わせて別々の書物を取り寄せた。その中には、『日本外史』、『詩韻含英』、『杜氏偶評』、『地球説略』、『宋詩選』、『東海道中膝栗毛』、『柳多留』(川柳集)などがあった。大鳥は漢詩やこっけいな本も好んで読んだ。『太政官日誌』(のちの『官報』)も取り寄せて政局の情報を得ている。その後荒井が相馬と代わって五番牢に移ってきたため、大鳥は壁を隔てて親密な会話ができた。下士官や兵士が許されて出牢し始めた。歩兵たちは出牢を許され、軍務官に引き渡されて道路や運河の開削などの重労働を強いられた。

八月九日、庄内藩元家老松平権十郎が入牢した。松平は遊撃隊(旧幕臣らで編成)幹部山高鉄三郎らと図って箱館の榎本軍に武器弾薬を送る工面をしたとの嫌疑を受けた。大鳥や榎本らは、松平から薩長藩閥政府の動静を知ることができた。そのうち主な情報は、①軍制をめぐり武士を常備軍とするか、または武士を廃して国民から兵士を徴兵するか、政府部内が激しく対立し、西洋式徴兵制を主張する兵部省大輔大村益次郎は苦境に立たされて関西方面に視察に出向いたこと。(大村は同年九月京都・木屋町で守旧派士族に襲撃され大阪の病院で治療を受けたが敗血症のため他界した。享年四六)。②黒田清隆(了介改め)が外交官となって活躍していること。③一〇隻ほどのロシア船が多数の成人男女を開拓民として樺太に運んでいることなどであった。このころ、大鳥はサナダムシに苦しめられた。これは下野・喜連川《きつれがわ》宿行軍以降に川魚や生野菜をしきりに食したためとみられ、その特効薬は石榴《ざくろ》の根の皮がよいとのことで、漢方医から取り寄せてもらった。だが一向に効験《ききめ》がなく、サナダムシは健康への大きな害はないと聞いて服薬を中止した。

大鳥は毛筆と紙を購入し記憶をたどりながら戊辰戦争の戦績を『南柯紀行』と題し書き始めた。「南柯」は中国の故事「南柯の夢」からとっており「実現不可能なはかない夢」を意味する。同『紀行』は慶応四年戊辰春四月一一日の江戸駿河台の自宅脱走から入獄中の明治三年七月二九日までの記述である。同年七月三〇日から出獄する明治五年正月六日までの記述が欠落している。これについて大鳥は、明治三〇年一〇月ころの日記に書いている。（現代語表記とする）。

「我輩の入牢は、明治二年六月三〇日にて、特赦を蒙《こうむ》りしは、同五年一月六日なり。而《しか》して此日記は同三年七月二九日にて絶筆せり。其の故如何《いかん》、当時獄中筆墨の禁、厳にして時に室内点検ありしゆえ、夫《そ》れがため休止せしか、或いは記事に毎日一様の境遇を反復するの煩《はん》を厭いて終に廃止せしか、今これを詳《つまび》らかにする能《あた》わず」

夜中は一度必ず監視の役人が牢内を巡視する。看守が「お役人の見回りでござる」と声を張り上げると、そのときには全員起きあがって「ご苦労様です」と礼を言った。

■■■

牢中は禁酒であったが、看守や小使に小銭を渡せば「薬」の名目で酒や焼酎を求めることができた。そこで時々牢内で気晴らしの酒宴を催した。賄賂をふところにした看守は酒盛りを見逃した。大鳥は相当額の現金を所持していたが、監視の役人が入牢の際その金を巻き上げたまま返そうとはしなかった。その理由は、現金を看守や小使に密かに握らせて脱牢でも企てたら責任をとらされるとの小役人的判断からだった。これに対し大鳥は憤懣をぶちまける。

「我が輩《ともがら》元万死を期し衆人に代わり、天裁を仰ぎしことなれば、仮令《たとえ》尋常の家に居て番兵の監護なしと雖《いえど》も、遁走する等の卑劣の心あらんや。然《しか》るに歩兵或いは盗偸《とうちゅう》（盗賊）の輩と雑居せしめ、玉石混

榎本武揚

木戸孝允

合且《か》つ糾問の時は腰に縄を付け、又金を渡さず、これ廟堂《びょうどう》の知るところにあらず、唯《ただ》獄吏の所為なれども、憎むべき又嘆ずべきなり」

『中外日報』（八月一六日付け）は「榎本釜次郎（武揚）、大鳥圭介等、特別の寛典をもって死一等を宥《なだ》められ永禁固となり、脱走の兵卒は追々各藩へ御返しに相成り候由」と報じた。榎本や大鳥らへの極刑は回避される見通しとなった。

長州藩閥の雄・木戸孝允（明治政府元勲）は日記（八月二五日）に記した。「黒田開拓次官等、榎本和泉（武揚）等赦罪、唐太（樺太）を魯（ロシア）へ授与するなどの事を論ず。皆世人の論ずる所といえども、自ずから刑典あり。唐太の如きもまた神州の一大事件なり、故に容易に応ずべからず。もっとも衆議を尽くさざるべからず」とあり、薩摩藩出身の開拓次官黒田清隆が、所管事項として、箱館五稜郭で政府軍に降伏した旧幕臣榎本武揚や大鳥圭介らの赦免とロシアとの係争中の樺太を放棄する件などを提案したところ、木戸が猛反対した旨を記している。これに関して、一〇月二四日付けの岩倉具視宛大久保利通書簡には「榎本一列（注——榎本グループの意）だけは、大嘗会《だいじょうえ》の大赦に入れらるると申すようなる曖昧《あいまい》なる事にては寸益御座無く、もっとも此の一条は薩長云々の論にて延引相成り居り候事ゆえ、使節出払いの上、いか様立派に御処置之れ有り候ても感心仕らず」とある。木戸の反対で打開策が見出せない榎本・

大鳥らの赦免問題を岩倉使節団の出発前に実行するように政府首脳の岩倉に決断を迫っている。箱館戦争の戦犯処遇に関しては、西郷や黒田ら薩摩派は、榎本らを早期に保釈して戊辰戦争の後始末を完了し国内の政治的統一の促進を期していた。大久保も同じ意見だった。ところが木戸だけは、刑罰の厳格な執行の必要を主張して、榎本・大鳥らの釈放に反対した。この案件は政府部内の薩長対立を象徴する重大事項に発展した。結局は、解決は明治四年一一月一二日の岩倉使節団出発の後にまで持ち越される。（毛利敏彦『明治六年政変』参考）。

八月二四日、大鳥らは、牢中の旧会津藩士笹沼勝太郎から戊辰戦争での同藩戦死兵士一六一一人にのぼり、このほかに多数の婦女子が犠牲となっていると聞かされた。一方、土佐藩では負傷者が三六六人、死者は九六人であったという。九月一日、大鳥は和歌を五首うたった。（『南柯紀行』より。現代語表記とする。以下同じ）。牢中の心境を伝えて余りある。

かげきよく心も清くすみわたる　人屋の窓の月ぞ友なる
志《し》ばしまて月にかかりしむら雲を　またふきはらう風もふかなん
浮雲に志ばしば影をかくしてぞ　いよてりまされ月の光りは
葎生《りっしょう》のつゆとさえきく身にしあれば　ましてゆかしき秋の月かげ
ながむれば妻子のことを思い出で　月にもぬるる袖のつゆかな

（大鳥が獄中でつづった漢詩は一一七首、うたった和歌は六一首にものぼる。彼は詩才にも恵まれていた）。

九月以降、牢中の大鳥に差し入れが植木屋藤兵衛や大黒屋治助から届くようになる。差し入れは、肉・魚・蔬菜などの食物や菓子類、着替え用の衣類、科学書・文学書などの書物さらにはその中に隠された現金や手紙などである。これは妻みちが下男安蔵に命じて糾問所出入りの植木屋や米屋（大黒屋）などに託し差し入れたものだった。妻みちと幼児も含めた四人の子供たちは、明治二年（一八六九）九月、身を隠していた下総・佐倉（現佐倉市）から東京に戻って芝新銭座（現港区東新橋二丁目）にあった旧知の江川邸内に身を寄せていた。妻は牢中の大鳥とは面会がかなわないため無事釈放される日を待ち望んでいた。

九月七日の和歌で告白する。

「憶故園菊　植おきしあるじなしとも白菊の　むかしの色に咲きにおうらん」

愛妻への思いを白菊に託している。

この九月、母せつが郷里の赤穂郡細念村で死去した。享年は不明だが、六〇歳代前半だったと思われる。

「前年会津にありて磐梯山の後ろを回り秋元原を経て土湯峠に上り、福島に出し事を思い起し、当時の漢詩一首を記す。（注――読み下し文とする）。羊腸たる道層嶺を越ゆ　糧は尽き兵疲る落日の天　喜び認む山村の行遠からざるを　一叢の杉檜炊煙を帯ぶ」

■■■

榎本が風邪を引いた後しゃっくりが止まらなくなり、一時牢を出て病院に入院することになった。手当ての結果、数日後には健康を回復した。蟠龍艦長松岡盤吉が高熱を発し、牢中での治療のかいもなく一〇月二日に病没した。享年不詳。

一一月一日の大島の漢詩（「大野役懐古」、読み下し文）。

「砲雷地を動かし鼓声振う　烟焔朦朧《えんえんもうろう》戦正に頻なり　飛雪花の如血は綿の如　画看る桃李満山の春」

一一月八日、衝鉾隊幹部今井信郎《のぶお》が入牢してきた。今井は京都見廻組与力頭のとき、坂本竜馬や中岡慎太郎を斬殺したとされる。大鳥は牢中で今井に英語を教えた。今井の話では、旧政府軍の陸海軍士官は津軽藩と秋田藩に預けられ、その後青森に全員集められたが、その間彼らは英語やフランス語さらには高等数学を教えあった。英語は幕府イギリス留学生で榎本副官役林董三郎（のちの外交官林董《ただす》）、フランス語は幕府フランス留学生で榎本軍青年士官山内六三郎（のちの鹿児島県知事山内提雲、林董三郎の従兄《いとこ》）が教官となった。この話を聞いて大鳥は日記に記した。「窮迫の余りにいても芸能（注——学問の意）は人の為に尊ばるるものと感嘆せり」。囚《とら》われの身になっても、勉学の研鑽を積むかつての部下たちに感激したのである。

秋のしもふゆの雪をばしのぎてぞ　ひとや見わけんときは木のいろ

そのころの和歌である。大鳥は沢からオランダ留学時代の愉快なエピソードを聞かされた。沢は、大鳥が翻訳した『砲火新論』四冊（火薬編と火砲編、原著はオランダ大砲隊士官ロゼネル著）を帰国に際してオランダ海軍士官フレメリに寄贈した。フレメリは心から喜んで、この和訳本の表紙を皮革で飾った上ヘーグ（注——ハーグ）の海軍本部図書館に収めて永遠の宝にしたとの話であった。大鳥はこれを聞いて日記に「歓喜に堪えず」と大書した。同書は早くから英訳版が刊行されていた。監獄生活を送る彼らは、

晩年の林董（佐倉市順天堂記念館）

山内六三郎（松戸市戸定歴史館）

日が経つにつれて各獄房の「牢名主」のような存在となった。「牢名主」間の打ち合わせの方法はユニークで、榎本と大鳥とでは英語で会話した。榎本と沢とではオランダ語を用い、永井とその他の房とは外国語ができないので詩吟に拠った。

大鳥は獄中にあってもしきりに書物を読み漁った。欧米の戦記ものや科学書（物理・化学書）が大半を占めている。『米利堅合衆国《アメリカ》南北戦記』、『独嗹《ドクレン》戦記（注――ドイツ・デンマーク戦記）』、『仏蘭西全国歴史』、『仏帝那覇列《ナポレオン》王国』、『米利堅合衆国南部軍艦荒浜海上巡邏紀行』、『独逸《ドイツ》戦記』などである。偉人伝記をはじめブドウ酒製造法や石鹸製造法の洋書も読んでいる。『南柯紀行』は「明治三年七月二九日、和蘭人バウムハウエル氏ノ著セル舎密書（注――化学書）ヲ読ミ始ム」で終わっている。

昨日までまだらに残るあわ雪も　きえて萌出る庭のわかくさ

大鳥は牢獄を去る日の近いことを知ったのであろう。この間、荒井郁之助は『英和対訳辞書』を編纂している。囚われの身であっても自己研鑽を続けた。

■■■

「其《そ》の方共儀、悔悟伏罪《かいごふくざい》に付、揚屋入り仰せ付けられ置き候処、特命を以て赦免仰せ付けられ候事

壬申《じんしん》正月六日　　糾問正　黒川通軌奉行」

明治五年（一八七二）一月六日、大鳥圭介、松平太郎、荒井郁之助、永井尚志、沢太郎左衛門の五人は無罪放免となった。最高責任者（総裁）である榎本も出牢を許されてひとまず親類宅での謹慎処分となり、同年三月六日には特命をもって罪を赦免された。彼らが無罪放免になったのは、官位俸禄を賭《と》し剃髪《ていはつ》（坊主頭）にしてまで、死刑強硬論の木戸孝允らの説得に当たった黒田清隆とそれを強く支持した西郷隆盛の心慮のたまものであった。出獄後この経緯を聞いた大鳥は感涙し、黒田邸に榎本と同道して

出向き深謝した。朝議でも黒田を支持した西郷は、黒田の助命論が朝議を制したことを天下のために「大慶至極」と喜び、桂四郎（旧薩摩藩士、西南戦争で戦死）宛の書簡（同年一月一二日付け）で言う。

「色々と六ケ敷事《むずかしきこと》共筆紙に尽し難く黒田之《の》勇力不有之候ては迚《とて》も命は無之者共に御座候、満朝殺す論に相成候処、只一人奮然と建抜候儀は千載の美談に可有《あるべく》御座候……黒田之誠心より此に至り申候。実に頼母《たのも》しき人物に御座候……」と激賞し、〈敗軍の将〉榎本や大鳥らが勝者黒田に礼を尽くしたことにも率直に感動している。西郷もまた厚情の人であった。同書簡で、西郷は岩倉使節団の出発前に議論があり、アメリカでは南北戦争に敗北した南軍の将校を釈放し、その後ともに建国に協力しあった美談のあることを持ち出した、と記述している。実際にアメリカを訪問して榎本や大鳥らがいまだに牢獄につながれている事実を論及されたらどう返事をするのか。黒田にこのことを詰問された団長岩倉具視は、今から赴《おもむ》く欧米諸国との交渉に弱みをつくりたくないとの観点から旧幕臣の将校の釈放に傾いたとされる。（福本龍『われ徒死せず』参考）。使節団は当初の予想を超える参加者数となり、それは薩長派閥対立を反映したもので〝国費の無駄遣い〟といえる数に上った。

投獄された七人（一人は獄中病没）のうち、相馬主計だけは処罰が異なっていた。彼は明治三年一〇月に新島（注――伊豆七島のひとつ）に遠島となった。この処罰は、「新撰組」幹部との肩書きが災《わざわ》いしたものとされる。相馬は明治五年に赦免となって島から東京に移されるが、あるとき突然切腹死を遂げている。彼以外の五人は赦免の後明治政府に出仕している。それを憤っての自害だったのであろうか。不明である。

■ ■ ■

新政府部内では、戊辰戦争に敗北した諸藩の処分問題が検討された。明治元年（一八六八）一二月に初めて発表された処分は、会津藩主松平容保は死罪を免れるという寛大なもので、領地没収高は二五藩合計で一〇三万石（旧幕府領地を除く）にすぎなかった。これは、大量の浪人が生まれることによる政情不安を避けたいと考えたためとされる。（だが会津藩や仙台藩などでは藩主が死罪を免れたものの藩士は処刑されている）。会津藩では明治二年一一月、旧南部藩領に三万石の封地を与えられて、斗南《となみ》藩として復活した。しかし、下北半島へ移住した藩士たちが目にしたものは実収七〇〇〇石ほどの痩地《やせち》で、彼らは寒風吹き抜ける掘立小屋で飢餓と戦いつつ開墾につとめなければならなかった。流罪と同然であった。

明治維新以降、政府組織も混乱が続いた。慶応三年（一八六七）、徳川慶喜が「大政奉還」を朝廷に申し出て王政復古が成立した。総裁、議定《ぎじょう》、参与の三職が定められ、新政府の政治機構の出発点となった。総裁には有栖川宮熾仁親王《ありすがわのみやたるひと》（一八三五〜一八九五）が就任した。総裁のほかには議定一〇人、参与二〇人余りという組織で、職務分担なども正確には決っていなかった。翌慶応四年（明治元年、一八六八）には、内務、外務、軍事、租税、刑務、行政組織などの分掌化が進んだ。さらに神社を管理する神祇《じんぎ》が加わった。同年三月、「五箇条の御誓文」が発布され、それまでの組織は太政官《だじょうかん》制度に改編された。新制度は七官から成り、議政、行政、神祇、会計、軍務、外国、刑法が分掌された。この年九月、元号が「明治」となり新しい政体、国体が誕生した。明治二年、太政官は天皇とともに名を東京とした旧江戸に移った。だが官制は朝令暮改でこの年には古い律令制度に倣《なら》って太政官として左大臣、右大臣、大納言が復活し、民部、大蔵、兵部、刑部《ぎょうぶ》、宮内、外務の各省が誕生した。民部省には、土木、駅逓、鉱山、通商、聴訴（注——司法）の五司、社寺、電信、灯台、製鉄などの諸掛《かかり》が置かれた。翌明治三年、これに新しく工部省が加わった。明治四年には民部省が廃止された。土木事業などにかかわるものは工

クラークと黒田（拙書『ウィリアム・ホィーラー』より）

森有礼（『明治の若き群像』より）

部省に、その他の職掌は大蔵省に移管された。この年、文部省が誕生し、明治四年の段階である程度整備された中央政府には、大蔵、工部、兵部、司法、宮内、外務、文部の七省が置かれた。「工部省官制」によると、同省は工学、勧工（工業奨励）、鉱山、鉄道、土木、灯台、造船、電信、製鉄、製作、測量の一一科に分かれていた。

　北海道（蝦夷地）開拓も急務だった。明治二年（一八六九）七月、開拓を本格的に推し進めるため新政府は開拓使を設置し、翌年蝦夷地に詳しい黒田清隆を開拓使次官（長官は欠官）に任じた。黒田は、①アメリカの開拓方法を北海道開拓のモデルとすべきこと、②開拓事業に長じたアメリカ人を雇用し、移民、工業、鉱山、測量などの計画を実施すること、③留学生をアメリカなど海外に派遣すべきこと、を政府に建議した。政府は明治三年一一月、黒田自身をアメリカに派遣し、開拓に必要な機材の購入、調査、外国人技師・教師の招聘に当たらせた。渡米後の黒田は、森有礼《もりありのり》公使（少弁務使、一八四七〜一八八九）とともにグラント大統領やフィッシュ国務長官と相次いで会談し、開拓使顧問の招聘に関する希望を述べた。フィッシュからの紹介状を携えて、黒田が森と農務省に局長ホーレス・ケプロン（一八〇四〜一八八五）を訪ねたのは、一八七一年四月一日である。

二日間にわたる協議の結果、五月三日、六〇歳を過ぎたケプロンは年俸一万ドル（当時の一万円、米価換算で今日の約一億円）という破格の条件で日本に赴くことを承諾した。主要閣僚よりも高額であった。一週間ほどした五月九日、ケプロンは旧知のマサチューセッツ農科大学学長ウィリアム・S・クラークに宛てて一通の手紙を書いた。

「アメリカ駐在公使、森有礼閣下から、ある日本の身分の高い青年（注――黒田）にアメリカ最良の教育機関を紹介して欲しい旨のお話があり、これに対してマサチューセッツ農科大学を推薦しておきましたが、これは適切な判断だと考えております。（以下略）」

クラークは南北戦争のときには北部義勇軍大佐として前線で指揮に当った。マサチューセッツ農科大学には最初の日本人留学生内藤誠太郎（のちに堀誠太郎、札幌農学校教授）の後、薩摩藩士湯地定基、同野村一介が学んだ。明治九年、クラークは札幌農学校（北大前身）初代教頭（英語ではPresident）として教え子の秀才ホィーラー、ペンハローの二人の青年教授を同行させて赴任する。

■■■

大鳥は放免後一月一二日付けで、また榎本は罪を赦された二日後の三月八日付けで、開拓使四等出仕（今日の課長級）を命ぜられた。大鳥の月給は一〇〇円（米価換算で現在の一〇〇万円弱）で、開拓使長官が五〇〇円であることを考えるとかなりの高額である。彼の助命嘆願のために丸坊主にまでなって奔走した開拓使次官黒田清隆の要請に応えて、大鳥や榎本は開拓使勤務を快諾した。その才覚とともに語学力を高く評価しての登用であった。しかも「当分出勤に及ばず」との望外の厚遇を得た。当面は静養せよ、との配慮である。旧幕臣の多くが落魄の運命にあえぐ中、四〇歳の大鳥は官途を進むことになった。しかも、出獄から二カ月後の同年三月には、開拓使四等出仕に加えて大蔵少丞《しょうじょう》（課長級、四等出仕の上の職階）との肩書きを与えられ、大蔵少輔《しょうゆう》（今日の局長級）吉田清成（旧薩摩藩士）の政府外債募集に同行して太平洋を渡りアメリカを訪ねることになる。国際派官僚の誕生である。

大鳥が明治新政府に出仕したときには徳川家への義務は果たし終え、しかも新政府には軍人としては仕えぬとの戒律を自分に課していた。「一度死んで生まれ変わった」、という再生の気持ちが出獄時の彼の実感だった。彼の幕臣意識はほとんど完全に燃焼していたわけで、あとは旧幕臣で不遇に生きる者や遺族への支援や同情だけが残されていた。大鳥は性格的にも軍人というよりは「テクノクラート」（技術官僚、実務家）としての才能に恵まれていた。彼はその方面の才能を活用することにより明治新政府に仕え、顕官への道を着実に歩んでいく。それは榎本も同じであった。

荒井郁之助は、出獄後大鳥と同様に開拓使に出仕し、開拓使のお雇いアメリカ人地質学者ライマンの指導を受けながら、河川・海岸・港湾などの測量事業に従事した。開拓使の最初の測量事業である『北海道石狩川図』をはじめとして『北海道浦川湾図』、『北海道新室蘭港図』、『北海道根室港図』、『北海道厚岸港図』などの地図の作成に携わった。その後明治一〇年（一八七七）、内務省地理局の設置とともに同局に出仕し、大三角測量の事業、日本の経度の測定と標準時の制定に携わった。その後、測量事業は地理局から陸軍参謀本部に移されたため、荒井は気象台の設立に尽力し、明治二三年初代の中央気象台台長となった。翻訳書に『測量新書』（一八七八）などがある。（藤井肇男『土木人物事典』参考）。

■■■

戊辰戦争と新聞報道の関連を考えてみたい。戊辰戦争の最中、新政府軍（西軍）と旧幕府軍が江戸で対峙した慶応四年（一八六八）二月から、上野の山の戦争で彰義隊が掃討される五月にかけて、江戸や新開地の横浜で「佐幕派の新聞」（幕府支援・薩長批判の新聞）が続々と発刊された。いずれも木版刷り、二つ折の半紙を一〇枚ほど綴じて合わせた和本様の小冊子で、内戦関連の報道・評論を中心に、三日か四日に一回発行されている。「新聞」という新たなメディアが幕末の戦乱の中で誕生した。

創刊順に列挙すると、日本人による最初の新聞とされる『中外新聞』を手始めに『内外新報』、『中外新聞外編』、『公私雑報』、『江湖新聞』、『遠近《おちこち》新聞』、『横浜新報もしほ草』、『日日新聞』、『この花新書』、『東西新聞』、『陸海新聞』などである。「佐幕派の新聞」は、劣勢に立った旧幕府軍（徳川軍）のため言論で新政府軍に抵抗した。江戸市内徳川びいきの江戸っ子の歓心を買うためでもあったが、同時に薩長連合の専横に一矢を報いんとしたのである。

明治初期の言論人を考えるとき、主流をなしているのが旧幕臣のインテリたちであったことは象徴的な史実である。洋学者で日本人による最初の雑誌、新聞である『西洋雑誌』『中外新聞』を発行した柳河春三《やながわしゅんさん》（一八三二～一八七〇、幕府開成所頭取）、『朝野新聞』を発行して政府批判や時事風刺などに名筆を揮《ふる》った成島柳北《なるしまりゅうほく》（一八三七～一八八四、幕臣、会計副総裁、騎兵隊隊長）、『郵便報知新聞』に拠って反政府の論陣を張った栗本鋤雲《くりもとじょうん》（一八二二～一八九七、幕臣、勘定奉行）、『東京日日新聞』社長、主筆として明治期の有力な言論人だった福地桜痴《ふくちおうち》（一八四一～一九〇六、幕臣）、『横浜毎日新聞』主筆の島田三郎（一八五二～一九二三、幕臣）などである。福地が新聞界に身を投じた動機は佐幕的意見や心情を表明するためであった。「戊辰の変に際し、余は非恭順論者の一人にて維新の王師に反対するの念をいだきたりしかども、地位は卑し腕力は無し、むなしく悲憤慷慨して口角に沫《あわ》を吹き無益の舌

柳河春三（嶺隆『新聞人群像』より）

をふるうにとどまりて毫《ごう》も実際に影響するところあらざりき。しかるにこの年（明治元年）の三月ごろより新聞紙の刊行突然として起こりたり。……これを見て余は大いに喜びこれぞ余が自説を世上に試みるの機関なりと考えたり」（福地桜痴『新聞紙実歴』）。

明治藩閥政府に対して批判的な彼ら旧幕臣言論人たちが拠《よ》り所としたのは、西洋についての新知識に加えて彼らが代々生きてきた武家社会の倫理・見識であり江戸っ子文化であった。成島柳北の場合は、政府の言論弾圧にたいして彼が馴《な》れ親しんできた江戸文化（風刺や諧謔）によって対抗した。投獄も恐れない旧幕臣の知識人たちが新聞報道の主力であった時代は、彼らが引退したり他界するにつれて幕を閉じていった。

第十一章 〈敗軍の将〉、太平洋を渡る――〝一生に国是二つ〟

「吉田君、出獄後一カ月の〈敗軍の将〉の私を、今回の大蔵省アメリカ派遣団の一員に選ばれたのはなぜでしょうか。アメリカに向かっている今、あらためて質問するのも妙ですがね」

ワイングラスを右手にもった大鳥は、テーブルをはさんで向きあった年下の理事官（団長格）・大蔵少輔吉田清成《きよなり》に語りかけた。大鳥はひげ面に笑顔をつくったが、目は笑っていなかった。彼らが乗船したアメリカ太平洋郵船会社の大型蒸気船「アメリカ号」（America, 四四五四トン、外輪船）が横浜港を出航した夜の食堂での初の懇談の席であった。巨大な船体はゆっくり左右に揺れている。大蔵官僚吉田は戸惑った様子で目をしばたたいた。

「実は、私もよくわからなかったのです」

吉田はそう答えてワインを一飲みした後、言葉を続けた。

吉田清成

「大鳥先生の助命嘆願をなさった黒田さんが、私の上司の井上馨さん（注――大蔵大輔《たゆう》〈今日の事務次官〉）に、先生のアメリカ同行を働きかけたのかと思っていました。ですが、黒田さんは、むしろ先生の同行には反対したようです。私の聞き及ぶ限りでは、西郷さんが井上馨さんを説得したのではないでしょうか。西郷さんは『戦争には勝者も敗者もいない』とのお考えのようです。榎本（注――武揚）さんとも相談なさったようです」

「さすがに西郷さんですね」

大鳥は、一三歳年下の吉田が「大鳥先生」と「先生」を付けて呼ぶのに戸惑った。だが江川塾教授時代から「先生」と呼ばれることには慣れていたので、相づちを打ってワイングラスを傾けた。大鳥は吉田以外の同行者と比べても一〇歳は年上だった。

「アメリカでは南北戦争に敗北した南軍の将校を釈放し、むしろその才能を生かして要職に登用しています。西郷さんは、旧幕府軍を指揮した大鳥先生がアメリカを訪問し政府要人と直接面会することで日本政府も同様の措置を講じたことを知らしめたいと考えたようです。文明国であることを示したかったのでしょうか」

吉田はこう語った後、言葉を継いだ。

「今回の華族・士族の秩禄《ちつろく》処分に伴う外債募集は、私には初めての経験ですが、失敗は許されないミッションです。先生のご支援を心からお願いします」

「全身是《こ》れ胆」。吉田は、大鳥が戊辰戦争の最中に、こう呼ばれて新政府軍将兵から恐れられたとのエピソードを思い出していた。吉田はあえて「ミッション」という英語を使った。

「私は江川塾や講武所で教授を務めた男ですから、科学や兵学を得意とします。ですが、外交や財政問題は門外漢です。しかしながら今回の外債募集は政府にとって生死を決するような重大な決断です。

確かに重要なミッションです。大いに支援します。アメリカ人のウィリアムズ君はその道の専門家ですから、大きな力になってくれるでしょう」

大島も「ミッション」の語感を理解した上で使い、吉田の隣に座っているウィリアムズに視線を移して同じ趣旨のことを今度は英語で伝えた。ウィリアムズは長身の背中を丸めるようにしてうなずいた。

「それに、同行の本多晋《すすむ》君と南保君は若いのだから我々の手になり足になって頑張《がんば》ってくれるでしょう。ここでもう一度全員で乾杯をしましょう」

大島の音頭で一行五人はワイングラスを寄せ合って英語で乾杯し今後の健闘を誓い合った。四人の日本人は、フォークとナイフを慣れない手つきで扱いながら船中最初の洋食をとった。夕食後、船室に戻った大島は日記に記した。

「我が人生に国是二つあり」。船体は再び左右に大きく揺れて不気味にきしんだ。（山崎有信『大鳥圭介伝』、福本龍『われ徒死せず』、京都大学文学部『吉田清成関係文書』、久米邦武『特命全権大使　米欧回覧実記』、田中彰『明治維新』、宮永孝『白い崖の国をたずねて』、石井寛治『大系　日本の歴史』を参考にする）。

■■■

獄を出た大鳥圭介は、妻みちと幼児を含む四人の子供たちが身を寄せている芝新銭座（現港区東新橋二丁目）の江川邸に向かった。冬空は深く澄んでいたが、筑波おろしの寒風が吹きつけ顔を刺した。ほぼ四年ぶりの妻子との対面である。彼は、大黒屋治助に依頼して、この日に帰宅することは既に伝えてあった。

「お父上様、お帰りなさいませ」

玄関で妻みちと子供三人が声を張り上げて出迎えた。妻みちは目頭を押さえた。四〇歳の夫の目がくぼみ予想していたよりも痩せこけていることに心を痛めた。

「ご主人様、ご苦労様でした。ご無事でなによりです」

下男安蔵、乳母《うば》てつこ、大黒屋治助が次々に涙声を張り上げて頭を下げた。

「皆には大変な迷惑をかけた。誠に申し訳ない。また獄中への差し入れを心から感謝する」

大鳥はこう声を掛けると奥の応接間に入った。大鳥が江戸を脱走するとき七歳だった長女ひなは一一歳、次女ゆきは一〇歳、長男富士太郎は七歳に成長した。大鳥が留守の間に生まれた三女きくは四歳になっていた。父の姿をかすかに覚えていたのは長女と次女だけだった。二人の娘は居間に走り込み肩を震わせてしきりに鼻水をすすりあげた。この四年間の家族の犠牲は一通りではなかったが、互いに無事を確認できたことで苦労は報われ、親子六人、下男、乳母の全員に少しずつ笑顔が戻ってきた。

「戦争の指揮官には二度とならない」。大鳥は不戦の誓いを新たにするのだった。

大鳥は江川邸内での寄寓はいつまでも続けられないとして、翌日から借家探しを始めた。海軍将校林謙三（一八四三〜一九〇九）は芝愛宕《しばあたご》下の旧仙台藩屋敷前にあった家老屋敷を一五〇円で買い取っていたが、借り手がつかなかった。林は獄中生活を強いられた敵将大鳥らに同情し、大鳥はじめ荒井郁之助、沢太郎左衛門の三家族に屋敷内の家屋を家賃なしで提供したいと申し出た。林は旧薩摩藩出身の海軍士官で、同藩軍艦春日の艦長を務め、戊辰戦争では榎本海軍と交戦した。当時は海軍中佐で、その後佐賀の乱、台湾の役、西南戦争に出征し、海軍中将から呉鎮守府司令長官となる。ここでも敵方だった旧薩摩藩士が大鳥に支援の手を差し伸べた。

一月八日、大鳥は家族全員と一緒に移り住んだ。同一二日、開拓使次官黒田清隆から開拓使四等出仕（今日の課長級）を命ぜられた。助命嘆願のために丸坊主になって奔走した黒田の要請に応えて、彼は開拓使勤務を快諾した。「当面は出勤に及ばず」との配慮で自宅静養を続けた。洋書を読み、漢詩をつくり、短歌をうたった。久しぶりに晩酌も楽しんだ。出獄から間もない一月下旬、彼は大蔵少輔《しょうゆう》（今日の局長級）吉田清成（旧薩摩藩士）の突然の訪問を受けた。吉田とは初対面だった。

「井上大蔵大輔閣下の書面を持参いたしました。直ちにお読みくださり、是非《ぜひ》ご理解をたまわりたいと存じます」

吉田は応接間の座布団の上に正座し、若い官僚らしくはきはきした口調で語った。書面は、大鳥を開拓使四等出仕に加えて大蔵少丞《しょうじょう》（課長級）との肩書きを与えた上で（注――大蔵省官僚も兼務するとした上で）、英語に堪能な吉田の政府外債（注――外国からの借金）の募集に同行しアメリカに出向せよ、との指示書であった。

「出発の時期はいつですか。同行者は何人ですか。まさか私が派遣団長ではないでしょうね」

大鳥の矢継ぎ早な問いに対して、吉田は大鳥の理解は得られたと思い勢いづいて答えた。

「私が責任者となります。大鳥先生には助言者になっていただければと思います。来月には蒸気船で向かうことになりそうです。同行者は私と大蔵省顧問のアメリカ人それに数人の若手の役人になろうかと思います」

「分かりました。時間も余りないようです。喜んで同行しましょう。私は陸軍司令官でした。ためらいが最大の敵です」

大鳥は即決した。四〇歳の初外遊に心は高鳴ったが、その一方で家族と再び長期間別れることの淋しさを思わざるを得なかった。家族を再び犠牲にするのである。了解を取り付けた吉田は小躍りするように帰っていった。その姿を玄関に立って見送った大鳥は、吉田を信頼にたる好青年だと確信した。

明治五年（一八七二）二月一七日（西暦三月二五日）、大鳥らは新橋―横浜間を試運転中の陸蒸気《おかじょうき》（蒸気機関車）に乗った。大蔵大輔井上の特別の計らいであった。文明開化の威力を見せ付けたのは、電信と鉄道の導入である。新橋―横浜間の鉄道工事は、イギリス人青年エンジニア、エドモンド・モレルの指揮下に、明治三年三月開始された。鉄道、電信、鉱山、灯台などの各種官営事業を統括する中央省庁については、かねてから大隈重信が必要性を唱えていた。モレルの建議により、明治三年閏《うるう》一〇月工部省が発足した。鉄道の軌間《ゲージ》は資金難のためイギリス植民地並みの狭軌《きょうき》に決まり、四年八月から横浜―神奈川間、ついで横浜―川崎間で試運転が行われた。試乗した木戸孝允は日記に「喜びに堪えず也」と記し、鉄道導入に慎重だった大久保利通も「百聞は一見にしかず。愉快に堪えず」と書いた。モレルは過労のためこの直後に死ぬが、イギリス人ウィリアム・カーギルが総責任者となって工部省の最高責任者井上勝（長州藩イギリス密航組の一人、技師）の協力のもとに工事は順調に進められる。五年九月一二日に新橋―横浜間鉄道の開業式が盛大に挙行されるのは、大鳥らがアメリカに向かった後である。

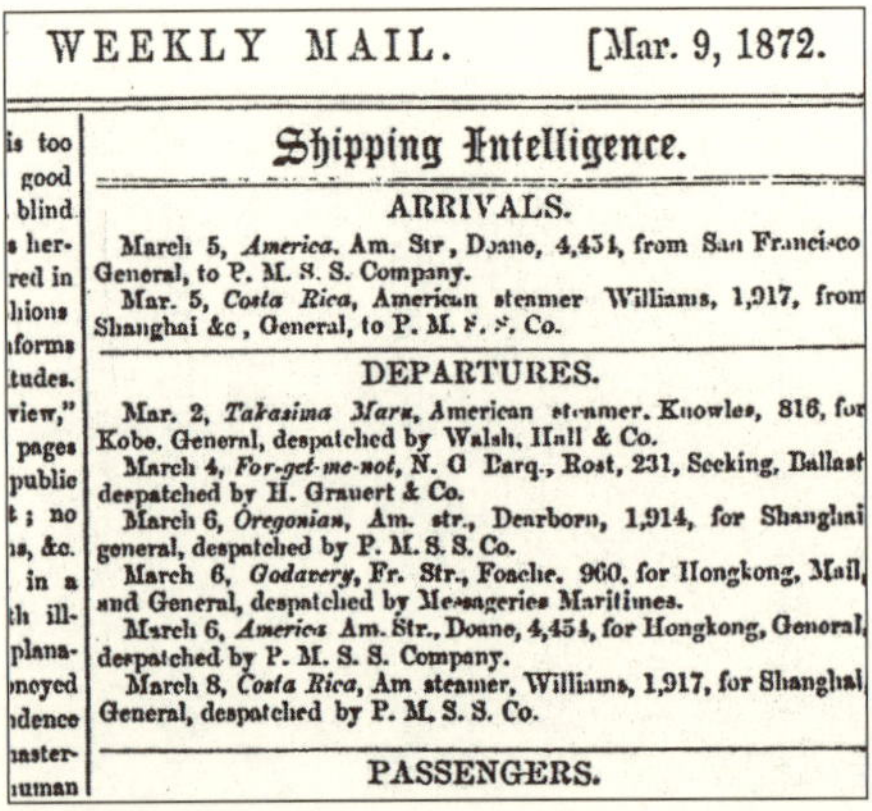
WEEKLY MAIL. [Mar. 9, 1872.

Shipping Intelligence.

ARRIVALS.

March 5, *America*, Am. Str, Doane, 4,454, from San Francisco General, to P. M. S. S. Company.
Mar. 5, *Costa Rica*, American steamer Williams, 1,917, from Shanghai &c, General, to P. M. S. S. Co.

DEPARTURES.

Mar. 2, *Takasima Maru*, American steamer, Knowles, 816, for Kobe. General, despatched by Walsh, Hall & Co.
March 4, *For-get-me-not*, N. G Barq., Rost, 231, Seeking, Ballast despatched by H. Grauert & Co.
March 6, *Oregonian*, Am. str., Dearborn, 1,914, for Shanghai general, despatched by P. M. S. S. Co.
March 6, *Godavery*, Fr. Str., Foache, 960, for Hongkong, Mail, and General, despatched by Messageries Maritimes.
March 6, *America* Am. Str., Doane, 4,454, for Hongkong, General, despatched by P. M. S. S. Company.
March 8, *Costa Rica*, Am steamer, Williams, 1,917, for Shanghai, General, despatched by P. M. S. S. Co.

PASSENGERS.

ジャパン・ウィークリー・メール
（出港を報じる。3月6日）

二月一八日（西暦三月六日）、大鳥らを乗せた太平洋郵船会社（The Pacific Mail Steamship Co.）の大型蒸気船「アメリカ号」（ドウン船長）は汽笛を鳴らし黒煙を吐いて横浜港を離れた。岸壁には榎本武揚や荒井郁之助ら旧幕府軍幹部の姿があり、妻みちと子供たちがしきりに手を振って別れを惜しんだ。同船はサンフランシスコ・横浜・香港を結ぶ国際航路の大型蒸気船で、二月末に横浜港に着き、その後香港に向かって三日前に横浜に帰港したのである。当時横浜で毎週土曜日に刊行されていた英字週刊新聞〝Japan Weekly Mail〟の三月三〇日付け（西暦）記事の一部を見てみる。
（横浜開港資料館提供）。

岩倉使節団

〝DEPARTURE（出発）―
Mar.26, America, Am steamer, Doane, 4.454, for San Francisco, Mails and General, Dispatched by P.M.S.S.Co.〟

〝PASSENGERS（乗客）〟の欄には、数人のアメリカ人乗客や随伴者の名前が記されているだけで、大鳥や吉田ら日本人の名前は記されていない。ジャーナリストの関心を呼ばなかったのであろう。（二年後に帰国した際には、大鳥は同紙の著名人乗客欄に名前が記載される）。約四カ月前、岩倉使節団総勢四六人が同じ「アメリカ号」で横浜港からサンフランシスコに向かった。大型使節団を追うようにして吉田派遣団は太平洋を渡るが、大型使節団のように内外の注目を集めなかった。サンフランシスコまでの二〇日余りの間は、船酔いと無聊《ぶりょう》にさいなまれる苦難の長旅である。

　ここで大蔵省（吉田）派遣団の使命を明確にする上で、

岩倉使節団について記しておきたい。明治新政府の最大の外交課題は、アメリカと結んだ不平等条約の改正に向けて、使節団を欧米に派遣することであった。明治四年（一八七一）一一月一二日、右大臣岩倉具視を全権大使、木戸孝允（参議）、大久保利通（大蔵卿）、伊藤博文（工部大輔《たゆう》）、山口尚芳（外務小輔《しょうゆう》）を全権副使とする大使節団が、華士族や留学生五九人（うち女子五人で、津田梅子は七歳で最年少）とともに、横浜港を出航しサンフランシスコに向かった。使節団の目的は、翌年から可能となる条約改正の本交渉ではなく、この条件づくりのための欧米諸国の制度・文物《ぶんぶつ》の調査と条件が整うまで交渉を延期するよう伝える儀礼的挨拶（プロトコール）との二点である。同年一二月六日サンフランシスコに到着した使節団一行は、行く先々で大歓迎を受けた。

女子留学生

使節団の誤算は、あまりの歓迎振りに条約改正への好機と錯覚したところから生じた。駐米少弁務使（公使相当）森有礼《もりありのり》（のちに文部大臣）の交渉提案に副使伊藤が同調し、フィッシュ国務長官をカウンターパート（相手）に交渉が始まった。だが使節団が持参した全権委任状には改正交渉権が明示されていないため、大久保と伊藤が新たな委任状をとりに遠路はるばる帰国することになった。苦い挫折感を噛みしめながら使節団は七月三日ボストンを発ちイギリスへと向かう。

岩倉使節団構成の特徴の一つは、首脳部は明治政府の薩長藩閥実力者で固められていたが、その部下として実務や翻訳に当たった者に旧幕臣の外国方関係者が多数いたことであった。一等書記官の外務少丞田辺太一《やすかず》をはじめ同外務大記塩田篤信《あつのぶ》、同福地源一郎（のちに桜痴）、三等書記官川路寛堂（聖謨《としあきら》の子息）たちである。能力ある旧幕臣が新政府に登用された。大鳥も例外ではない。

田辺太一（『明治の若き群像』より）

■■■

「文明開化」のモデルを求めて外遊をする使節団の方針を、国内の留守政府において遂行しようとしたのが大蔵大輔井上馨を最高首脳とする大蔵省であった。同省は明治四年（一八七一）の廃藩置県に伴う改正事業に取り組んでいた。藩の廃止に伴い、まず解決しなければならない課題は藩に属していた士族たちの処遇であった。旧幕時代に武士は、藩から家禄を支給されていたが、戊辰戦争後の財政難から、各藩の中には独自にその禄の制度を改革しようとの動きが出ていた。版籍奉還の時点では、政府の方針で、知藩事に対する石高一〇分の一の給付に準じ士族たちへの禄制も整理されていった。廃藩置県は士族の失職を意味していた。しかし数百年にわたって藩から得ていた給付を全面的に打ち切ることはできず、また武装集団である士族の反発が政府の治安対策にも重大なかかわりを持っていた。そこで政府は旧藩の家禄支給をいったん肩代わりすることになった。だがその負担が、財政上総予算の三〇%から五〇%近くに及ぶ莫大なものであることから、家禄支給の負担の漸次軽減という措置が必要となった。これが秩禄処分である。

当初、大蔵省は急進的な処分案を考えており、明治五年（一八七二）二月に策定した処分案によれば、家禄の三分の一を削り、その六年分を禄券として士族に給付する。それを年一割ずつ政府で買い上げ、六カ年で家禄をすべて償却し、削減分を抵当として三〇〇〇万円の外債を募る。そのうち一〇〇〇万円を家禄償却に当てるというものであった。だが大蔵省を支援していた木戸孝允などにも、余りにも過酷であると反対された。しかし政府はこの案を決定すると同時に、大蔵少輔吉田清成を家禄処分費その他に当てる外債三〇〇〇万円募集のために渡米させることになった。大鳥はこれに同行することになったのである。(坂本多加雄『日本の近代』参考)。

大蔵省派遣団の一行は、理事官(団長格)吉田清成、顧問ジョージ・B・ウィリアムズ、筆頭随行員(顧問格)大鳥圭介、随行員本多晋、同南保の五人である。ここで大鳥以外の団員の経歴を関連史料から紹介する。明治藩閥政府の派遣ではあったが、四人の日本人のうち薩摩藩出身は吉田だけで、残り三人は旧幕府軍側に立った士族であった。

吉田清成(一八四五〜一八九一)は、二七歳。海外留学体験によって見事な変身を遂げた知識人の典型例である。キリスト教を理解しようとした「サムライ」でもあった。弘化二年(一八四五)二月一四日、薩摩藩士吉田源左衛門の四男として鹿児島城下に生まれた。蘭学を学び薩摩藩開成所の句読師(教官)となる。元治二年(一八六五)、藩命によりイギリス留学生派遣の一員に選ばれる。二一歳。攘夷派の急先鋒であり、この洋行は「恥を忍びてゆく旅」で、彼にとってはあくまでも攘夷実行のためであった。同年三月二二日、鹿児島を出発しシンガポール・スエズ経由で五月二八日ロンドンに到着した。イギリス人貿易商トマス・グラバーの紹介によるオリファント下院議員の世話で、イギリス人家庭教師につき英語の学習に励んだ。山尾庸三《ようぞう》の案内でロンドンを見学し、兵器博物館や造船所を見て回った。七月初旬、本格的な勉学にそなえて畠山義成とロンドン大学文学教授宅に寄宿する。八月中旬、同大学ユニバーシティ・カレッジ法文学部に入学した。(藩命による専攻学科は海軍測量術だった)。最も過激派だった彼が西洋の異文化に接し、その近代文明を知ることによって見事な変身を遂げた。彼は楽天的な性格で何事にも積極的であった。留学一年後の翌慶応二年八月、夏期休暇を利用してオリファントに同行して鮫島尚信とともにアメリカに渡った。オリファントの敬慕する宗教家ハリスのコロニーを訪問し、強い影響を受ける。ロンドンに戻り、翌三年三月、洋式軍隊の実際を学ぶため市来勘十郎、畠山、鮫島とドーバー大演習に義勇兵として特別参加し、イギリス軍の軍服を着用し軍事訓練を受けた。同年四月、布教のためにイギリスを訪れたハリスと再会し、他の留学生とともにそのキリスト教教理に深く感銘する。

同年（一八六七）七月、学費の窮乏や思想問題によって渡米を決意した。森有礼らとともにオリファントの後を追って、アメリカに渡り、ハリスの共同体・新生社に参加する。しかし封建武士として育ったために欧米の精神文化に魅了されつつも敬虔なキリスト教徒となることはできなかった。四年春、ハリスとの意見の違いから新生社を脱退する。ニュージャージー州のラトガース大学に入学し政治経済を学ぶ。（同大学は幕末から明治期にかけて日本人留学生を多く受け入れた）。明治三年冬、七年に及ぶ留学生活に区切りをつけて帰国する。帰国後、大蔵省に出仕するが、求められて再び渡米する。外債募集の任に当たり、有能な才を発揮する。（注——今回の訪米である）。

七年には全権公使として渡米を命じられ、条約改正の交渉に専念する。その後、一二年にはアメリカ経験を買われて、来日した前アメリカ大統領グラントの応接に当たり、琉球帰属問題に尽力する。だが一〇年間も努力した条約改正問題で、外務卿（大臣）井上馨と意見が対立し、一八年九月農商務次官に左遷され政界から身を引くことになる。その後も、理財家として活躍し商制改革や取引所改革など日本の商業経済改革に努力する。明治二四年（一八九一）八月三日逝去。享年四七。著書に『条約改正之標準』、『亜米利加合衆国憲法』がある。

ジョージ・B・ウィリアムズ（George Burchell Williams, 1842-1912）は、三〇歳。一八四二年（天保一三年）一二月五日、アメリカ・ニューヨーク州ロックポートに生まれる。一八六七年インディアナ州の国内税務監督官となる。一八六九年にはワシントン州の租税官になった。一八七一年（明治四年）日本政府に招かれて大蔵卿と租税頭の顧問として来日し、租税法の検討に当たった。年俸は六〇〇〇円。当初三年の契約で来日したが、吉田らとアメリカへ同行したことなどから一八七四年一〇月から一年間延期する。日本と欧米諸国との財政問題の調停役として活躍した。享年七〇。

本多晋《すすむ》は二七歳。旧幕臣で、弘化二年（一八四五）二月生まれで、一橋家の世臣（注——代々仕えている家臣）本多氏を継ぐ。元治元年（一八六四）、京都の蛤御門の変では幕府軍士官として従軍し、ついで戊辰戦争では彰義隊の結成に参加し、推されて頭取となったが、落馬して足をケガし上野戦争には加わらなかった。その後静岡に移住していたが、明治三年大蔵省に出仕した。五年大蔵大輔吉田清成に従い欧米に出張する。六年秋に帰朝し、その後国債局に勤務した。一二年官を辞して、正金銀行役員となり二一年に退職。その後は官途につかず悠々自適の生活を送り、とくに短歌の世界で活躍した。享年不詳。

ちなみに、本多の娘婿に静六がいる。本多静六（一八六六〜一九五二）は林学者であり「日本近代公園造営の父」とされる。埼玉県出身で、東京農林学校林学部（東京大学農学部林学科前身）卒業。埼玉県士族本多晋の一人娘銓子《せんこ》（女医の先駆者）の娘養子となる。ドイツに留学し、帰国後東京帝国大学農科大学助教授となる。国立公園や国定公園をはじめ日比谷公園など近代的公園の設計を多数手がける。

南保《みなみたもつ》（一八四六〜一八八六）は二六歳。弘化三年（一八四六）、会津藩士の家に生まれる。明治五年（一八七二）大蔵大録（今日の係長級）から留学生となり、吉田清成に同行してアメリカに渡る。七年租税寮

（今日の税務局）に出仕し、九年陸軍少佐福島九成、お雇いオランダ人医師Ａ・Ｆ・ボードワン（一八二二〜一八八五）などとともに領事に任命され、ロンドン領事館勤務を命じられる。一四年には農商務権大書記官（今日の部長級）となりさらに商務局長心得に進む。明治一九年（一八八六）一月一四日、肺患により死去した。享年四一。

■■■

「アメリカ号」は出航早々から激浪に襲われた。四日目には風浪もようやくおさまったが、翌日から激しい風波に再び見まわれた。食堂の食器類が音をたてて壊れ、イスが転倒した。けが人も出た。揺れが収まったのは横浜出港から九日目のことである。早朝、甲板に立った大鳥ははるかな水平線を見つめ朝日の昇るのを待った。海と空が暁光に照り映えだすと、彼はかつてない解放感にひたり、同時にこれまでの人生を振り返った。この四〇年間、時代の激浪にもまれ続けてきた。大波に逆らってもみた。その結果は、賊軍、朝敵、逆賊など罵倒され下獄もした。〈敗軍の将〉ながら、明治政府に仕えることになった。朝食を告げる鐘が鳴った。

ゴールデン・ゲート（サンフランシスコ、現在）

明治五年（一八七二）三月一〇日（西暦四月一七日）、サンフランシスコ港の玄関口、ゴールデン・ゲート（金門）が見えてきた。横浜出航後、二四日目である。一行は、一一日朝八時に上陸し入国手続きを済ませた後、馬車で市内のグランド・ホテル（Grand Hotel）に向かい投宿した。（五階建て・大理石造りのこの高級なホテルは二〇世紀初頭にサンフランシスコを襲った大地震で崩壊した）。ゴールドラッシュで急膨張したこの坂の多い街にはさまざまな国からの移民たちが暮らし、多様な言語が話されていた。吉田と大鳥はさっそく西海岸では最大手のカリフォルニアバンク（銀行）の支配人にアポイントメントをとり、一六日から外債獲得の交渉を始めた。交渉にはウィリアムズが必ず同席した。彼が交渉の口火を切ることも少なくなかった。しかし折衝は思うようには運ばなかった。この間の交渉経緯を、大蔵少輔吉田と同少丞大鳥は連名の書簡で、留守政府首脳の三条実美、西郷隆盛、板垣退助、井上馨に伝えた。

グランド・ホテルのパンフレット
（サンフランシスコ市立図書館）

（現代語表記、ひらがな表記に統一）。

「三月一八日（以下旧暦）『カリフォルニアバンク』支配人『ロルストン』宅へ『ウイリアムス』同道にて罷《まか》り越し、先ず公債の趣意大概申し述べ候処、最初の程は頗《すこぶ》る不信の体《てい》に見え候え共、全国経済歳入歳出出海関税其《そ》の他巨細の件々取調の為読み聞き、且《か》つ両国人民自然の情態交誼《こうぎ》他国よりも別して懇篤なれば、願わくは此度《このたび》の公債も当国に於て成就し度《たく》、左《さ》すれば従来両国の人民交際にも相響き旁《かたがた》を以て都合宜しきと申聞き候処、大に疑念氷解の様子にて……」

交渉の扉《とびら》は開けかかったが、同銀行には、横浜オリエンタル銀行（東洋銀行）から、日本政府外債募

セントニコラス・ホテル（ニューヨーク市立図書館）

集について「日本経済は非常に悪化しており信用し難し」との情報が入っていた。アメリカでの金利は一二分（一二％）と、日本側の希望の七分（七％）とは大きくかけ離れていた。五〇〇万ドルだけはアメリカ政府の裏書（保証）があれば可能とのことであったが、裏書には日本政府が反対であった。

吉田は大鳥、ウィリアムズと協議の上、サンフランシスコでの交渉を打ち切り、アメリカ大陸を鉄道で横断して金融の中心地ニューヨークに向かうことにした。四月五日、ニューヨークのグランド・セントラル駅に到着し、繁華街ソーホー地区のセントニコラス・ホテル（St. Nicholas Hotel）に宿泊した。同ホテルはマンハッタン島のブロードウェイとスプリング通りの交差点近くに建つ五階建ての豪壮なホテルで、日本政府高官の定宿として使われていた。岩倉使節団もニューヨークの誇るこのホテルに投宿している。ワシントン滞在中の岩倉具視全権大使から電信が入った。「直ちに同所へ罷《まか》り越すべし」。すぐに首都ワシントンに来いとの命令である。この日、ニューヨーク滞在中の大蔵省出仕吉田二郎（一八四二〜一九〇五）を理事官付属（秘書官役）に採用し、外債募集の大蔵省派遣団は計六人となった。（吉田二郎は勝海舟門下で幕末のフランス産業博覧会に選ばれて参加した。明治政府では大蔵省、外務省に勤務しニューヨーク総領事を務める）。

吉田清成は四月八日の「日記」に記す。「朝『ワシントン』府着、直に岩倉大使に対面の上、国債の手続きを巨細に演説せし処、岩倉大使は禄券の発行早きに過ぎ、殊《こと》に過酷なる処置との見込みにて、彼是異論も之有る処、反復及び弁説終《つい》に了解す。森少弁務使は最初より異論にて度々《たびたび》弁論すと雖《いえど》も遂に同意せず。書状を以て数回討論に及べり」

岩倉は、外債はともかく家禄の処分方法が過酷ではないかと論難したが、吉田の説明で納得した。少弁務使森は終始反対の姿勢を崩さなかった。吉田と森の間では、数回書簡でのやり取りがあったが、お互いの隔たりは狭まらなかった。四月一四日、森は吉田に一四項目の質問状を送った。世襲されてきた家禄を華族や士族の私有財産として疑わない森は、吉田を激しく非難し反対の意見書を英文にして公表した。吉田はアメリカでの募債を断念して、大鳥らとの相談の上、五月三日ニューヨーク港からイギリスに渡る。一行がリバプール港からロンドンに到着したのは同月一三日であった。

このころ、日本の留守政府でも秩禄処分（井上大蔵案）への批判が高まり、処分案は岩倉使節団帰国後に再検討されることになった。旧薩摩藩主島津久光を筆頭とする旧藩領主たちからの圧力が、留守政府の筆頭格西郷隆盛参議を介して井上や大蔵省当局に加わったのである。五年七月一四日、岩倉使節団が吉田や大鳥の一行を追うようにしてイギリス郵船「オリンパス号」（Olympus）でリバプール港に着いた。吉田と大鳥をはじめ日本大使館二等書記官林董《ただす》やイギリス政府高官が蒸気船「ストーム・キング号」（Storm King）に乗って出迎えた。吉田と大鳥は、さっそく副使大久保利通、同伊藤博文と外債募集について数回にわたり会談した。その結果、大久保・伊藤の連名で、西郷参議、大隈参議、井上大蔵大輔に電信を送ることになった。

「倫敦《ロンドン》着の上、種々吟味《ぎんみ》探索せし処、利息七分にして且《か》つ年賦償却の備えもなくしては、いずれの地においても今明年の内我が公債の行われ難きを瞭然悟解したり。……故に日本政府を要するなれば利息

イギリス滞在中の大鳥圭介

の割合を増し、年賦償却の方法且つ願出したる委任状必ずしもなくんばあらず……」

吉田と大鳥は大久保・伊藤の指示で引き続きイギリスでの外債募集の任に当たることになった。イギリス長期滞在は、大鳥に「土木と機械の時代」（ヴィクトリア女王時代）の大英帝国を直に知る絶好の機会を与えた。ロンドン市内はもとよりバーミンガム、リバプール、マンチェスターなどの工業都市さらには産業革命発祥の地とされるスコットランドのエディンバラ、グラスゴーにまで足を運んで産業視察を続けた。古都エディンバラと工業港グラスゴーの旅は彼に強い感銘を与え、また後年彼が工部大学校校長に就任する際に大きな意味を持つことになる。（一〇月一四日、大鳥の留守家族に新生児が誕生した。次男次郎の誕生である〈のちに医学博士〉）。

ロンドン滞在中の吉田に対して、「計画変更に伴い募債の額は一〇〇〇万円見当でよい」との新たな委任状（電信）が政府から送られて来た。年明けの明治六年一月七日、吉田はイギリスでオリエンタル銀行の協力により、七分利付き英貨公債二四〇ポンド（一一七一万円余）の発行に成功する。（注――明治六年以降は、政府の太陽暦採用に伴い月日は西暦で記述する）。

士族の秩禄処分は、明治六年一二月に、家禄税と家禄奉還制が導入され、家禄の額に応じて累進的に課税し、また一〇〇石未満の下級士族への家禄については、その奉還希望者に永世禄六年分、終身禄四年分を現金と秩禄公債で一括払いすることになった。

■■■

明治六年六月、吉田一行は外債募集が成功し日本への送金業務も終えて帰国の途に着く。彼らはリバプールから客船「バルチック号」（Baltic）でニューヨークに渡った。その後、七月六日夜ニューヨークを発ってアメリカ大陸を列車で横断し、サンフランシスコから太平洋郵船の客船に乗船して日本に帰る。大鳥だけはニューヨークまで同行した後、一人アメリカ東海岸に留まり、主要都市の産業や教育・文化施設などを視察して回ることになった。その間半年余りであった。本多晋《すすむ》は回顧談「壮年の洋行」（『大鳥圭介伝』）で語る。

「（イギリスでは）大鳥先生はいろいろ何くれとなく調べていたよ。ここに面白い話がある。（中略）吉田（清成）先生は、〃大鳥はズルイ男だ、ズルイ男だ〃と言っておられた。（中略）私らは吉田先生と共に日本に帰る。大鳥様《さん》は独り米国へ回って調べ物をする。ニューヨークに留まって方々漫遊して半年ばかり遅れて帰ってきた。それから私とは暫《しばら》く別れていたが、先生は其《そ》の間に工業教育や工業界のことを調べていたと思う。（中略）吉田先生は英学の翻訳はうまかったが、大鳥先生も意訳は中々うまい。大鳥先生は別に之《これ》という道楽は何もない様です」

吉田がなぜ大鳥を「ズルイ男」と呼んだのか。大鳥がニューヨークで一行と別れ独自の行動を取ったからであろうか。不明である。大鳥はアメリカ東部の主要産業都市と工業の実態を日本領事館の支援を受けて精力的に見て回った。主な訪問先を見てみたい。

七月一〇日、ハドソン川を北上してニューヨーク北方のウエストポイントに行き陸軍士官学校を視察した。かつて幕府陸軍の士官教育に携わった大鳥はアメリカの士官学校を訪ねたかったのであろう。同月一五日、フィラデルフィアに出向き周辺の鉱山や製鉄所を視察し、炭鉱では坑道の中にまで入った。

この間、開拓使の役人として北海道開拓に必要な農耕器具やポンプなどの機器類購入の契約を行っている。その後北に向かい、同月三一日、落下の高さ約五〇メートルのナイアガラの滝（Niagara Falls）を見て日記に記した。「ナイアガラフォールの壮観絶景は一朝一夕に筆記すべきにあらず。余之を称して地球上無二の壮観という。其の巨細の記は他日へ譲る」。エリー湖周辺の工業地帯を視察後、八月二五日重工業都市ピッツバーグに入る。露天掘りの大炭田やコルク製造工場を視察し、翌日アレガニー山脈にある牢獄を見学している。「獄中の諸具は充満せる事実に驚くべし」と日記に記した。

ナイアガラの滝（現在）

大鳥は一年八カ月前まで、二年半の牢屋暮らしを強いられた。狭く臭い劣悪な部屋に幽閉されていた。この牢獄を見て回り、設備のよさに驚いた。便所は水洗で、学校、図書室、教会があった。囚人の作業場としてタバコや靴の工場があり、外には病院があった。九月五日、ニューヨークに戻った。気球の打ち上げを見たり、ニューヨークと南東にあるロングアイランド（島）を結ぶトンネル工事現場やブルックリン橋（長さ四八六メートル）の建設現場を視察している。巨大土木事業に関心を示した。富田鉄之助が同行・案内している。富田は旧仙台藩士で、若くして勝海舟の門に入り、慶応三年（一八六七）からアメリカに留学して経済学を学んだ。明治五年（一八七二）からニューヨークの日本領事館に領事心得として勤務していて、この年三八歳だった。のちに日

バンカーヒル・モニュメント（現在）

銀総裁や東京都知事などを歴任する。
九月一五日、汽車（注――今日のAmtrakの路線）に乗ってボストンを訪ねた。四階建てのトレモント・ハウス（現パーカー・ハウス・ホテル、当時ホテルを「ハウス」と呼ぶところが多かった）に宿泊した。この地でも彼は靴やガラスそれに鯨油などの新興産業を時間を惜しむように見て回っている。ボストン北方の独立戦争古戦場の記念碑バンカーヒル・モニュメント（高さ六七メートル）にも出かけている。日本の〈敗軍の将〉はアメリカの古戦場にあえて足を運んだ。ボストン郊外の最古の伝統を誇るハーバード大学にも出かけて購買部で図書を多数購入し、高齢の詩人・哲学者ラルフ・ウォルド・エマソン（Ralph W. Emerson, 1803-1882）にも面会した。彼はボストン周辺の工場群に足を運んで、ミル・ダム（工場水車用ダム）が新興産業には欠かせないことを知った。東部・北部の工場群はミル・ダムの原動力に大きく依存している。ミル・ダムに蓄えられた流水が急流となって工場のタービンを回転させ、それによってもたらされる動力が金属・機械・製粉・繊維・製材などの主要産業を飛躍的に成長させている。ミル・ダムに関心を持った彼は、当時唯一のミル・ダム建設技術書〝The Construction of Mill Dams〟を入手し、帰国後『堰堤築法新按《えんていちくほうしんあん》』（碧雲茗圃社）として丸善から翻訳・刊行した。英文原典〝The Construction of Mill Dams〟は、一八七一年にアメリカ・オハイオ州スプリングフィールドのジェー

フランシス・アトウッド
（マサチューセッツ歴史協会）

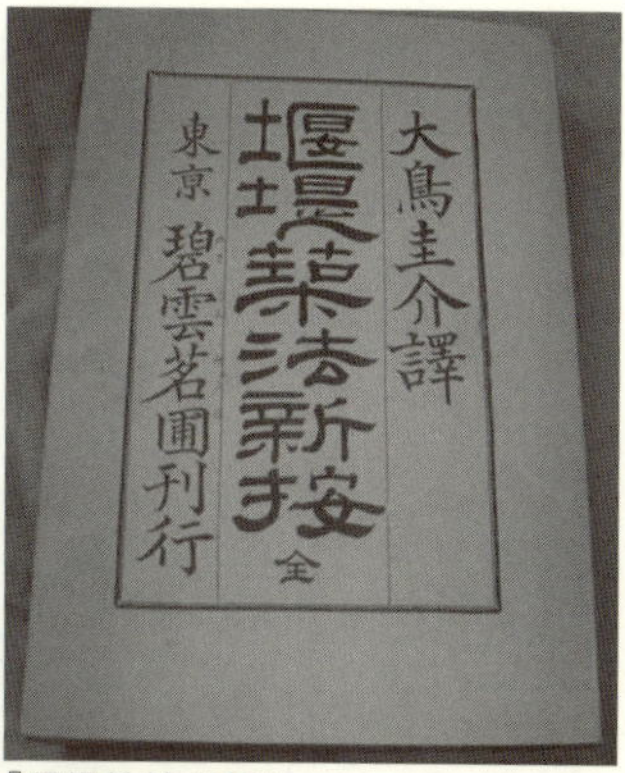

『堰堤築法新按』

ムズ・レッフェル社（James Leffel and Co.）から初版が刊行された。大鳥は翻訳文中で同社の所在地をマサチューセッツ州スプリングフィールドと記しているが、これは明らかに誤記である。同書は、勝海舟と伊藤博文の推薦文が載せられている。海舟の推薦文（漢詩・草書体）を和文に訳す。

「情を究《きわ》めるは造化の理《ことわり》、学を貫くは天人の際《まじわり》」

日本でのアメリカ・初期ダム建設法の初翻訳書であり、ダムを「堰堤」と訳したのも彼が初めてであった。同書の「序」（原文漢文）で大鳥は記す。

「古来、稼穡《かしょく》（耕作の意）、精神を竭《つく》す、独り堰堤法を覚《おぼ》え、未だ真地の層、不毛非○（一字不明、○は埆か、読み「ふもうひせき」）确野《かくの》、水付くことなき為、荊榛《けいはん》の功、一簣《いっさく》（ひとつのすのこの意）を添え、其の短を補う、澤千畔を潤すに及び、此の民小巻沢成る、何《いずくん》ぞ必ず秘さん、公の世上経綸を輔さんことを。

明治十四年十一月如楓《じょふう》散人圭介 識《しるす》 於東京銀里三高山荘茅宇之下 ㊞」

同書を彼に紹介したのは、ボストン在住の金融ビジネスマン、フランシス・G・アトウッド（Francis Gilbert Attwood, 1825-1881）である。（大鳥は日記でAtwoodと誤記している）。ボストン旧家の知識階級

ボストンの大鳥（前列右端）
日本人留学生の監督役

（ブラーミン、Brahminと呼ばれる）の中には、日本文化に興味を抱き、日本人留学生への経済的支援を申し出る者がいた。アトウッドもその一人で、米国東洋協会などに属する親日家であり、ボストン近郊で学ぶ日本人留学生を支援し交流した。アトウッドはアメリカの作家ヘンリー・D・ソロー（Henry D. Thoreau, 1817-1862）が『市民の反抗』の中で「人間を不正に投獄する政府のもとでは、正しい人間が住むにふさわしい場所もまた牢獄である」と記していることを大鳥に教えた。大鳥が獄中生活を体験したことを聞かされたからだった。ボストンで大鳥に同行・案内したのは、目加田《めかた》種太郎と名和道一《なわどういち》であった。二人とも秀才で知られ、目加田は旧幕臣で、昌平黌に学んだ後明治三年（一八七〇）幕府の大学南校派遣留学生としてハーバード大学で学んでいた。彼は帰国後に勝海舟の三女逸子と結婚する。また森有礼が少弁務使を拝命した際、その属官として発令されたのが長州藩士名和道一（弁務権少記）、静岡藩士外山正一《とやままさかず》（弁務少記）、大学南校中助教矢田部良吉（大令史）の三人である。名和は幕末に長州藩の奇兵隊創設に参加した尊王攘夷派の志士で、森の盟友であり森自身が推挙した。大鳥はアメリカ滞在中、日本人留学生の監督を仰せ付かっている。

大鳥はアメリカ滞在中に記し続けた日記の最終ページの欄外に英文を記した。

帰国前の大鳥

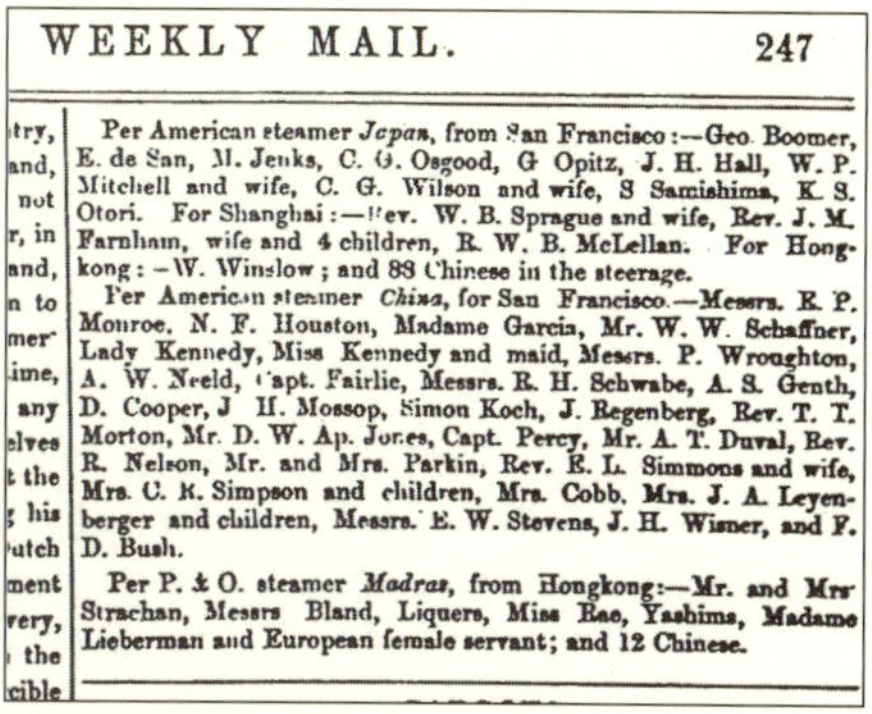

WEEKLY MAIL. 247

Per American steamer *Japan*, from San Francisco:—Geo. Boomer, E. de San, M. Jenks, C. G. Osgood, G Opitz, J. H. Hall, W. P. Mitchell and wife, C. G. Wilson and wife, S Samishima, K. S. Otori. For Shanghai:—Rev. W. B. Sprague and wife, Rev. J. M. Farnham, wife and 4 children, R. W. B. McLellan. For Hongkong:—W. Winslow; and 88 Chinese in the steerage.

Per American steamer *China*, for San Francisco.—Messrs. R. P. Monroe, N. F. Houston, Madame Garcia, Mr. W. W. Schaffner, Lady Kennedy, Miss Kennedy and maid, Messrs. P. Wroughton, A. W. Neeld, Capt. Fairlie, Messrs. R. H. Schwabe, A. S. Genth, D. Cooper, J H. Mossop, Simon Koch, J. Regenberg, Rev. T. T. Morton, Mr. D. W. Ap. Jones, Capt. Percy, Mr. A. T. Duval, Rev. R. Nelson, Mr. and Mrs. Parkin, Rev. E. L. Simmons and wife, Mrs. C. K. Simpson and children, Mrs. Cobb, Mrs. J. A. Leyenberger and children, Messrs. E. W. Stevens, J. H. Wisner, and F. D. Bush.

Per P. & O. steamer *Madras*, from Hongkong:—Mr. and Mrs Strachan, Messrs Bland, Liquers, Miss Rae, Yashima, Madame Lieberman and European female servant; and 12 Chinese.

ジャパン・ウィークリー・メール
（4行目に大鳥の名がある）

〝Nothing is so easy as the discovery of yesterday!
Nothing is so difficult as the discovery of tomorrow.〟
（意訳――「過去を見出すのはいとも簡単である！　未来を見出すのはまことに難しい」）。

先進工業国の視察を続けた知識人大鳥の心境を語って余りある「人生観」である。明治七年（一八七四）三月二日、大鳥はサンフランシスコ港でアメリカ郵船の大型蒸気船「ジャパン号」（Japan, 4200t、フリーマン船長）に乗船し、二七日横浜に着いた。英字週刊新聞〝Japan Weekly Mail〟の三月二八日付け記事は、同船著名人乗客としてK.S.OtoriとS.Samishimaを記している。大鳥が英語ではK.S.Otoriと署名していたことがわかる。S.Samishimaは旧薩摩藩士鮫島尚信（のちに外務大輔）のことかと思われる。長い外遊は終わり、妻子と再会ができた。彼は外務省、大蔵省、開拓使などに帰国報告をして回った。

明治維新後、大藩の広大な屋敷は政府官庁、東京府の施設、軍用地、東京に移住した公家の私邸などに利用されていた。政府機関のうち藩邸を利用した主なものは、外務省（旧福岡藩邸）、内務省（旧姫路藩・津山藩邸）、大蔵省（旧姫路藩邸）、陸軍省（旧鳥取・広島・水戸藩邸）、海軍省（旧広島・尾張・桑名・

淀・一橋藩邸）、文部省（旧小倉藩邸）、工部省（旧佐賀藩邸）などであった。大鳥は大蔵少丞の任から解かれた。四二歳になった。

第十二章　工作を開く道しるべとならん――〃百工ヲ勧ム〃

「山県さん、私は〈敗軍の将〉です。その〈敗軍の将〉が、勝者である陸軍省の主要な役職に座っていることは居住まいの悪いことです。また戊辰の役のように同じ国民が敵味方に分かれて骨肉相食むような戦いは避けなければなりません。私の赤心をご理解いただきたいのです。出来れば工部省に移り国家・国民のために殖産興業を目指して働きたいと考えます。いかがでしょうか」

山県有朋

陸軍卿（大臣）山県有朋は、大臣の椅子《いす》に深ぶかと座り葉巻をくゆらせて大鳥圭介の訴えに耳を傾けた。明治七年（一八七四）九月二九日、大鳥は陸軍省四等出仕を命じられた。軍部関係の職種には就くまいと決意していたのだが、「大村益次郎が命を落としてしまった以上、洋式戦略・戦術を理論と実践の両方からわきまえているのは大鳥しかいない」との政府首脳の判断で大鳥は開拓使から陸軍省に「ごぼう抜き」された。長州閥の山県はもとより大村益次郎の直系だった。だが、敗者である旧幕臣大島は陸軍省内で建言できる立場にはなく、居心地のよい日は一日としてなかった。吉田清成宛の書簡では「陸軍へ転出の処、例の敗軍の将にて口を開き候事も出来申さず、思いは甚《はなは》だ不本意」（現代語表記）と苦境を吐露している。彼は意を決し陸軍卿山県に直接訴えることにした。陸軍省は兵部省廃止の後、旧鳥取藩江戸屋敷を本省として明治四年に発足していた。

「分かりました。大島さんの気持ちを忖度《そんたく》するようにしましょう」

山県は、しばらく考えた後予想に反してあっさりと答えると話題を変えた。

「大島さんは、欧米を視察した体験から、殖産興業と富国強兵は両立すると考えますかね」

「むしろ急いで両立させなければ、欧米列強の侵略の脅威から抜け出せません。とくに殖産興業については、三つのことをとりあえず推進すべきと考えています。まず国営工業試験場を開設することです。産業立国のための高度な実験研究の場が必要です。次に特許局を設置すべきです。優れた研究開発に際して、立派な技術を保護する必要があります。最後に国立高等商業学校を開校すべきです。経済界のための人材養成です。これとは別に工部大学校は必ず開校されるものと信じています」

「足軽の家に生まれた私は軍事一筋で生きてきたが、大島さんは軍事、工学だけでなく語学、文学、歴史、教育など何にでも秀《ひい》でているから、うらやましい限りです」

山県はひげ面にやや皮肉な笑みをつくった。

年明けの八月一七日、大島は願いがかなって工部省に転じ四等出仕となった。陸軍省勤務はわずかに三カ月半でしかなかった。大島は四三歳、山県は三八歳だった。この間、中央政界や国内は大揺れにゆれた。明治六年一〇月、征韓論の対立から参議の西郷隆盛・板垣退助・後藤象二郎・江藤新平らが下野《げや》した。また士族の秩禄処分反対に端を発した反政府士族たちの不満は爆発した。徴兵令や廃刀令などで頂点に達し、各地で反乱が相次いだ。（『旧工部大学校史料』、鈴木淳編『工部省とその時代』、北海道大学付属図書館北方資料を参考とする）。

■■■

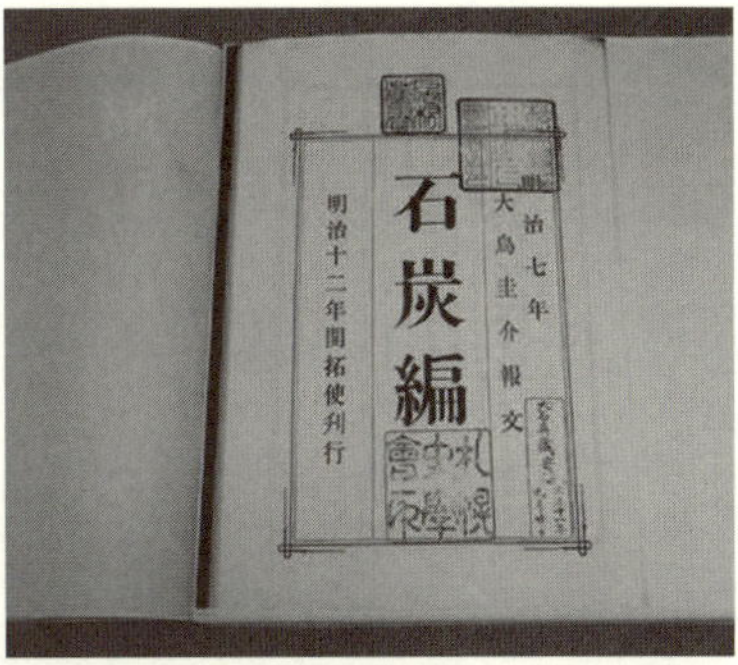

開拓使の報文『石炭編』

明治七年（一八七四）三月、大島は欧米視察を終えて故国の土を踏んだが、休養をとる暇もなく、開拓使提出の「報文」（報告文）を作成した。『石炭編』、『石炭編図』、『山油編（注――石油編）』、『木酢《す》編』、『阿膠《にかわ》編』である。これらは欧米産業見聞録または「殖産興業のすすめ」とでもいえる工業論で、いずれも明治一二年に開拓使から冊子の形で刊行された。ここに殖産興業の黎明《れいめい》期における大島の先覚者としての見識がうかがえる。中でも『石炭編』が最重要な報告文であり、アメリカ・イギリスでの炭鉱見学記であるとともに、採炭学の指導書の形をとっている。大島のような理工科系の知性に加え文科系の素養のある人間には、指導書作成はお手のものであった。万葉仮名で書かれた本書の内容は、炭田地質からはじまり、探鉱、開鉱、掘削、運搬、照明など、当時必要とされたすべての技術が紹介されている。大島は「序」で強調する。

「世界の中に宝ととなえて人の珍重するもの幾千万ありといえども、今日人間の用をなして一日もなくては叶わざるものは、第一に石炭・鉄・油（注――石油）の三宝ならん」（現代語表記）として、日本が外国と国交を結んで日進月歩で進みながらも依然として炉に薪を燃やし火鉢に木炭を盛って暖をとり、石炭は外国船に用いるものとのみ考えていることを嘆き、日本にも南部の鉄、越後の石油、その他石炭の鉱脈が各地にたくさんある以上は、海外の技術を採用して鉱業を盛んにすれば日本の富強を興す基本となる、と指摘し「この編、種々の雑件を（注――欧米で）目撃し質問せしまま録して、以て世の人の工作を開く道しるべとならんことをこい希《ねが》うのみ」と結んでいる。

本書は開拓使から命じられて作成したものではなく、工業立国を希求する大島の自発的意志によって作成された報告書と考えられる。「工学」という概念は、大島ら明治初期のテクノクラート（技術エリート）が欧米から移入したものであった。同時にお雇い外国人技術者によって導入されたもので、それまでは日本になかった。

タイ・バンコク（現在）

■■■

大島は陸軍省から工部省へ異動したが、工部省への発令と同日の明治八年（一八七五）一月一七日、今度は「御用之有暹羅《シャム》（現タイ）へ被差遣」の発令があった。タイへの出張を命じられたのである。外国語に堪能な四〇歳代のエリートは多忙であった。前日一六日、遠遼館（注――現東京・中央区の浜御殿本殿を外国からの賓客接待のため改築した迎賓館）で各国大使を饗応した際、シャム国と日本の公使を兼務するオーストリア公使ゼッファー男爵が「シャム国はアジアの国家では大進歩を遂げた」と語った。そこで日本政府では、同国に調査団を派遣することになり、近く帰国するオーストリア帝国大使に同行の許可を願い出た。公使は一八日にシャム国へ向かうとのことで、同日工部省四等出仕大鳥圭介、大蔵省七等出仕川路聖謨の子息）、租税寮八等出仕河野通猷（帰国後函館の初代税関長）、同権大属北島兼弘（人物不詳）の四人が派遣されることになった。香港からは公使同行でオーストリア帝国の軍艦に乗船した。二月一八日、シャム湾から首都バンコクに入った。大鳥は同国の状況を工部卿伊藤博文へ書簡で報告した。八年二月二三日付けの書簡の一部である。（現代語表記とする）。

「……（メナム河の）流れに沿い多くの人家有之候えども、大抵《たいてい》水上に竹を架し屋を構え椰子《やし》樹の皮にて屋根を葺《ふ》き、いかにも貧弱の姿に見受け申し候」

大鳥の印象では、王宮や仏教寺院は豪壮で立派ではあるが、国民はタイ人、マニラ人、中国人など雑多であり、通りがかる人々は皆裸足《はだし》で猛暑の市中を歩行していて、とても文明国とは思えない。一行は三月二〇日までバンコクに滞在したが、工業や農業さらには文化面などの調査で成果もあげられないまま四月七日横浜港に帰った。帰国後の六月、「暹羅《シャム》紀行」を刊行した。明治八年九月、三男六三が誕生した。

ここで工部大学校の設立経緯を記すが、その立役者である山尾庸三について語らなければならない。彼は松下村塾で吉田松陰に学んだ攘夷派として活躍し、文久二年（一八六二）には倒幕・攘夷派の急先鋒として同じ長州藩士・松陰門下の高杉晋作（一八三九〜一八六七）らとイギリス公使館焼き討ち事件に参加した。その後「欧化主義」に転向し、翌文久三年には伊藤博文（俊輔）、井上馨（聞多《もんた》）らと国禁を犯してイギリス船に乗り込みイギリスに渡った。長州藩ではイギリスのジャーディン・マスソン商会から蒸気船を購入し、山尾らが操船技術の習得に乗り出した。同商会は中国・広東に創設され、香港に本社を置いたイギリスのアジア経営の拠点の一つで、安政六年（一八五九）、幕府の開国と同時に横浜の居留地に日本支部を置いた。それは「英一番館」と呼ばれた。

山尾らは藩費から渡航費を捻出してもらい、これを同商会に払い込んで渡航が実現できた。山尾は最初ロンドン大学で学ぶが、すぐに役立つ工学的知識を求めてグラスゴーにあった造船所で実地見習職工として働きながら、夜学のアンダーソンズ・カレッジで造船技術や鉱山学を習得した。明治新政府の樹立を聞いて帰国し、井上らの勧めもあって中央官界に入った。山尾が最も重要な任務だと考えたのは、工部省において技術教育のための高等専門学校を創建することだった。伊藤らとの協力の中で、工部省設立を実現した山尾はそこを拠点に工学系高等教育機関の設立準備に取り掛かった。時期尚早との批判に対して山尾は「タトヘ為《な》スノ工業無クモ、人ヲ造ラバ其人工業ヲ見出スベシ」（原文のまま）と反論した。山尾はさらに注目すべき方針を打ち出した。各技術の分野で将来性のある人材をヨーロッパに派遣し、十分に精通するまで勉学をさせる、との計画であった。

工部省は工学寮（のちに工部大学校）を設置し都検（教頭、「すべてを仕切る」との意味）や外国人教員の雇用に関する上申書が提出されたが、結局は教員すべてが外国人となった。山尾は工部卿伊藤と図った上で、都検は産業先進国イギリスから招くこととし、その斡旋をジャーディン・マスソン商会のロンドン代表ヒュー・マスソン（Hugh Matheson）を通じて依頼した。この依頼はグラスゴー大学教授ウィリアム・ランキン（William John M. Rankine, 1820-1872）の判断を仰ぐ結果となり、ランキン教授は愛弟子《まなでし》ダイヤーを選んだ。

「日本工業教育の父」ヘンリー・ダイヤー（Henry Dyer）は、スコットランド・ボズウェル（Bothwell）に生まれた。グラスゴーの中心街から南東に約一〇キロ離れた郊外の小さな町である。父はアイルラン

ヘンリー・ダイヤー

ド出身で職工だった。一家は一八五七年ころボズウェルからさらに一二キロ東に寄ったショッツ（Shotts）という村に移住した。父はショッツ鉄工所の職工として働いた。スコットランドは公的な初等教育制度を初めて整備した地域として知られる。どのような家庭の子弟でも小学校に通学できた。ダイヤーはショッツで小学生時代を過ごした。彼を知る小学校教師は「稀《まれ》に見る高度の勤勉さと抜群の記憶力、そして天性の才能とが相まって、どの学年でも試験結果は常に最上位であった」との感想を残しているという。一家は工業都市グラスゴーに移り、初等教育を終えたダイヤーは、同市にあったジェームズ・エイトケン鋳物工場の職工に就職した。一五歳であった。その一方で、アンダーソンズ・カレッジの夜学に通って専門知識を吸収した。このカレッジはその後機械工研修所（メカニック・インスティテュート）の時代を経て、現在ストラスクライド大学（University of Strathclyde）と呼ばれる総合大学に発展した。元来は一七九六年に、グラスゴー大学自然哲学教授ジョン・アンダーソンの遺言と寄付金によって「社会的に有益な訓練を受けること」と「誰でも入学できること」を趣旨として創建された高等教育機関であった。

ダイヤーは同カレッジを修了した後、一八六八年から一八七三年までグラスゴー大学で学び、ここでも好成績を収め奨学金（スカラーシップ）を得ている。主として造船技術や土木工学を習得した。アンダーソンズ・カレッジには当時山尾庸三も在籍していた。ダイヤーの大著『大日本』の中で、ダイヤーは山尾が教室に出ていたことを記憶していると書いている。明治六年（一八七三）六月に来日したとき、ダイヤーは大学卒業直後の弱冠二五歳の青年であった。彼はほかに八人の理工系教師を伴っていた。『明治以降　本邦土木と外人』（土木学会、昭和一七年刊行、原文のまま。当時の英国教師名の音読みがわかる）によると九人のスコットランド人は、

・工部校都検兼器械学教師・工学博士・英人・Henry Dyer（ダイエル）
・工学校数学教師・数学博士・同・D.H.Marshall（マーシャル）
・工学校助教及工芸工作場雛形師・同・King（キング）
・工学校助教・同・R.Clark（クラーク）
・同・同・G.Cauley（コーレー）
・工学校理学教師・理学博士・同・W.E,Ayrton（エルトン）
・工学校化学教師・化学博士・同・Edward.Divers（ダイベルス、ダイエルの次の都検）
・工学校英学教師・同W.Craigie（クレゲー）
・工学校製図教師・同・E.F.Mondy（モンデー）、である。

（ちなみに、スコットランド最大の輸出品は「人間」であるといわれる。スコットランド人のヨーロッパ大陸以外への移民は、一七世紀に始まりアメリカ、カナダ、オーストラリア、ニュージーランドなどが主な移住先であった）。

伊藤と山尾は、ダイヤーを信頼し工学校の指導内容に関しては彼に全権を委ねた。

■■■

明治六年（一八七三）七月に公表された学生の募集要項では「等省工学生徒試験之上入学差許候条、有志之者ハ別冊ノ通本人並ビニ引受人ヨリ願書相添其管轄庁ヲ経、八月一〇日限リ工部寮へ願出事」と

なっており、発布者名は「工部大輔　山尾庸三」となっている。来日したイギリス人教師の中でも、都検（英語ではPrincipal）ダイヤーは特別扱いで、給料も破格の月額五八八ドルであった。（史料により数字が異なる）。これは当時の日本政府での最高級（閣僚級）の三倍に当たる。明治維新政権による機械文明の欧米からの移植は、外国人による直接投資の圧力を受けながら、機械設備とそれを動かす技術情報（ノウハウ）だけを導入し、外国人の経営支配を極力排除するかたちで行われた。多数の「お雇い外国人」の存在は、そうした移植のあり方を象徴するもので、彼らにはすべての権限を渡さないのである。

明治一〇年（一八七七）工学寮の名称で呼ばれてきた学校のうち、大学校に相当する組織は、新たに工部大学校と呼ばれることになった。講義と教材はすべて英語である。初代校長に大鳥が就任する。工部省に移った大鳥は、明治八年六月工学権頭となり、同年早くも

外国人教師陣

工学頭となる。以後明治一五年一二月に工部大学校校長（工部技監）を辞するまで、大鳥が同校の最高責任者を務めた。同時に九年一一月からは工学寮美術学校（のちに工部美術学校、現東京藝術大学美術

ラグーザ作大鳥圭介像

科）校長も兼務した。画学科の外国人教師はイタリア人フォンタネージでその後同フェレッチ、同サンジョバンニが来日した。彫刻科はイタリア人ラグーザである。ラグーザは大鳥の胸像を製作した。（この「大鳥圭介像」は所在不明であるが、同型の作品が東京・港区の頌栄《しょうえい》女子学院に保管されている。同校創立者であるクリスチャンの岡《おか》見《み》清到《きよむね》と大鳥は親しい仲だった）。英語Artを「美術」と訳したのも大鳥とされる。校長就任時、大鳥は四三歳だった。

■■■

ダイヤーは同校の教育方針として工学の学理と実践を融合させるとの新たな教育理念を打ち立てた。彼が第一回卒業生に訴えた講演集『エンジニアの教育』（Education of Engineers）に若き教育者の高等工業教育への情熱を感じ取る。まずエンジニアは「学識ある専門職（learned profession）でなければならない」と主張する。そしてエンジニア教育の重要課題として三点を強調する。（三好信浩『ダイヤーの日本』参考）。それは学力、実践力、教養の「三位一体」の高等教育である。

① 専門職である以上、当然のことながら専門分野の高度な学力を必要とする。専門職というとき、彼はスコットランドの大学が元来「教師・牧師・法律家・医師の専門職のための高等教育機関」であったことを指摘し、エンジニア教育も同等のレベルを目標にすべきであると述べる。

② 専門職という以上、専門の学力が実践能力となって工業の実務の中に発揮される必要がある。スコットランドでは大学入学前か卒業後にかなりの実務経験（現場経験）をすることが当然と考えられて

いた。経験主義である。士族の子弟が集った工部大学校では、ともすれば作業服に身を包んだ実務を軽視する傾向が見られたのである。

③　エンジニアがとかく陥りがちな思想や行動の偏狭さを克服するために、教養教育を重視する必要がある。

彼の最後の指摘（③）は極めて重要であり、『エンジニアの教育』からさらに引用したい。「諸君は専門職の一般的な細目については十分立派な知識を得たと思いますが、広い公正な考え方で問題を処理するにはなお大いに欠陥があります。公共問題に関する諸君の意見は、専門的偏見と階級的先入観によってゆがめられる傾向にあります。もし諸君が、文学や哲学や芸術（音楽、絵画など）さらには諸君の専門職に直接役に立たないような他の科学にまったく門外漢であったならば、諸君は多くの専門職人に見られがちな偏狭、偏見、激情から逃れることが出来ないでしょう」。若き教育者の揺るがざる信念である。

後年『大学改革論』の中で、彼は論じている。「現代の技術教育の最大の欠陥のひとつは、学生にきちんとした一般教養を与えていないと思われることである。単に技術的に教育された人間は、概して貧困な人間性の見本のようになって彼らの主要な関心は小さな領域とカネを稼ぐことに限られている。仕事を離れた真の知的な喜びを知らないように見えるし、知的にも道徳的にも堕落しがちである」

一世紀以上も前のスコットランド人土木技術者（教育者）のエンジニア教育論は、自らの反省に立脚していると思われ説得力に富む。工部美術学校には大鳥の長女ひな（または雛子）も通学した。日本人初の女性聖像画家・山下りん（一八五七〜一九三九）も卒業生である。同校は明治一六年一月に廃校となり、二二年に文部省管轄の東京美術学校として再創設される。

■■■

　明治一〇年（一八七七）二月、九州で西南戦争が勃発した。この年、工部大学校では専門課程が始められた年に当たるが、修学中の学生に政府からの初仕事が飛び込んできた。西南戦争で熊本鎮台司令官谷干城《たにたてき》が率いる熊本城が西郷軍の攻撃により孤立したため、その連絡用に気球を用いる案が検討された。これは大鳥が既に考えていた戦術でもあった。明治六年当時ニューヨークにいた大鳥は大型気球の打ち上げがあると聞いて、日本領事館二等書記官富田鉄之助と見学に行ったことがある。このときは悪天候で二日後に延期となった。三日目の打ち上げでは気球の天辺からガスが漏れて失敗に終わった。大鳥は工部大学校の学生を指導して試作に当たった。電信科一期生の志田林三郎と二期生岩田武夫が設計を行い、木型・気球製作を機械科二期生原田虎三と安永義章が、球皮気密・水素ガス製造を化学科一期生の高峰譲吉と森省吾が担当し、二週間後直径約二メートルの気球が完成し、試験飛行にも成功した。ところが実際の気球が完成する前の同年四月四日には、政府軍の熊本城への連絡が可能になり西南戦争も終結していった。西郷ら自決の速報は大鳥のもとにもいち早く届けられた。大鳥は〝命の恩人〟とも言える西郷の自刃《じじん》に衝撃を受けるとともに、一つの時代が終わったことを痛感した。国内統治には排除がつきものだが、西南戦争は国民統合の便利な「道具」でもあった。政府に楯突く反乱軍は「賊軍」として国民から排除されることにより、国民統合は強固になった。

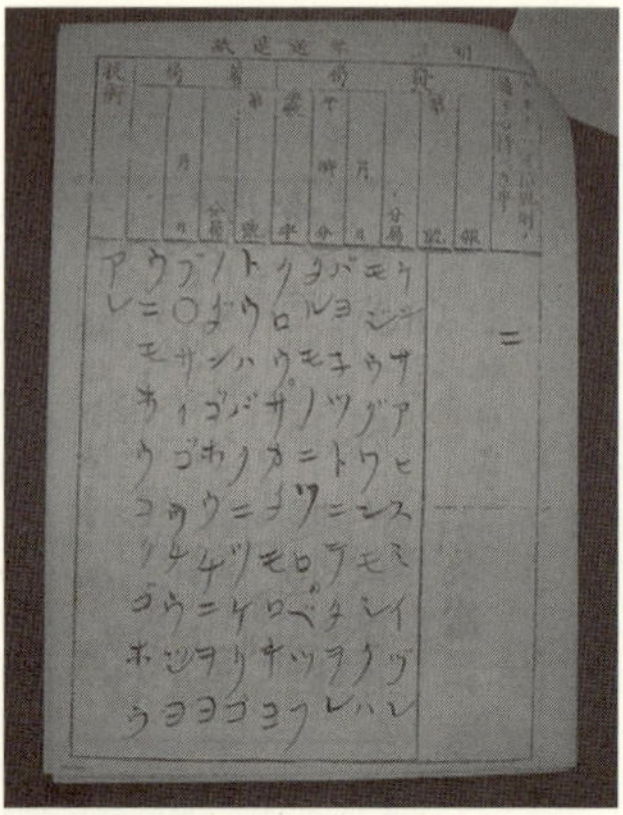
西郷自決の速報（個人蔵）

　同年、教育者大鳥は月刊工業専門誌『工業新報』の刊行

を企画した。文明開化期の日本では、工業の発展、教育（人材育成）はお雇い外国人技師に依存している状況であった。そこで国家を支える工業について、国民を幅広く啓蒙し、日本人の実力で産業立国を目指す必要があった。そのためには啓蒙用の独自のメディア・専門誌を刊行すべきである、との考えである。出版社は当時住んでいた東京市芝区西久保桜川町（現港区虎ノ門一丁目）にちなんで大鳥自身が「桜水社」と命名した。彼は当時内務省測量部にいた旧知の荒井郁之助・金子精一に原稿執筆などの協力を要請した。誌面づくりは五年生の高峰譲吉、志田林三郎、高山直質など優秀な学生が外国文献の翻訳をしてなんとか創刊号の刊行にこぎつけた。明治一〇年六月一四日付けの「東京日日新聞」は報じている。

「今度《このたび》有名なる大鳥圭介、荒井郁之助の二君をはじめ、その他舎密（化学）、器械、土木、鉱山学の諸先生が十余人申し合わせ、平生に実験せし百般の工業を丁寧に編集し、又欧米各国の新発明をも登録して工業新報と名づけ、二週間に一回づつ刊行され、既にその第一号が発兌《はつだ》に成りました。本社は竹川町（注——桜川町）の桜水会にて候ぞ」（原文のまま）。

しかし理想に燃えて創刊した専門誌は、編集や資金確保などで難航を強いられることになる。

翌明治一一年二月四日、妻みちが逝去した。みちは夫が獄から出るまでは苦労の連続だった。その後は夫の栄達と子宝に恵まれ幸せを噛みしめて生きてきた。明るい社交家だったという。夫と子供たちに見守られて他界した。享年三九。心残りの多い死であった。死因は不明だが、過労死だろうか。残された大鳥は四七歳だった。青山霊園に残る墓碑の裏面に「鎮魂の譜」が記されている。

「（前略）君性貞粛（淑）にして精敏、よく謹倹にして家を治め、好て窮乏を賑《にぎわ》す、周人を好み、暇あれば則文詞を以て楽とす」（読み下し文。不明な箇所が少なくない）。慟哭の詞である。当時大鳥家と交流のあったアメリカ人教師ウィリアム・C・ホイットニーの娘クララ（一四歳）は日記をつけていた。この中にみちの葬儀の模様が書かれている。

「二月五日火曜日、母は大鳥夫人のお葬式に参列するために出かけたので、アディと私で留守番をした。日本人のお葬式に参列するのは初めてなので、帰ってから詳しい説明をしてくれた。大鳥氏は三田三光坂一四番地の新しい美しい屋敷に住んでおられる。西洋館である。大鳥氏は葬儀に大勢の人を呼ばれた。工部大学校の理事長（注——校長）なので先生方や生徒もみんな呼ばれていた。奥様の遺体は西洋式のお棺に入れられ、お棺は屋形船の形をした霊柩車に乗せられた。その前で七人の豪華な絹をまとった僧侶がお経をあげた。……」。（クララはその後勝海舟の庶子・梶梅太郎と当時では珍しい国際結婚をする）。

七月一五日、工部大学校の開校式が天皇親臨のもとで挙行された。皇族、大臣、参議、勅・奏任官（高級官僚）、外国公使、外国人教師、学生らが参列し、陸海軍軍楽隊が演奏し、厳粛な中で盛大に挙行された。新校舎の鍵が天皇から参議伊藤博文の手を経て、校長格の工部省工作局長大鳥圭介に授けられた。

同年一一月、大鳥は、岸田吟香《ぎんこう》や津田仙（津田塾大学創設者・梅子の父）らの呼びかけに応じて、東京・銀座に簿記夜学校を開設する計画に協力した。同日の「東京日日新聞」には次の広告が載った。「本月二〇日より銀座二丁目元日報社（注——東京日日新聞のあった所）跡に於て米国博士ホイトニー氏並に内国教師両三名を聘し、邦語を以て普通並に銀行簿記法、其の他商業上必要なる諸学科を教授せしむ」（原文カタカナ）。文中のホイトニーはアメリカで商業学校を経営していたウィリアム・C・ホイットニー（先述のクララの父）で、津田仙が個人的に招いた簿記や商法の専門家である。

工部大学校では成績により卒業生は一等、二等、三等のランクに分けられ、第一等（八〇点以上取得者）には工学士の称号が与えられて、初任給は三〇円と決まっていた。第二等は卒業後二、三年経ってから工学士の称号が授けられ、初任給は二五円であった。第三等になると、称号は与えられず、初任給は二〇円と大きな差がつく。また当時東京大学理学部では、卒業試験の成績が六〇点以上のものをすべて理学士とし、給料も一切の制約なしに五〇円であった。そのため工部大学校の学生の間に不満の声が上がり、一等卒業生が主になって撤廃運動を起した。学生は西館で集会を開き、委員は数日にわたって校長大鳥に陳情を行った。しかし校長大鳥は学生の言い分を取り上げなかった。卒業生全員に工学士号が与えられるようになったのは、数年後に工部大学校が工部省から文部省に移管され、帝国大学工科大学に編入されてからである。

一二年（一八七九）一一月八日、工部大学校は第一回の卒業生を送り出した。都検ダイアーは送辞のことばで、卒業生への期待を込めて「紳士であれ！（Be a gentleman!）」と説いた。卒業生は二三人で、そのうち一一人がイギリス留学を命じられた。『旧工部大学校史料』によると、土木学・森清、機械学・高山直質、造船学・三好晋六郎、紡績学・荒川新一郎、電信学・志田林三郎、造家学（建築学）・辰野金吾、鉱山学・近藤貴蔵、灯台学・石橋絢彦《あやひこ》、化学・高峰譲吉、冶金学・小花冬吉、地質学・栗本廉、である。翌一三年二月八日、選ばれた卒業生は横浜港を出航してイギリスへ向かった。埠頭には校長大鳥の姿もあった。

同年三月二二日、三女ゆきが病没した。享年一九。大鳥は愛妻に続いて愛娘《まなむすめ》を失った。

■■■

工部大学校一期生には後世名を成す青年が多かった。応用化学の高峰譲吉、建築学の辰野金吾、曽禰《そね》

工部大学校一期生（明治13年11月）

達蔵、片山東熊、さらには灯台学の石橋絢彦などである。このうち、戊辰戦争に従軍したり、同戦争の旧幕府軍士官の伝記を書いたものがいることは、大鳥との関係も含めて興味あることである。曽禰もその一人である。

一七歳の曽禰達蔵は、江戸の唐津藩小笠原邸に生まれで、若い志士として彰義隊に身を投じた。生き延びて故郷唐津に帰った後、藩校でアメリカ帰りの高橋是清に英語を学び、再び上京して工部大学校に学んだ。工部大学校ではコンドルについて建築学を学んだ。卒業後、中条精一郎（注——作家宮本百合子の父）と組んで明治では最大手の事務所・曽禰中条建築事務所を主宰し、日本初の洋風建築家の一人になった。旧東京海上ビル、日本郵船ビル、小笠原伯爵邸などを設計した。彼は品性の高潔と誠実、古武士のような風韻を称えられている。彼が若き日に彰義隊に参加したことは無駄ではなく、剣をペンに持ち替えたのだった。ちなみに曽禰の学友である

甲賀源吾伝

片山東熊は長州・奇兵隊の隊員だった。

　多才な才能で知られる工学博士石橋絢彦は、多くの土木工学専門書のほかに「回天艦長甲賀源吾伝」を書き下ろした。掛川藩士（のちに幕臣）甲賀は戊辰戦争の海戦のうち最も激烈な戦いだった宮古湾海戦で回天艦長として指揮に当たったが、敵の弾丸を受けて戦死した。享年二八。石橋が、なぜ若くして戦死した旧幕臣に関心を抱いたのか不明だが、彼自身も旧幕府軍撤兵隊に参加して従軍しており、土木工学者にしては珍しく名文家であったことから、遺族が執筆を依頼したのではないかと思われる。

　ダイヤーが帰国した明治一五年八月三〇日、大鳥は工部技監（工部省技術官僚の最高位）兼務で工部大学校校長に正式に任じられた。年俸四二〇〇円。政府官僚としては最高額である。後任の都検にはダイバース（化学教師、ダイベルスと呼ばれた）が昇格した。

　大鳥圭介工部大学校長が記した『ヘンリー・ダイエル氏奉職履歴概略』（原文カタカナ、現代語表記とする）は、ダイヤー帰国に際し叙勲申請のため書かれたもので名文である。ダイヤーはこの後、明治四一年（一九〇八）には勲二等瑞宝章を受けている。

「工部大学校都検ヘンリー・ダイエル氏は、英国の工学博士にして、我が政府の招に応じ明治六年六月三日東京に著し、工部卿の命を奉じ工学寮都検の職に任ず。抑《そもそも》、工学は本邦未曾《みぞう》有の事業にて、当時学舎の設、学課並びに諸規則等一に同氏の責任にあり。故に同氏非常の勉励と多年の学識を以って、先ず学課並びに諸規則を選定し、而《しか》して又校舎の構造、教場の位置等を計画し、及び工学に関する一切の器械・書籍等を装置するの準備をなし、注意周到耐忍能《よ》く勤む。経営日を追って稍《ようやく》竣《おわ》り、生徒年を積んで増殖し、其の専門科を分に及んで身親を土木・機械の二科を教授し、且つ各科教師を統率するを以って、各教場を巡視する事日に数次、風雨の時と雖《いえ》ども曾《かつ》て怠る事あらず」

「明治十一年に至り校舎建築全て竣《おわ》り教場亦整頓するを以って、同年七月十五日開校式の盛典を挙行せられ、聖天子の親臨を忝《かたじけ》のうす。爾来、年々卒業するの生徒工部省の各局に奉職し、或いは本校の教授となり、或いは職を府県に奉じ、各自其の学術を実地に施用するを得るに至る。此、固《もと》より、当局有司の尽力に因《よ》ると雖《いえど》も、同氏其の心を執る事堅うして、職を重んずるの厚きに非ずんば何ぞ能く完全なる此校を観るを得んや。同氏、人と為り方正厳粛太《はなは》だ委託を重んず。平日本校を視る事家の如し。最大となく苛《いやし》くも不可あるを見れば其の改良を勉む。故に事皆日を追って整頓に趣く。其の生徒を視る子の如し。新旧に論なく、苛《いやし》くも異常あれば則親問示論至らざるなし。故に、生徒皆思うて之を敬す。明治六年より本年に至り殆んど十年間、終始一日の如し。故に教師は勉めざるなく、生徒は惰《おこた》る者稀なり。此皆、同氏薫陶の致す所、然り而《しか》して都検ヘンリー・ダイエル氏の工部大学校創業の功労啻《ただ》に今日の観に止まらず、将来我邦国の利益少なからざるなり」（三好信浩『ダイヤーの日本』参考）

一二月、元老院議官となる。元老院は立法諮問機関で、議官は国家功労者や知識人から選ばれた。明治憲法施行に伴い廃止された。（亡妻みちの七回忌がすんだころ、彼は「鈴木すず」を内妻とする。彼女との間に四人の女児をもうけているが、彼女の経歴などは不明である。「小柄でおとなしい女性だったとのことである」〈大鳥家関係者〉）。

明治一八年（一八八五）、この最高の工学教育機関・工部大学校は文部省へ移管されることになり、帝国大学工科大学（東京大学工学部前身）に編入されていく。大学本体が、東京・本郷へ移った後、工部大学校の建物は、学習院、博物館支局、東京女学館、維新史編輯局などが使用した。この壮麗な洋風建築は、大正一二年（一九二三）九月、関東大震災で崩壊の恐れのある大被害を受け使用不能となった。近代文明の威容を誇った工部大学校講堂は、海軍工兵隊によって爆破され四十数年の歴史を閉じた。

■■■

大鳥がかつて勤務した開拓使は官有物払い下げ事件で国民の批判にさらされる。これは開拓使が薩摩藩出の大阪の政商、五代友厚、藤田伝三郎らの関西貿易商会に北海道貿易の全権を与え、函館の倉庫や東京・日本橋区箱崎町にある開拓使物産取扱所などの不動産を不当に安い値段で払い下げようとした事件である。開拓使は、北海道、樺太の開拓を目指し、道路、鉄道、都市の整備から官営工場の経営、屯田兵の配置、入植者の受け入れまで幅広い事業を行ってきた。黒田清隆は明治三年に次官に就任して以来開拓行政の推進役として重責を担い、明治七年からは長官を務めていた。明治政府は財政難を乗り切るため経費削減策を打ち出し、その一環として官営事業の民間払い下げを押し進めようとしていた。開拓使の事業もその対象となっていた。問題が起こった明治一四年は、開拓使一〇年計画の満期に当たり、翌一五年（一八八二）二月をもって、廃止されることが既に決まっていた。一〇年計画に投入された国費は総額二〇〇〇万円を超えるとされたが、黒田は開拓使所有の財産を三八万七〇〇〇円、無利息三〇年賦で関西貿易商会に払い下げようとした。激しい世論の反発にあい、黒田は苦境に立たされた。結局払い下げの方針は取り消された。

明治一五年、工部大学校校長大鳥は内務少輔品川弥二郎に「意見書」を提出した。

「国立国会図書館憲政資料」（品川弥二郎文書、品川は内務少輔から農商務省大輔となる）から引用する。（現代語表記、原文カタカナ）。士族の授産（就職活動）支援のあり方と国家公務員さらには地方行政のあるべき姿を真剣に説いている。

「明治一五年四月　大鳥圭介意見書」（四月一三日山県参議より請取る也）

近頃世上に伝聞する所に依れば、政府若干金を士族に貸与して授産の資を助くと、小生其の説の虚実を知らず、果して真実なれば誠に容易ならざる一大要件なり、明治の初世より士民給助又物産増殖のため、国庫より賜給《しきゅう》する金額已に莫大なりと聞けり、然れども、其の実効良益を挙げ永遠の活路を開き、殊恩に報いしもの甚だ希《まれ》なるに似たり、概して之を言えば、国民の学識才知未だ事業を経営するの度《たび》に達せず、軽挙躁進始ありて終わりなく、工商の事は勿論農事と雖《いえど》も、新たに一事を闢《ひら》くや其の思慮に迂遠なるに由《よ》るなり、今や廟堂《びょうどう》の有司も此に苦慮せられ、粗忽《そこつ》の処理なく貴重の財本を徒費に付せざること毫《ごう》も疑う所に非ずと雖、実際事を執る者無学未熟なるときは、多くは利益を見ず、却《かえ》って弊害を醸《かも》するやも未だ知るべからず、小生国家のために之を憂ふこと甚だ切なり、実に物産を興し士民を富ましむるは無上の美事なりと雖、新奇の事業にて数年内に若干の功績を奏し、富栄の基を開くは最も難《かた》し」

「小生数年来各地方を巡歴し府県下勧業の形勢を観るに、其《そ》の順序を謬《あやま》り、其の緩急に迂なるもの多きが如し、因って爰《ここ》に一の愚按を陳せんに、今政府の命を以て一の興産委員を編成し、例えば化学者・鉱学者・土木学者中にて老練の人数名を糾合して、一組或は幾組と成し、之に一の着実なる頭目を置き、相伴って須要の地方に派出し、地方官を媒《なかだち》と為し管下の物産を丁寧に点検せしめ、従来所行の工業にて不十分なるものは之を教諭して改良を図らしめ、又適応の天然産物あるに遭えば勧めて事を起さしめ、其の緩急順序を定め、又橋梁道路の新設修繕あるときは、工事の顛末を較計して無用の費用を省かしめ、誠意を以て之を導き、実情を以て之を誘う法なり」

「而《しか》して政府は其の委員と地方官とに協議し、事業の計算を見て後、真の授産となるものあれば、之に資本を貸与すべし、是れ国財徒費を防ぐ所以なり、但し之を行うに、其の派出委員の親切懇篤なることは言うまでもなく、地方官の中間に立って事を周旋するの最も切実丁寧なること甚だ大切なり、否《しか》らざれば派出委員如何程《いかほど》丹誠を竭《つ》くすも、人心を感服し民情を満足せしめ、以て事業を成就すること能わざるべし、小生此の趣旨を本とし、全国の工事奨励に熱心すること已に久し、（中略）夫《そ》れ政府の治国安民を図る枢機は、地方官と人民の間を和合せしめ、能《よ》く上下の事情を貫徹し、上の之を虐することなく下の之に悖《もと》ることなく、親しく相協《かな》うを以て第一の秘訣とす、上之を愛育し下之を尊敬すれば威立ち令行われ、中央政府は枕を高くし其の大綱を掌握して事足るべきのみ（以下略）」

中央省庁と地方自治体の役割をこれほど明快に論じた当時の政治家や論客がいただろうか。

■■■

明治一九年（一八八六）三月一三日、東京学士会院で講演した。題して講演「学問を弁ず」（句読点を付す）である。

「（前略）然《しか》らば版図の大小、人口の多寡、開闢《かいびゃく》の時代においても、亜細亜州《あじあ》が一番なるべきに、何故に亜細亜人の領分が欧羅巴《よーろっぱ》、亜米利加、オーストラリアに無くして却って亜細亜・阿弗利加《あふりか》等の国々は欧羅巴人に掠略されしや。又何故今日農工商の事にても、交渉上にても、欧羅巴人に蔑視されて頭が挙がらぬか、之を考えれば泣くにも泣かれぬ程嘆かわしき次第なり。之を要するに皆学問の虚実と知力の強弱に縁《よ》らざるなし。日本は亜細亜洲中屈指の独立国なれば其の臣民たるもの能く学問の軽重真偽を弁識し上下共に勇敢・進取・百折不撓《ひゃくせつふとう》の気象を養い空文浮辞に陥らず、実理を研究し実業に猛勉し、死学問を活学問とを分別し、遠大の功績を将来に期し、日本人の品位を高等に進め、亜細亜人の総代先覚とならむこと聴衆諸君の如き少壮有為の人に望むところなり」（明治一九年三月一三日講演、東京学士会院雑誌第八篇之三掲載)。国際社会をつぶさに見てきた大鳥の悲壮な思いが籠もる。

同年四月一〇日、大鳥は第三代学習院院長に就任した。五四歳である。明治維新以降、公家や諸侯は「華族」と称された。明治九年、華族子弟の教育機関として、学習院が再興されることになった。明治一六年一二月、徴兵令が改正され私立の学校では徴兵年齢に達したものは直ちに兵役に服する義務があった。そこで華族の有志の懇願によって明治一七年四月からは宮内庁所管の官立学校となった。官立学校になって間もなく、谷干城が第二代院長となった。彼は明治一三年から陸軍士官学校校長を務め、その後は退役していた。明治一八年一二月、内閣制が創設されて伊藤博文の内閣が発足すると、谷は農商務大臣として入閣し、その後任の第三代学習院院長として大鳥が任命された。

「東京日日新聞」は明治一九年四月一六日付けで報じている。

「大鳥圭介　学習院長兼任、今度《このたび》大鳥元老院議官は学習院長に兼任せられしに付、日々、午後より同院に出頭せらるる由なるが、君は昨日正午の休息時間に、同院中学小学両生徒に対し簡単なる一場の演説をなされたり。其の趣旨は予は今度乏《ぼう》を当院の長に承《う》け諸氏を薫陶するの重任を負えり。依て予は自今当院の為に飽く迄も黽勉《びんべん》従事せん事を誓う。諸氏も能く此の意を領し、国家の為に益々勉励せられん事を望むと懇諭せられたる由に聞く」

大鳥が学習院院長に就任する直前の明治一九年二月、学習院は火災にあい教場や施設が焼失した。大鳥が就任した学習院は焼け跡に建てられた仮教場と東京大学予備門（東京大学前身）の教場を借りての授業だった。この年明治一九年七月には、学習院は虎ノ門の工部大学校跡への移転が計画されていた。ついた先ごろまで工部大学校校長だった大鳥が便宜《べんぎ》を図ったと考えられる。ところが工部大学校が帝国大学工科大学に移行しても、その移転が思うに任せず、その遅れの影響で学習院の教場整備も進まなかっ

華族女学校跡（東京・千代田区）

津田梅子の墓（津田塾大学内）

た。

明治二〇年四月二一日、大島は華族女学校校長も兼任することになった。彼が校長に就任したとき、歌人下田歌子が学監（注——校長を補佐し学務をすべて担当する）であった。アメリカ留学から帰国したばかりの若き教師津田梅子がこの特異な女学校の英語教授補を務めていた。津田は帰国後、アメリカで公私共に世話してくれたランメン夫人（Mrs.Lanman）にたびたび英文の手紙を送っているが、その中で「大島校長」に言及している。

ランメン夫人宛て（明治二〇年〈一八八七〉五月二二日）書簡の一部である。

〝The Empress visited one of my classes the other day, and the scholars did not do well at all, and I was in a fix .And then, too, the new principal (namely Mr.Otori) was present, and I was much embarrassed to have them not do well in his presence, as he understands English perfectly and would notice.〟

（先日は皇后陛下が私の教えているクラスをご視察に見えましたが、学生たちはぜんぜん答えられず、私は困り果てました。その時は新しい校長（注——大鳥）も同行されており、学生たちの出来の悪いのを校長に見られて、大変恥ずかしい思いをしました。校長は英語を完全に理解なさるので、お気づきになったと思いますから）。

大鳥は「英語を完全に理解した」のである。

次は、ランメン夫人宛て（明治二一年七月二二日）書簡の一部である。

〝Another event of great importance at the school is the change of principals. We have had General Otori for the head of both the boy and girl Nobles. School, but for what reason I don. t know, he has been changed and now we have a Mr.Nishimura, who is a great Chinese scholar, I hear, but whether he is a good manager of a school, I can. t say. I am very, very sorry that General Otori has given up the school. He has had much experience and is very efficient in managing. You always felt with him that he guided everything with a firm hand and saw into everything.〟

（もう一つ、大きな問題は校長の交代です。これまで大鳥将軍が男子の学習院と女子の学習院の校長を兼務しておられました。それが、どんな理由か知りませんが、交代になり新しくミスター西村（茂樹）を迎えることになりました。偉い漢学者だそうですが、学校の経営者としてどうか、私には何とも言えません。大鳥将軍が辞められたことは返す返すも残念です。彼は経験豊かで、大変有能な経営者でした。

万事に指導力を発揮し、万事に配慮する方でした）。

アメリカ帰りの若い女性教師が、大鳥を心から尊敬していたことがうかがえる。

新しい教場が整備され、学習院が工部大学校跡に移転するのは翌二一年八月であった。しかし大鳥はこの新しい校舎で院長を務めなかった。この直前の二一年七月一三日、彼は辞任している。辞任の理由については「侍従武官と口論の上格闘したことへの責任を取った」（『われ徒死せず』）との新聞記事があるとのことだが、真相は不明である。

二一年（一八八八）二月六日、工手学校（工学院大学前身）の開校式が底冷えの東京商工徒弟講習所（東京工業大学前身）の講堂を借りて行われた。来賓として出席した学習院院長大鳥は挨拶に立った。

「校友諸君（注——教職員）は最初設立の時のごとく一同和合して親切の教導あり、又生徒諸子も初心を変ぜず、何等の不足不満あるも屈せず撓《たわ》まず孜々《しし》として修学業の大成あらんことを翹望《ぎょうぼう》に堪えず」

同校は中堅の現場技術職を養成するために設立されたもので、初代校長には大鳥を推す声が高かったが、大鳥はこれを断わった。同校の教員には旧幕臣出身者や工部大学校卒業者が多数を占めた。

第十三章　一身にて二世を経る——外交官、日清戦争、そして男爵

「私は閣議後に外務大臣の大隈さん（重信）に呼び止められ、次の駐清国特命全権公使として大鳥君を考えているが、どう思うか、と問われたので大賛成だと答えておいた」

文部大臣・子爵榎本武揚は笑みをつくって語ると言葉を継いだ。

「私も特命全権公使として清国で働いたが、あの国の高位高官と交流するためには、漢詩文の素養がなければ相手にされないからね。英語やフランス語もできた方がいい。その意味でも君が最適任者だ。伊藤さん（博文）や黒田総理も賛成だと思う。外交官はマヌーバー（maneuver　駆け引き）ばかりでは信頼されない」

明治二二年（一八八九）五月二三日夕刻、大鳥圭介は「ご足労を願いたい」との書状を受けて東京・麻布の榎本邸を訪ねた。

「私もそろそろ還暦です。最後のご奉公として北京に出向くことにします。伊藤さんや大隈さんによろしくお伝えください。それにしてもお互い、頭髪もひげも白くなり、額も広くなりましたな」

大鳥は榎本に笑顔を返した。特命全権公使への就任を承諾したのである。大鳥は前年七月学習院と華族女学校の校長を突然辞任してからは公職に就いていなかった。

「帝国憲法が、ようやく発布されたと思ったら、文部大臣の森有礼さんが殺されてしまった。その後任に私が指名されたのだが、文部大臣なら私よりも学者の君の方が適任だ」

榎本は大鳥が快諾したことで上機嫌になり、饒舌《じょうぜつ》になった。

「ところで君は駐米公使の陸奥《むつ》（宗光）さんを知っているかい。彼は今後外交分野で活躍しそうだ。彼には我々と似た経歴がある。まず和歌山藩士なので薩長藩閥には無縁であること。それに西南の役で西郷軍に通謀した疑いで投獄され、特赦の後に欧米に渡っていること、だね」

「戦争と獄中生活はもうこりごりです。日本と清国は友好親善を外交の柱としたいですね。日本は長い間中国文明にお世話になって来た訳ですからね。中国国民を蔑視するなどということは恩を仇《あだ》で返すような愚行です」

大鳥は自分に言い聞かせるように語った。彼は、夕食をとっていくようにとの誘いを断わって家路を急いだ。志を抱いた青年のように心が高揚していた。皐月《さつき》の夕焼けが彼を赤く染めた。日清戦争の渦中に身を投じる結果になることなど、神ならぬ身の夢想だにできなかったことであった。彼は「戦争の指揮官には二度とならない」と自らに言い聞かせて官界や教育界に身を投じていたのだが……。（陸奥宗光『蹇蹇録《けんけんろく》』、高橋秀直『日清戦争への道』、大江志乃夫『東アジア史としての日清戦争』、中塚明『「蹇蹇録」の世界』、嶺隆『新聞人群像』を参考とする）。

陸奥宗光

■■■

明治二二年（一八八九）六月三日、政府は大鳥を清国在勤全権公使に任命した。彼の清国公使就任は、少年期の素読や閑谷黌《しずたにこう》で学んだ漢学・儒学の東洋的教養に加えて、日本と清国は共同して欧米列強の帝国主義に対抗していくべきである、との彼の外交観が主要閣僚に理解された結果であった。彼は五七歳になった。同年一〇月二一日、晩秋の古都北京に赴任する。赴任の途上で郷里の兵庫県上郡《かみごおり》に立ち寄り父母の墓参を計画したが、神戸寄港の時間が限られていて実現しなかった。その後寄港した長崎で、彼を清国公使に任命した外務大臣大隈重信が暴漢に爆弾を投げつけられ右脚切断の重傷を負ったことを知った。

「小生長崎上陸の朝該地新聞一見の処、大隈伯遭難の趣記驚愕の至、直ちに外務省へ電報を以て委曲の模様並びに同伯の容態問合置き候」（現代語表記）

一〇月二五日、驚きと不安を吉田清成宛の書簡で伝えている。大隈は外務大臣を辞任せざるを得なくなる。北京に駐在した大鳥は一〇月二五日、吉田宛の書簡で北京の状況を伝えた。（吉田清成宛の大鳥書簡は親愛の情を込めて語りかけているものが大半であり、大鳥が元外交官の吉田を知識人として信頼していたことをうかがわせる。当時、吉田は官界を去って経済理論家として商業制度改革や取引所改造など日本の産業経済近代化に尽力していた）。

「（前略）北京は兼ての想像にちかい（注――ちがいの誤記）、今日迄の処は毎日晴天にて、風吹き候節は随分塵埃《じんあい》立ち候得共、寒気は昼間四〇度（注――華氏、摂氏五度）、夜間二五、六度（注――摂氏氷点下三度）位にて、別段凌《しの》ぎ難き程の事は之無く候。空気は実に乾燥にて、皮膚のためには東京よりも宜敷《よろし》き哉とも考え候程に御座候。唯々市街汚穢《おわい》、臭気鼻を衝き、強風時の時は遊歩も出来難く、是には閉口仕り候。（以下略）。（注――欄外の上に）当国政府の模様は未だ能く分り候得共、此の一両年は百事因循頑陋《いんじゅんがんろう》にて少しも進歩の色之無く、各外国公使も聊《いささか》の事にても談判決らず、困り入り候体に見受け候」

清朝の後進性に手を焼いてはいたが、日清間には差し迫った懸案事項はなく平穏に過ごしていた。日本語に堪能なフランス公使館の書記官に「扇子に和歌を書いて欲しい」と頼まれ、即興で墨書した。

にしひがし　国こそかはれ　かはらぬは　人の心の　誠なりけり

明治二五年（一八九二）四月には、余暇を見つけて念願の万里の長城に登った。六〇歳の外交官は健脚だった。通訳や書記官が同行したが、ついて行くのがやっとだった。この長城踏破の記録は『長城游記』として記された。特命全権公使大鳥は、清国の最高実力者、北洋大臣・直隷総督李鴻章はじめその側近らと交流を重ねて外交の実績をあげていた。しかし、日中両国間に存在し北の国境にはロシアをかかえる朝鮮半島では戦雲が立ちこめていた。

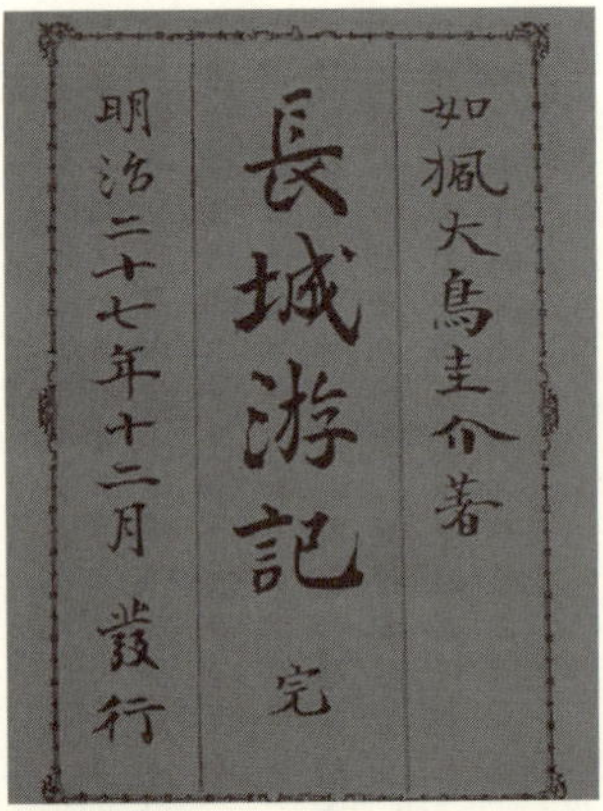

『長城游記』

■■■

日本は、封建的分散割拠体制（封建制）から、中央集権的統一国家（近代国家）を樹立して二〇年余り経った。その日本を帝国主義列強と対等の地位に押し上げるにはどうしたらいいか、日清戦争はその試金石であった。外務大臣陸奥宗光は首相伊藤博文と緊密に連帯しつつ、国際的な歴史的条件を巧みに利用し、「好機」を実現するのに辣腕《らつわん》を振るった。国際的条件の一つは、極東をめぐる帝国主義列強、とりわけイギリス・ロシアの対立である。日本が侵略の対象としていた朝鮮・中国は、特定の帝国主義国の支配下に組み込まれていなかった。だが朝鮮半島をめぐっては、宗主国清と新興国日本の角逐《かくちく》が明治初年以来続いていた。日本は、明治初年から朝鮮侵略の政策を対外政策の一つの柱としており、すでに明治九年（一八七六）二月、朝鮮に対して一方的に不平等な日朝修好条規を押し付けて、清と韓国王朝との宗属関係を否認した。そのうえで、日本にとって一方的に有利な領事裁判権を押し付け、釜山《プサン》、仁川《インチョン》などの開港、特別居留区の設置を強要した。公使館保護のための駐兵権まで手にした。

欧米列強に対して不平等条約の撤廃を求めた日本が、足元の東アジアでは隣国に不平等条約を強要して矛盾を感じなかったのである。しかし日本の強引な朝鮮政策は、朝鮮官民の中に反日の動きを醸成する結果となり、同時に朝鮮に対して宗主国たることを主張する清国との対立を年とともに募らせた。壬《じん》午《ご》の乱（一八八二）、甲申《こうしん》政変（一八八四、朝鮮での開化派によるクーデター）、さらには日清間で結ばれた天津条約（一八八五）の締結で、日清の対立は一時的には妥協したかに見えた。だが朝鮮での日清両国の対立は、引き続きその矛盾を増していた。日清両国の対立に加えて、イギリス・ロシアの対立が朝鮮にも及んでいた。

大鳥公使

明治二六年（一八九二）七月一五日、清国特命全権公使大鳥は朝鮮国駐劄公使の兼務を命じられた。前任の公使大石正己《おおいしまさき》（旧土佐藩士、自由民権家、のちに農商務大臣、一八五五～一九三五）は、防穀令（朝鮮の地方官が米・大豆など穀類の日本輸出を禁じた令）事件の交渉の最中に任命されたが、外交官の経験《キャリア》がない上に外交交渉の礼儀や常識をわきまえない、紳士からはほど遠い人物であった。このため朝鮮政府は態度を硬化させ、両国関係は緊迫していた。これは日本政府の強硬な対応で一応の決着をみた。この後公使大石は解任となり、大鳥が朝鮮公使兼務となった。大鳥の着任直後に、外務大臣陸奥は総理大臣伊藤に宛てた書簡で伝えた。

「明治二六年一〇月七日、

拝呈。別封大鳥公使より機密信只今《ただいま》着（是は今朝さし出候電信中引用のものなり）、披見候処、朝鮮近情相分り、且《かつ》過日来大院君が日本公使館に来訪したる所以《ゆえん》、及び今朝大鳥よりの電信中に之《こ》れ有り候、大院君と其の反対党の軋轢《あつれき》の模様等も推察せられ、且《か》つ大鳥も今回は可成に働き居り候様子も相見え候」

■■■

甲申事件でのクーデターの首謀者金玉均《キムオッキョン》は公使竹添進一郎とともに日本に逃れた。亡命後一〇年を経て、金玉均に清国に転出する誘いがあった。李鴻章に面会できる希望を抱いて上海に渡ったが、そこで金玉均を待っていたのは、高宗《コジョン》の王妃で独裁者の閔妃《ミンビ》が送り込んだ刺客《しかく》であった。短銃三発が彼の命を奪った。朝鮮公使大鳥は、朝鮮に送り返された金の遺体に「凌遅《りょうち》」の刑を加えないよう申し入れた。しかしこれは無視され、遺体をばらばらに解体した上、野良犬に食わせるという残酷無比な処罰が行われた。

金玉均

親日派政治家である金玉均が上海で暗殺されたのと時を同じくして、朝鮮半島では甲午農民運動（東学党の乱）が起こった。明治二七年（一八九四）三月、朝鮮南部の全羅道《チョンラド》に勃発した東学道徒を中心とする農民蜂起である。東学は儒教・仏教・道学を融合した民衆教学で、西学（キリスト教）に抵抗する「東の学」の意味である。朝

閔妃

鮮政府は邪教として弾圧した。だが酷税と地方官の悪政に苦しむ農民の支持を得て勢力を拡大し、五月末には政府軍を打ち破って道都全州《チョンジュ》を占領した。この集団は反閔妃であり反日であった。

　国王高宗は叛乱を鎮圧するため、六月一日清国に軍隊の派遣を要請した。甲申事件の後に締結された天津条約（明治一八年四月）によって、日清両国はともに朝鮮から兵隊を引き上げていた。条約はまた、日清両国は朝鮮出兵に当たって相互に事前通告することを取り決めていた。このとき、外務大臣陸奥宗光は清国の通告より先に、在朝鮮日本公使館代理公使杉村濬《ふかし》（一八四八～一九〇六）からの急報によって、この援兵要請を知った。杉村は新聞記者出身であり情報収集能力には定評があった。彼は盛岡市生まれで、外交官として釜山浦領事館勤務を手始めに、京城、バンクーバーに赴任し、明治三二年（一八九九）外務省通商局局長、次いでブラジル公使を歴任した。

　電報は六月一日午後三時一五分に発信され、二日に外務省電信課に入電した。朝鮮公使大鳥は、この年四月から外務省命令で一時帰国しており現地には居なかった。帰国中の大鳥は杉村の電報の入る前の五月三〇日、外務大臣陸奥に「五〇〇〇人から一〇〇〇〇人規模の派兵を準備し、清に行文知照し共同出兵を促すべし」との書簡を送っている。

　六月三日、閣議は日清間の「朝鮮に対する権力の平均」を維持し「居留民を保護するため」という名分のもとに朝鮮出兵を了承する。同時に、内閣弾劾上奏案を可決したばかりの衆議院の解散を決めた。

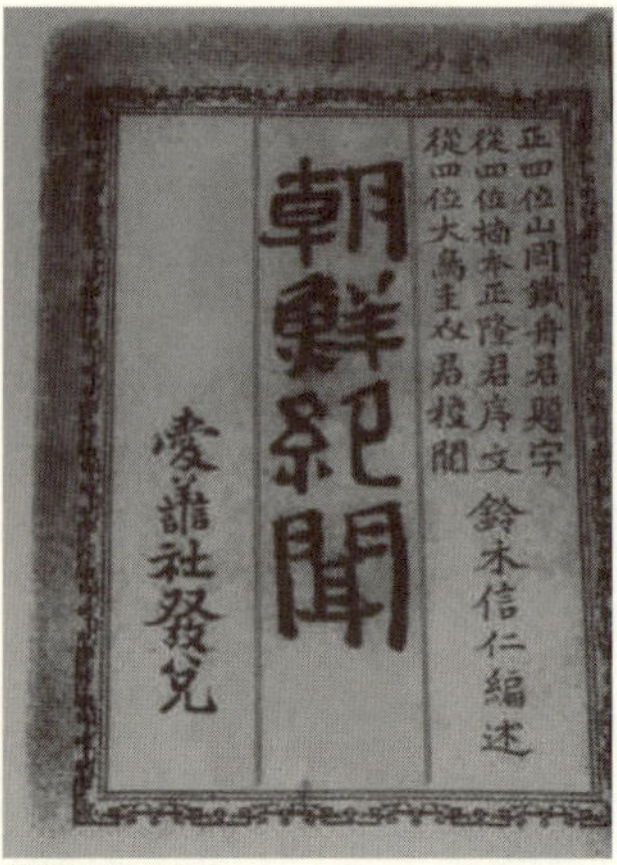

『朝鮮紀聞』

陸奥主導による電光石火の決断だった。閣議決定を受けて、天皇は五日、参謀本部に大本営を設置した。同時に、朝鮮公使大島に直ちに帰任するよう命じた。

このころ大島は鈴木信仁『朝鮮紀聞』〈愛弁社、のちに博文社〉の校閲をしている。朝鮮の政治・歴史・文化・民俗・風習それに日朝関係などを記述した大著で、鈴木の人物は不詳だが、実質的な著者は大島ではないかと思われる。

■■■

政府は広島第五師団歩兵第一一連隊第一大隊の出発を命じた。五日大島は、海軍陸戦隊四三〇人とともに軍艦八重山に乗り込み横須賀を出港した。出発に際し、総理大臣伊藤博文は「あくまでも平和裏にことを収めよ」と訓示した。これに対して、外務大臣陸奥宗光は「極めて已むを得ざる場合に及ぶまでは平和の手段を以て事局を了結することを第一義とすべし。（中略）若《も》し時局急して本国政府の訓令を請う暇《いま》なき場合あるに於いては同公使が適当思料する臨機処分を施すことを得べし（以下略）」（『蹇蹇《けんけん》録』）と指示した。

二人の首脳の訓示には明らかに差異があった。外務大臣陸奥は開戦を想定しており、公使大島に自由裁量権を与えている。六月九日、大島と海軍陸戦隊は仁川《インチョン》に到着し、一〇日にはソウルに入城する。動員令が出た混成旅団（旅団長・少将大島義昌）の先遣部隊も一二日早暁、仁川に上陸し、日清両軍の衝突はもはや時間の問題となった。清軍はソウルの約八〇キロ南方に布陣した。（注――東京―小田原間の距離に相当)。

一触即発を覚悟して京城に入った大島が見た光景は、意外にも平穏な街と市民の姿であった。六月一一日には、東学党の乱の終結の知らせが入った。農民と東学党員が全州から退去した。公使大島は困惑した。さっそく、清国代表袁世凱と会談に入った。

「東学党の乱が収まった以上は、日本からの増兵は中止させましょう。したがって清国からの兵力増強も見合わせていただきたい」

大鳥の要請に袁世凱も同意した。大鳥は直ちに本国の陸奥宛に打電した。

「京城は平穏なり。暴徒に関する事情は異なし。追って電報するまでは余の大隊派遣見合わされたし」(原文カタカナ)

だが電報が到着する時刻(六月一一日夜)には、四〇〇〇人の日本軍が仁川やその周辺の海上に進入していたのである。大鳥はこの後も「増兵の不可」を繰り返し打電した。本国政府は「大鳥公使

大鳥公使ソウル入城(『フランスから見た明治維新』)

日本軍の進行

袁世凱

が要求しない限りは兵士を仁川に止めるよう命令した」と伝えてきた。大島は「平和的解決」を基本に据《す》えて袁世凱と交渉を進めた。その結果、日清両国の相互撤退で合意に達する見通しとなった。だが、外交の舵取《かじと》り役陸奥は一面においては大島公使の申請を至当と思考するが、と前置きして次の訓令を発した。

「翻《ひるがえっ》て我が国の内情を視れば、最早騎虎《きこ》の勢既に成り中途にして既定の兵数を変更する能わざるもにならず、従来清国政府の外交を察すれば此の間如何なる譎詐権変《きっさけんぺん》（注――だましたり脅したりすること）の計策を逞《たくま》しくし最後に我を欺くやも知るべからず。（中略）若《も》し危機一髪するときは成敗の数全く兵力の優劣に在るを以て兎《と》角《かく》も当初の廟算に予定したる混成旅団は速に朝鮮に派出し置くを万全なりとす（以下略）」（『蹇蹇録』）。

日本の世論は、「朝鮮の独立を妨げている清国を討って退却させ、日本が朝鮮の自立を助ける」との筋書きに満足し開戦論に大きく傾いた。メディアが開戦を煽《あお》ったのである。和平論者大島も、「平和的解決」との方針を変更せざるを得なくなった。同時撤兵をすれば清国の袁世凱が日本軍を撤退させたことになり、清国の朝鮮における影響力が一段と強化される。日本の影響力が低下する事態も予測される。そこで彼は、清国に先行して撤退を求め、それが拒否された場合には宗属問題を名分にして清軍を攻撃するとの案を本国に打電した。六月一七日のことであった。だが、この案は取り上げられず、陸奥から彼に届いた指示は「日本政府は自らも満足し且つ公衆の感情を満足せしむべき結果を得ざる間は撤兵できず、この機会を利用して朝鮮政府に漢城（注――ソウル）・釜山間の電線の譲渡などの利権要求をなすべし」との強攻策であった。この新たな提案に大鳥は反発し反論した。しかし陸奥は「両軍の衝突に際しては朝鮮の国王と政府を味方にすることが重要であるので、彼らの信頼を勝ち取るべく説得工作を行うべし」との指示をしてきた。

現地の公使大鳥と東京の外務大臣陸奥との判断に齟齬《そご》をきたしている。大鳥のシナリオでは、日本側の主導権で戦端を開くことは可能なはずである。公使大鳥は、派兵の理由がないまま軍隊を長期駐屯させていることから朝鮮政府の抗議を受け、同時に列強の疑惑を招いていた。事態の速やかな打開が急務であった。六月二八日、大鳥は朝鮮政府に対して「朝鮮国は清国の属国であるか否か」を照会した。翌日を回答の締め切りとしたが、回答はなかった。このとき、ロシアから干渉が入った。

三〇日、ロシアの駐日公使ヒトロヴォは外務省に大臣陸奥を訪ねて、日本の朝鮮からの撤兵を強く要求するロシア政府の公文書を手渡した。このロシアの威嚇《いかく》的な勧告は、日本政府に衝撃を与えた。総理大臣伊藤と外務大臣陸奥は、協議の結果撤兵拒否の回答を行うことを決めた。七月一三日、ロシア公使は陸奥に対して、日本政府が出した撤兵勧告の拒否回答を了承する旨の書簡を渡した。この回答で、当面ロシアの脅威は消えた。

公使大鳥は朝鮮政府高官と直接交渉を続けたが、朝鮮側の回答は「日本軍が撤兵すれば改革に着手する」と述べるに留まった。これに対して大鳥は「最早《もはや》貴国と相提携する道を失いたれば、今後我政府は唯我利害をのみ之《これ》を視て、独力以て其の手段を執らんと欲す、此の段予め《あらかじ》御通知し置く」（原文カタカナ、以下同じ）と申し送った。風雲は急を告げる。七月一八日、清国軍が朝鮮への増兵派遣を決定したとの情報が入った。一九日午後六時、外務大臣陸奥は公使大鳥に至急電を打った。

「七月一九日午後六時発

東京　陸奥大臣

京城　大鳥公使

朝鮮国政府改革案の拒絶に対し適宜の処置をとるべき旨訓令の件、

朝鮮政府は遂に我が改革案を拒絶したる件に関する貴電接受せり。此の時に当り閣下は自ずから正当と認むる手段を執らるべし。併《しか》し本大臣の五一号電訓の通り他外国と紛紜《ふんうん》を生ぜざる様充分注意せらるべし。而《しか》して我兵を以て王宮及び漢城を固むるは、得策に非ずと思わるれば、之を決行せざる事を望む」

一九日、大鳥は旅団長大島に面会し、開戦への協議を行った。その内容は、

① 明二〇日に清増加兵出帆の確報に接せざるときは、二一日夕方より旅団主力は行軍の名義で牙山方面に向かう。

② 二二日、大鳥より「最終の談判」を朝鮮政府・清国公使に申し込むとともに、各国公使に通告する。

③ この間旅団は行進を続け、兵力をもって牙山の清軍を打ち払わしむ。

④ 朝鮮電信線を日本軍の軍用にもちいる。

⑤ 漢城守備隊は一大隊（二中隊）とする。（『混成旅団秘報』一八九四年七月二〇日付け）

同日、公使大島は朝鮮政府に二つの要求を提出した。

① 京釜電線代設工事強行通告

② 日本軍警備兵宿舎設置要求

回答の期限は七月二二日、三日後である。「最後通牒《つうちょう》」（Ultimatum）である。二〇日、公使大島は、旅団長大島に対して、前日の協議を一部変更し「王城の包囲、制圧作戦を優先する。従って牙山への進軍はしばらく見合すよう」申し入れた。「兵は勝を貴《たっと》びて、久しきを貴ばず」（『孫子』）（兵は勝利を目指して迅速に一切を運ばなければならない）。戊辰戦争の間、大島がしきりに口にしたことばである。

同日、袁世凱は日清の対決が避けられないとの判断から「天津に帰って（最大の実力者）李鴻章と善後策を講ずる」と言い残して突然帰国した。朝鮮政府首脳は、清国を頼りにしてきただけに困惑した。大島は戦争の長期化を予測した。内政改革問題を実現させるためには、朝鮮国の中枢に日本に協力的な傀儡《かいらい》政権を作っておく必要があった。そこで工作されたのが大院君の担ぎ出しであった。国王の実父でありながら、大院君は閔妃によって追放され、幽閉同様の生活を強いられていた。大院君は閔妃に対する恨みはあるものの、日本に協力することには消極的であった。

二三日深夜午前〇時過ぎ、朝鮮政府から清国に撤兵を求めているとの機密情報が入った。だが日本側の作戦変更はありえなかった。同日午前〇時半、公使大島は旅団長大島に「計画開始」の電文を発した。午前四時、京城南二キロの龍山に駐留していた日本軍が王宮の景福宮に進攻して占拠し、国王を日本軍の勢力下に置いた。午前六時半、公使大島は外務大臣陸奥に電報を打った。

「朝鮮政府の回答不満足につき王宮包囲の処置をとるにいたる。二三日の早朝、此の手段を施し朝鮮兵は日本兵に向かって発砲し双方互に砲撃せり」

大院君

景福宮（上が当時、下が現在）

この期《ご》に至っても、大院君は日本側の説得には応じなかった。一等書記官杉村は大院君に直接面会を求めた。大院君は「日本政府は朝鮮の領土を奪わないと約束できるか」と問うた。書記官杉村は「決して朝鮮の領土を割くようなことは致しません」と書いて署名した。これで大院君は日本側の要求をのむことになった。大院君は公使大鳥を引見し、「これから国政を総裁せよ、との勅命を国王から受けた」と告げ内政改革は大鳥と相談して進めると約束した。七月二五日、国政総裁の大院君は公使大鳥に対し、清国・朝鮮宗属関係の破棄を宣言し、牙山の清国軍の撤退を依頼した。これによって日本軍は清国軍攻撃の「口実」ができた。

『日本外交文書』によれば、明治二七年（一八九四）七月二三日の日本軍による朝鮮王宮占領前後の、在朝鮮日本公使館と日本外務省との電報交信状況は以下のとおりである。（中塚明『「蹇蹇録」の世界』参考）。

・四一一号文書　大鳥公使→陸奥外務大臣　七月一八日午後一時二五分発信
　七月一九日午後三時一五分受信
・四一四号文書　陸奥外務大臣→大鳥公使　七月一九日午後六時発信
・四一六号文書　大鳥公使→陸奥外務大臣　七月二〇日午後一一時二五分発信
　七月二一日午後一一時四五分受信
・四一九号文書　大鳥公使→陸奥外務大臣　七月二三日午前八時一〇分発信
　七月二三日午後三時七分受信
・四二〇号文書　陸奥外務大臣→大鳥公使　七月二三日発信（時間記録なし）
・四二一号文書　大鳥公使→陸奥外務大臣　七月二三日午後五時発信（電報回線・日本軍切断）
　七月二七日午後一〇時二〇分受信
・四二四号文書　大鳥公使→陸奥外務大臣　七月二五日京城《ソウル》より郵送
　七月二八日午前一二時四五分釜山より発信
　七月二八日午後三時一〇分受信

朝鮮への出兵に際し「なるべく平和を破らずして国家の栄誉を保全し日清両国の権力平均を維持すべし。また我はなるたけ被動者たるの位置を執り、毎《つね》に清国をして主動者たらしむべし。また……事情万やむをえざる場合の外は厳に軍局を日清両国の間のみに限り、努めて第三国の関係を生するを避くべし、とはその要領なりき」。外務大臣陸奥宗光は『蹇蹇録』で述べる。日清戦争の開戦外交の基本方針である。

日本軍ソウル占拠

■■■

広島の師団司令部に設営された大本営の決議を受けて、佐世保港を出航した連合艦隊は、七月二五日、豊島沖海戦で巡洋艦浪速《なにわ》（艦長・大佐東郷平八郎）が清国兵を輸送中の高陞《こうしょう》（イギリス船籍）を攻撃し撃沈した。これが日清戦争の開戦を伝えるものとなった。イギリス船籍の船舶を沈めて深刻な外交問題にならなかったのは、日英条約の効果である。一方、地上戦では混成旅団が三〇日早朝、増援を絶たれた清国軍を潰走させ、ソウル南方の牙山を占領した。陸海にわたる緒戦の勝利だった。八月一日、日清両国は正式に宣戦を布告する。日本の「宣戦の詔書」は「朝鮮の独立を全うし東洋の平和を保つため」と戦争の目的を掲げていた。

陸海軍の戦いは日本軍優勢に運んだ。連戦連勝の報道に日本中が沸きかえり、宣戦の火ぶたを切った公使大鳥圭介は「国民的英雄」に担ぎ上げられた。ところが、王宮を占拠したものの朝鮮の内政改革は一向に進まなかった。日本に好意的な穏健開化派による軍事機務処が設置され、改革のための法案が決定された。だが大院君がことごとく反対して承認の印を押さない。そこで総理大臣らによる新行政機関を組織することになった。

八月二六日、公使大鳥は朝鮮国外務大臣金允植との間で日朝攻守同盟を締結した。

第一条――此の盟約は清兵を朝鮮国の境外に撤退せしめ、朝鮮国の独立自主を鞏固《きょうこ》にし、日朝両国の利益を増進するを以て目的とす。

第二条――日本国は清国に対し攻守の戦争に任じ、朝鮮国は日兵の進退及び其の食糧準備の為め及ぶ丈便宜を与うべし。

第三条――此の盟約は清国に対し平和条約の成るを待って廃罷《はいひ》すべし。

王宮を占拠した最大の目的である朝鮮国の内政改革は、遅々として進まない。戦いは日本有利で進んでいるが、予断は許さない。大鳥もこれ以上の強攻策はとれない。日本の国内世論はしだいに「大鳥公使は何をしているのか」との批判めいた論調に傾いた。

九月二九日、大鳥は外務大臣陸奥宛に書簡で朝鮮の内情を伝えた。

「一、軍事機務処　兎《と》に角《かく》日本派、即ち開化主義の人々の集合する処なり。

一、大院君派　威権最重し。是は頑陋《がんろう》輩の一塊にて迚《とて》も開明の道に遵《したが》うべき手段なきものなり。

一、総理大臣他　金宏集、金允植、魚允中等也。是は実に即今朝鮮人中の錚錚《そうそう》たるものにて、其《そ》の性篤実可愛《あいすべき》の輩也。今此の国に於て此の上に出ずる人なしとは衆人の所称なり。

偖《さ》て此れ等の輩に対し老生（注――大鳥）は如何なる政策を以て彼等に対すべきやと云うに、

第一、大院君を推立て厳に其の暴威を制して其の威権を恣《ほしいまま》にせず（此の翁を除き候事は左《さ》まで難事にはこれなく候えども、此の翁去れば王妃の党なる閔族又権を振うべし）

第二、機務処議員の内政改革説を扶持して其の実を奏せしむること。
第三、総理大臣等を補貸して其の力量を増し独立独行大政の方向を定めしめて、牽制《けんせい》せられざるよう充分黒幕の権利を副《そえ》うること」

国内の高まる批判を無視できなくなった総理大臣伊藤博文は、公使大鳥の更迭《こうてつ》を考え出した。その件を同じ長州閥の内務大臣井上馨（一八三五〜一九一五）に内密に相談した。井上は大鳥の後任として自分が朝鮮に赴任すると言い出した。井上としては、政治的「大物」でなければこの外交案件は処理しきれないこと、加えて自分が朝鮮問題の専門家であるとの自負もあった。現地で指揮をとる大鳥は不満であった。開戦に並々ならぬ努力をし、しかも戦争は有利に運んでいる。朝鮮国の内政改革が遅れているとの理由だけで更迭されるのは理不尽である、との憤懣がこみ上げる。結局、大鳥は枢密顧問官の要職を与えられるとの条件で解職となった。明治二七年（一八九四）一〇月一一日、大鳥は公使を正式に解任され帰朝することになった。秋が深まった京城の駅頭で見送るものも限られていた。今回は〈敗軍の将〉ではなかったが、半ば詰め腹を切らされての帰国である。

井上馨

後任の井上馨は満《まん》を持して京城に赴任したが、彼は閔妃とその一派が大院君と新しい政府との確執の中でしだいに復権してきていたことが読めなかった。公使井上は、さしたる成果もあげられず一年も経たないうちに自ら推薦した三浦梧楼《ごろう》（長州閥、陸軍士官学校校長、貴族院議員、一八四六〜一九二六）と交代せざるを得なくなった。（明治二八年一〇月八日、公使三浦は書記官杉村らと計って閔妃暗殺事件を実行し、罷免・投獄されるが、裁判では無罪となる）。

朝鮮国駐劄公使を解任となった大鳥圭介は、明治二七年一一月一〇日、枢密顧問官に就任した。六一歳であった。枢密院は行政、立法に関して天皇の最高の顧問的立場にあった。内閣から独立した機関で、天皇の出席を原則とした。議長、副議長、顧問官からなっており、いずれも四〇歳以上でなければならなかった。

一一月二四日、大鳥圭介前特命全権公使の帰朝祝賀会が東京・芝の紅葉館で開かれた。静岡碧血会その他五団体の有志者が発起人である。子爵榎本武揚が発起人を代表して歓迎の言葉を述べた。

「(前略)兵気凛然《りんぜん》秋霜烈日の如く、戦いて克《か》たざるなく、攻めて破らざるものなし。是れ君が邦家に大造ある所にして、真に公使の重任に負からざるものと謂《い》うべし(後略)」(『東京日日新聞』一一月二七日付け)。これに対して拍手で迎えられた大鳥は謝辞を述べた。

「榎本子爵の褒辞《ほうじ》は、予の当らざる所なり。今回の事は職務上の事にて、公言の出来ざる事もあれど、随分危険なることもあり、畢竟《ひっきょう》今日の結果を得たるは、天皇陛下の威稜《いりょう》と陸海軍及び上下一致の力なり(以下略)」

日清戦争は日本軍の勝利で終結し、明治二八年(一八九五)四月一七日、日本側全権伊藤博文、陸奥宗光、清国側全権李鴻章、李経方が下関の春帆楼で講和会議を持ち、出講和条約に調印し後に批准書を交換した。下関条約(日清講和条約)の主な内容は、①朝鮮の独立の承認、②遼東半島、台湾、澎湖列島の割譲、③賠償金二億両《テール》(約三億円、当時の日本政府国家予算の三倍半とされる巨額)の支払い、④清は日本と新たに通商条約を結び、新たに中国の都市を開港場として開く、などであった。日本は「脱亜」の侵略戦争の道を歩み始めた。

講和条約締結からわずかに六日後の二三日、ロシア、ドイツ、フランス三国の在日公使が相前後して外務省を訪れ、外務次官林董《ただす》に面会して、本国からの遼東半島を日本所有とすることに反対する旨の口上書を提出した。三国干渉である。政府首脳は多大の犠牲を払って勝ち取った遼東半島を手放すことになった場合には、陸海軍だけでなく国民からの反発も計り知れないものがある、と憂慮した。しかし、三国の干渉を排除して軍事衝突に追い込まれた場合、日本軍だけでは勝利を得るのは不可能である。状況は、遼東半島返還の方向に傾いた。緊迫した状況の中で、五月五日、大鳥圭介は外務大臣陸奥宗光宛に書簡を送った。

「拝啓　御病気中多事の際、御心労の段寸楮《すんちょ》（注――短信の意）の非取尽為国家、御加養奉禱候《ごかよういのりたてまつりそうろう》。偖《さて》昨今諸公が心魂を砕事は、露独仏に対し金州半島（注――遼東半島）の取捨如何《いかん》の点に可有之哉に被察候。右は左《さ》まで心配可致大事件とは不被存候。愚説を左に記し為御参考申上候。三国の申分は金州半島を日本は永久所有するや、又は一時の占領に止まる主意なるやの点に有之候。日本は之に答えて曰く、我邦は彼地を永久所有の考えには無之、一時戦勝の利にて之を占領候に止まり、清国に対し償金払込其の外の約定実行迄を目的とし、条件皆済みの上は清国へ返還すべしと云うべし。

金州返還の期は三年または五年の後に在るべし。故に今俄《にわか》に海戦を三国に対して開くは極めて拙策なり。且つ又甚《はなはだ》危し。（以下略）

五月五日　　　　　　　　　　　　　　　　圭介

外務大臣殿

」（『伊藤博文関係文書』）

大鳥が書簡で提案する、清国が条約上の義務を履行するまでは遼東半島を占領する権利を持つ、との日本側の解釈はドイツ、ロシアが拒否した。結局、この書簡と同じ日付の五日、外務大臣陸奥宗光は三国政府に回答を示した。

「日本帝国政府は、露、独、仏三国政府の友誼《ゆうぎ》ある忠告に基づき奉天半島を永久に占領することを放棄することを約す」

三国干渉に対する外交上の敗北であった。

二八年六月二一日、大鳥は勲一等瑞宝章を授与された。彼は神奈川県国府津《こうづ》村（現小田原市国府津）の湘南海岸に別荘を建てた。東海道線国府津駅から西に一キロほどの相模湾に面した森戸川べりに建つ別荘であった。還暦を過ぎて枢密顧問官になった彼は、枢密院の会議がある日は東京・麻布の本宅に出向くが、その日以外は温暖で白砂青松の海岸が広がる別荘で洋書を読み、謡曲をうたい、漢詩や和歌の風雅を友として静かな晩年を送った。この海辺の別荘で九死に一生を得る災難にあう。（後述）。三三年五月五日には男爵位が与えられ華族に列することになった。六八歳。

勝海舟像（東京・隅田川べり）

前年三二年一月一九日、枢密院顧問官・伯爵勝海舟が他界した。享年七六。海舟晩年の言葉に「功無く亦《また》名も無く」がある。海舟は福沢諭吉の批判（『痩我慢の説』明治二五年）に対して、「行は我にあり、毀誉《きよ》は他人にある」として批判を発表して差し支えないと応じた。大島は、外交官として台湾に滞在している長男富士太郎宛に書簡（明治三二年一月二三日付け、『上郡町史』）を送った。

「勝老人、去る一九日夕方入浴後、脳溢血症にて死去、明後二五日葬送の筈《はず》也、法螺《ほら》の大将軍を失い候（以下略）」。「法螺の大将軍」とは辛らつにしてユーモラスである。愛惜の情もうかがえる。明治三二年一〇月八日、大島は東京学士院に招かれ講演を行った。演題は「士族」である。

「冀《こいねがわ》くば、内に昔時の士族廉潔《れんけつ》の節操を失わず、外に現今文明の学術の新路に進み、大活眼を開き、四海一家、一視同仁の観を発揚し外人の誹謗を免れ、内治の堅実を図ること無二の必要なり。昔時の士族は身命を軽んじ、富貴を顧みざるは勿論、金銭のことは口に言うことだも恥し程なれども、今や復然らず、開明の世風に随い富貴功名を主とし、国事に鍛錬して、天下の共益を謀《はか》り永く昔時の名節を蓄積し、更に正道の富貴を得ること士族の名誉ならむ。之を要するに富貴を得て人世の高位に立ち幸福を後裔に遺すは、衆庶人情の願ふ所なれども、唯之を得るのみを以って人間無上の令誉《れいよ》と為し所謂《いわゆる》拝金宗のみに偏信するは又一の非道と言ふべし」（三二年一二月一八日発行東京学士会院雑誌「第二十一編之八」掲載）

禁欲的な士族的モラルを愛する彼は、時代の風潮ともいえる「拝金宗」を嫌った。大島は国立大学を出た学士ら知識人と久しぶりに交流したこの夜和歌を詠んだ。

限りなき　学びのみねの　たかければ
まよはでのぼれ　真直《ますぐ》なる道

彼は揮毫《きごう》を求められると「四海一家」「一視同仁」と大書した。三三年八月二五日、伯爵黒田清隆が逝去した。享年六〇。枢密院議長が最後の公職であった。翌三四年二月三日、福沢諭吉が亡くなった。享年六七。

エピローグ　不死鳥《フェニックス》は舞う――〝よしもあしきも夢の一《ひと》ふし〟

別荘（小田原市国府津、現在）

相模湾が夕日に映《は》えて波のうねりを乱反射している。東方に馬の背のような三浦半島の岬が見える。湘南の海岸線を波がひたひたと押し寄せ白い泡の列をつくる。かなたの水平線に軍艦四隻が黒煙を吐いて外洋に向かって進むのがシルエットのように見えた。漁船団の群れが漁港に引き返してくる。

和服姿の大鳥圭介は襟巻《マフラー》きを首に巻いて国府津村（現小田原市国府津）の別荘「滝の家」を出て、目の前に広がる海を眺める。別荘主人の夕暮れの散歩のときである。白いひげを伸ばした老人はステッキを使ってゆっくりと山道に歩を進める。富士の霊峰は雲に隠れて見えない。彼は足元を確かめるようにして竹藪から梅林の側の農道を歩く。梅の花が固い蕾《つぼみ》を割ってほころび始めている。長い冬も終わりを告げようとしている。「梅一輪　いちりんほどの　暖かさ」（注——江戸中期の俳人・服部嵐雪作）。大鳥は心に浮かんだ名句を口ずさむ。鶯《うぐいす》の初音が聞こえた。鳴き声はまだおぼつかない。彼は立ち止まり懐《ふところ》から手帳を取り出してペンを走らせる。

　隠れ家の　谷間の風も　春めきて
　　軒端《のきば》にもるる　うぐひすのこゑ
うめのはな　手折《たお》らんものと　たち寄れば
　　梢《こずえ》に匂ふ　鶯《うぐいす》のこゑ
山さとの　はにふの小屋の　籬《まがき》にも
　　ゆたかくさける　梅の一本《ひともと》

この夕は、いつもよりもすらすらと三一文字が手帳を走った。彼は春をいち早く伝える梅の花が好きであった。その白い清楚さが気に入っていた。近所に住む農家の夫婦が通りかかった。みかん畑の手入れをした帰りだった。

目の手術後の大鳥

「お殿様、目の手術をなさったと聞きましたが、その後どうですか」

農夫が声を掛けた。彼は国府津村の村人から「お殿様」または「殿様」と尊称されていた。

「気に掛けてくださってありがとう。東京の帝大付属病院で『黒そこひ』の手術を受けました。失明するかもしれない老人病ですよ。もう大丈夫ですが、メガネとステッキが離せなくなりました」

夕日は箱根山の西に姿を隠しだした。夕闇が迫っている。海は群青色から黒色のうねりに変わろうとしている。彼は坂の多い枯れ草の道を一時間ほど散歩して「滝の家」に帰った。内妻鈴木すずと幼い娘たちが玄関で出迎えた。彼はステッキをすずに渡すと書斎に入り、手帳に走り書きした和歌を縦長の短冊に墨書した。そして新たな二作を短冊に記した。

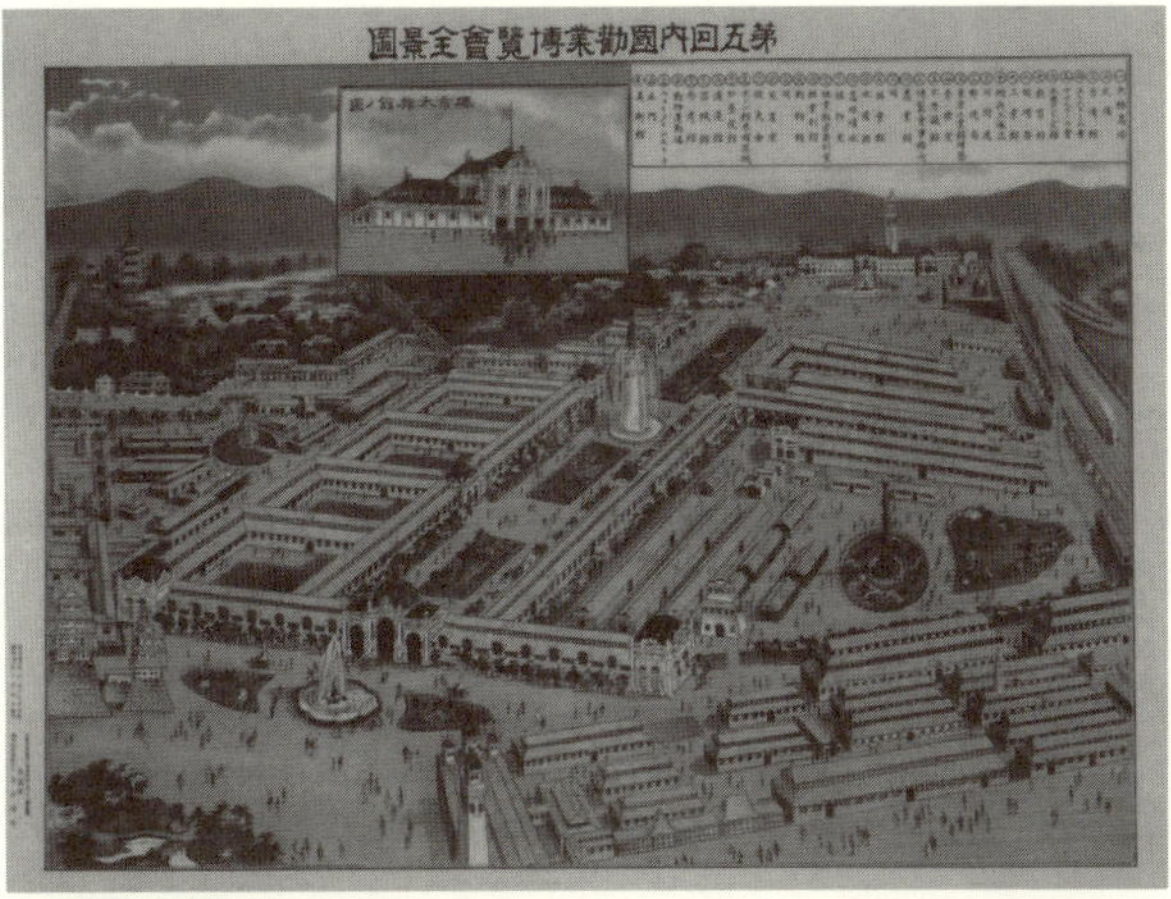

内国勧業博覧会（大阪）

世と共に　民のかまどの　賑《にぎわ》ひて
　けふりにくもる　難波津《なにわづ》の空
五《い》十《と》年《とせ》の　むかしを思へば　難波津の
　よしもあしきも　夢の一《ひと》ふし

■■■

大鳥圭介は、人生の後半を日本の産業・工業の発展に捧げたいと念じた。明治三四年（一九〇一）二月一八日、彼は三六年三月からに大阪・天王寺で開催される第五回内国勧業博覧会の審査総長に任命された。六九歳であった。日本初の産業博覧会は、明治一〇年、東京・上野で第一回内国勧業博覧会として開かれた。この日本初の博覧会の開催には、ヨーロッパ先進国の万国博熱が大きく影響した。西南戦争の最中であり、政府部内にも開催に反対する声があったが、ウィーン万国博の視察報告を受けていた内務卿大久保利通は、その産業・文化に与える計り知れない影響を考えて必要性を訴え開催にこぎつけた。

岩倉使節団はウィーン万国博覧会を観覧した。同万国博は、明治六年（一八七三）五月一日から一一月二日までの半年間、オーストリア皇帝フランツ・ヨゼフ一世の治世二五周年を記念して開催された。岩倉使節団はウィーン万国博を見学して、各国が競い合って出品しているさまを目撃し文化的ショックを受けた。

「ああ此《こ》れ等の競いは、是《これ》太平の戦争にて、開明の世に最も要務の事なれば、深く注意すべきものなり」（『米欧回覧実記』、原文カタカナ）

一行はその華やかさと各国の競争ぶりに感嘆したのである。大久保は一足早く帰国していて万国博覧会は見学できなかったが、「博覧会は平和な世における戦争、軍事力ならぬ工業力を競う戦争である」と聞かされた。

審査総長大鳥は考えた。「政府は内国博に全国から収集される出品物により国内産業の状況を把握し、その状態に応じた政策を立案することができる。この過程で出品物の中から優良資源を発見し、有能な人材を発掘することができる。出品者や入場者は、展示品を比較することにより、優れた技術を獲得する場合もあり、博覧会は技術普及の場にもなる。出品のランク付けも参加者の競争心を喚起する」。会場にはさまざまな西洋技術が紹介され、文明開化の目標が示された。博覧会は一大広告塔でもあった。同時に国内博は国民統一の手段でもあった。（松尾正人編『明治維新と文明開化』参考）。

大鳥は第一回産業博覧会から博覧会御用掛に任命され、旧幕臣矢田堀鴻《こう》（幕府最後の海軍総裁、一八二九～一八八七）などと審査官長として出品物の審査に当たった。Fairまたは Expositionを「博覧会」と和訳したのは大島ではないかと思われる。第一回は入場者が四五万人を数えて予想を上回る成功だった。明治一四年の第二回内国勧業博覧会（東京・上野）でも、大島は審査官長を務めた。第三回（明治二三年、東京）、第四回（明治二八年、京都）の博覧会にはかかわっていない。

第五回の大阪博覧会を次年に控えた明治三五年（一九〇二）九月二八日、湘南海岸の別荘が大海嘯《だいかいしょう》（潮津波、大波）に見舞われるのである。

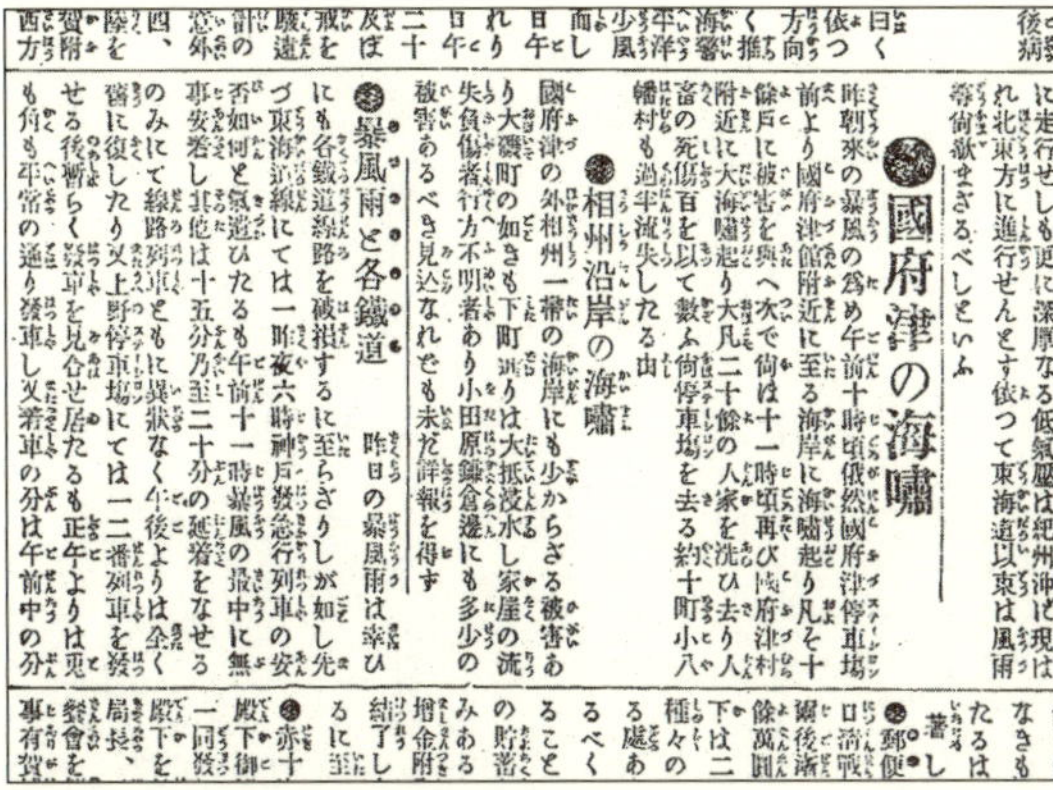
に走行せしも更に深厚なる低氣壓は紀州沖に現はれ北東方に進行せんとす依つて東海道以東は風雨等尚歇まざるべしといふ

●國府津の海嘯

昨朝來の暴風の爲め午前十時頃俄然國府津停車場前より國府津館附近に至る海岸に海嘯起り凡そ十餘戸に被害を與へ次で尚は十一時頃再び國府津村附近に大海嘯起り大凡二十餘の人家を洗ひ去り人畜の死傷百を以て數ふ尚停車場を去る約十町小八幡村も過半流失したる由

●相州沿岸の海嘯

國府津の外相州一帶の海岸にも少からざる被害あり大磯町の如きも下町通りは大抵浸水し家屋の流失負傷者行方不明者あり小田原鎌倉邊にも多少の被害あるべき見込なれども未だ詳報を得ず

●暴風雨と各鐵道

昨日の暴風雨は幸ひにも各鐵道線路を破損するに至らざりしが如し先づ東海道線にては一昨夜六時神戸發急行列車の安否如何と氣遣ひたるも午前十一時暴風の最中に無事安着し其他は十五分乃至二十分の延着をなせるのみにて線路列車ともに異狀なく午後よりは全く舊に復したり又上野停車場にては一二番列車を發せる後暫らく發車を見合せ居たるも正午よりは更も何も平常の通り發車し又着車の分は午前中の分

「国府津の海嘯」新聞記事（京都・蹴上）

■■■

明治二八年に大島は神奈川県国府津村（現小田原市国府津）の海岸に茅葺《かやぶき》で檜《ひのき》づくりの別荘を建てた。東海道線国府津駅から西に一キロほどの森戸川べりである。三五年九月二八日、大型台風の接近に伴い、早朝から暴風雨が吹き荒れ、大波が海岸を襲った。『東京朝日新聞』（九月二八日付け記事、現代語表記）は「国府津の海嘯」を一面速報で報じている。

「昨朝来の暴風の為め、午前十時頃俄然国府津停車場前より国府津館付近に至る海岸に海嘯起り、凡《およ》そ十余戸に被害を与え、次で尚《な》お十一時頃再び国府津村付近に大海嘯起り、大《おお》凡《よそ》二十余の人家を洗い去り人畜の死傷百を以て数う、尚お停車場を去る約十町小八幡《こやはた》村も過半流失したる由《よし》」

この大波について、国府津村村長谷川弥三郎が詳しい記録を残していた。（福本龍『われ徒死せず』による。現代語表記、適宜句読点を入れる)。

「明治三五年　壬寅《みずのえとら》年海嘯の記

九月二八日は我が湘南一帯の永く忘るる能わざる凶日なり。秋風吹き初め天高く気澄み渡れるの時、思わざりき一大悲惨事に遭遇す。時は午後四時東天将《まさ》に白まんとする頃、ポッポッと降り初めし雨は、五時頃に至り北位の強風を加え、時々刻々猛烈となり、七時頃に至りては既に暴風雨と化し、勢い益々猖獗《しょうけつ》を極め、人々安き心なく警戒おさおさ怠らざりき。……

一〇時頃に至り、東海道の通ずる親木橋付近、並《ならびに》字唐沢と称する海岸の家屋に怒濤押し寄せ来りしに依り、直ちに警鐘を打ちて、消防夫を招集し一面は水防の任に当たらしめ、一面は沿岸の家財を運搬せしむ刹那、一大怒濤再び来り、一挙して沿岸の樹木を倒し、家屋を破壊し、船舶を奪い去る。其の猛烈なる形容するに辞《ことば》なし。

森戸川に沿いて建てられたる堅牢なる大鳥男(注——男爵)の別邸も、この大激浪にて大半破壊せり。……」

波浪の高さは一丈(約三メートル)を超えるものと推定される。書斎で昼酒を楽しんでいた大鳥は一瞬のうちに激浪に襲われて屋敷ごと下敷きになった。瓦礫《がれき》の中に穴を見つけてそこから脱出しようと試みた。瓦礫の上では「殿様はどこにいった」「殿様はどうしている」と村人が大声を上げて探している。七〇歳の大鳥は崩れた屋根の上に半身ほど這《は》い出したところで、村人が引き上げてくれた。全身びしょ濡れだったが、ケガはしていなかった。この大波により、別荘の管理をしていた夫妻のうち妻が溺死した。彼は国府津駅午後二時四〇分発の東海道線上りの汽車に乗り、同五時四〇分に東京駅に着いて麻布の家に帰った。国府津を出るとき、自宅に電報を打ったが、電報よりも帰るほうが早かった。

『東京朝日新聞』（九月二九日付け）は続報で伝えている。

「（前略）この海嘯の際、国府津なる大鳥圭介氏の別邸も波浪に襲われ全潰《まるつぶ》れとなり、折柄《おりから》滞留中なりし主人大鳥氏も屋根の下になり危く海若《かいじゃく》（注――海の神）の犠牲となるべき所、一方を押し破りて這《は》い出し辛くも危難を脱したるは幸運なれど、留守番一名波に浚《さら》われたり、而《しか》して大鳥氏は午後五時頃ひとまず帰京されたり」

大鳥は、この大水害に懲《こ》りて新しい別荘を国府津の海岸から離れた丘陵地に建て直した。新別荘は、国府津駅から北に一・五キロほど登ったみかん畑や梅林が点在する丘の上で相模湾が一望できる。こぶのある門柱には「滝の家」と書かれた門標が掲げられている。広い邸内にある「不動の滝」から命名したのである。玄関の近くには清国高官から贈られた梅の木「臥龍《がりょう》の梅」があって人目を奪った。大鳥は明治一一年に妻みちを失って以降再婚はしていないが、鈴木すずと暮らし四人の娘をもうけた。彼女たちがこの別荘の住人だった。（別荘は大鳥が亡くなって三〇年経った昭和一七年〈一九四二〉に売りに出され、隣の土地を所有していた石田礼助〈のちに国鉄総裁〉が買い取った。現存する）。

■■■

大阪・天王寺で開催された第五回内国勧業博覧会に戻る。審査総長に任命された大鳥は、開会前の二月二一日には大阪に入り、大阪・桃山小橋の借家に宿をとった。博覧会は、日清戦争後の不況で冷え込んでいた関西圏の商工業を活性化させるため、西日本の産業の中心地・大阪で初めて開催された。開催初日の一日、第五回博覧会の会場となった天王寺公園の正門前には開館の二、三時間前から見物客が押しかけ、二カ所の改札口では、とてもさばききれなかった。海外からは一八カ国が参加して最新の製品を展示した。

博覧会の新聞報道

『東京朝日新聞』（三月二日付け記事）は一面絵入りで報じている。

「一日大阪特発　五回内国勧業博覧会は愈々《いよいよ》本日開場せられたり、事務局より案内を受たる人々は朝来《ちょうらい》曇天寒気続きに拘《かかわ》らず、陸続局内の仮式場に参集し、午前正十時平田副総裁入場登壇し（開会の）挨拶をした（以下略）」

広い会場は夜になるとイルミネーションで飾られ、サーチライトが展示館を照らし出すなど、色とりどりの夜景は難波っ子の目を奪った。展示品は、二〇世紀の幕開けにふさわしく、新商品が人気の的となり、電気冷蔵庫などの電気製品に関心が集まった。博覧会には珍しく教育館が教育関係者や父兄たちに人気があった。七月三一日の閉会までの入場者数は五三〇万五〇〇〇人であった。これは上野で開かれた第一回の一〇倍以上、前回明治二八年の京都の第四回の五倍に近い数であった。博覧会終了後の明治三六年一二月一四日、大島は政府から報奨を受け取った。

「第五回内国勧業博覧会審査総長と為り部長及び審査官を指揮監督し周到綿密責を尽し其の労少なからず、依《よっ》て為其の賞金杯一組下賜《かし》」

審査総長の功績をたたえて金杯を下賜されたのである。この後、明治三九年六月一四日には、博覧会開設臨時調査委員を仰せ付けられている。

第五回博覧会閉会の翌日、大鳥の宿舎に中年の紳士が訪ねてきた。京都帝国大学工科大学教授田辺朔《さく》郎《ろう》（のちに土木学会会長、一八六一〜一九四四）であった。田辺は工部大学校卒業生で、田辺の叔父（旧幕臣）田辺太一は大鳥の知人だった。戊辰戦争が勃発した際、太一（朔郎の父孫次郎の実弟）は横浜に潜伏し商人に身を変えた。箱館に立て籠もった旧幕府軍の首脳榎本武揚や同大鳥圭介らに資金を調達するのが目的だった。太一の妻己巳子《きみこ》は旧幕府海軍奉行荒井郁之助の妹であり、父孫次郎を早く亡くした後の朔郎にとって、太一の庇護が唯一の支えだった。（荒井郁之助は戊辰戦争で榎本や大鳥らとともに戦線を指揮した）。

「私の今日あるのは、ひとえに大鳥先生のおかげです。先生もお元気そうで何よりです」

田辺はメガネの奥に笑みをつくり頭を下げた。

田辺朔郎像（京都・蹴上）

「一度君に会ってみたいと思っていた。わざわざ訪ねてきてくれてありがとう」

大鳥も声を上げて歓迎した。

田辺と近代日本土木技術の最高遺産の一つである琵琶湖疏水《そすい》について記したい。明治一六年に琵琶湖疏水工事の技術陣に一人の青年技術者が登場した。田辺朔郎、二一歳である。田辺は秀でた頭脳、技術力、不屈の精神で疏水工事を成し遂《と》げ、最高の功労者として永遠に名を刻む。

彼は文久元年（一八六一）一一月一日、幕臣孫次郎の長男として江戸に生まれた。翌年、西洋砲術家の父が死去した。彼には父の記憶がない。戊辰戦争の動乱にさらされて悲運の幼年期を過ごした。聡明な彼は、工学寮小学校から明治一〇年（一八七七）工部大学校に進み土木工学を学んだ。京都府の疏水計画が始動した同一四年一〇月、京都の現地に入り、琵琶湖疏水を踏査して卒業論文『琵琶湖疏水工事の計画』のデータを得ている。同一六年五月、最優秀の成績で工部大学校を卒業し、工学士の称号を受けた。同月二二日、京都府御用掛となり、同七月に着任し、疏水工事の第一歩を踏み出す。田辺の京都府採用経緯を知事北垣国道の懐旧談で確認する。

「琵琶湖疏水工事は全く外国人の力を借りずに、日本人の学びえた技術を実地に応用する模範を示し、同時に経費削減を図ろうとした。そこで工部大学校校長大鳥圭介を訪問して、『この仕事に当たる者を推薦して欲しい』と依頼した。（注――北垣と大鳥は開拓使時代からの知人であった）。校長大鳥もこの意見に賛成し、この男ならと紹介してくれたのが田辺であった。当時、田辺はまだ学生で、はじめはこのような学生が琵琶湖疏水工事の大任に堪えられるのか、と危ぶむ思いもあった。しかし、親しく話してみると、田辺の強い自信を感じ、翌年、卒業と同時に雇い、重任に当たらせることを契約した」（明治四五年六月一五日、『京都日出新聞』）。また日記『塵海』（明治一五年四月二〇日）には知事北垣と田辺の出会いの場面がある。このとき、琵琶湖疏水を話し合い、田辺は知事北垣にイタリア・フランス間の山脈を貫くトンネルについて説明している。

『琵琶湖疏水及水力利用事業』（昭和一五年三月、京都市電気局発行）には当時を物語る田辺自身の談話が記されている。

「明治一四年、工部大学校生として工部省工作局から学術研究のため出張を命じられ、東海道線も未開通のためわらじがけで約一〇日間かかり、初めて京都に入った。京都では疏水工事が計画されていたので、独自の立場でその計画を手がけることにし、大津—京都間の疏水線路を踏査して調べ、このデータを卒業論文に仕上げることにした。

ところがふとしたことで削岩機が右手中指を傷つけ、帰京後は右手をつったまま左手で論文、製図などを書き上げた。このことが大鳥校長、諸教師に認められた。たまたま京都の疏水工事に当たる適当な人物の推薦依頼が北垣知事から大鳥校長にあり、私が推薦された」

琵琶湖疏水は明治二三年春に完成した。この大規模土木工事の成功は先進諸国を驚かせ、イギリス土木学会は田辺に最高褒章《ほうしょう》「テルフォード・メダル」を贈って業績を讃えた。田辺は、軍事技術（Military engineering）ではなく市民のための技術（Civil engineering）の実践者として輝かしい実績を残した。彼には多くの編著書があるが、『明治以前日本土木史』や『田辺朔郎博士六十年史』なども代表的な作品である。京都・蹴上《けあげ》のインクライン跡地に青年技師田辺の凛々《りり》しい立像が立っている。

■■■

軍国主義に突き進む日本の歯車は回転の速度を増す。明治三七年（一九〇四）二月八日、日露戦争が勃発した。「富国強兵」「臥薪嘗胆《がしんしょうたん》」が明治時代の政治スローガンであった。軍備拡張の狂気の叫びだった。日露戦争は戦費総額の七八％が国庫債務（国の借金）と一時借入金で支弁せざるを得なかった。戦争に投入された将兵は実に一〇〇万人に上り、戦死者は四万三〇〇〇人、負傷者は一五万人、戦病者は二〇万人に達した。巨大な消耗戦であった。国民感情が、同戦争を国力を使い果たしたギリギリの辛勝と理解せずに、空前の大勝利とあおられ浮き足立ったところに近代日本の悲劇が始まる。

三七年夏、『彰義隊戦史』（東京隆文館）が刊行された際、揮毫《きごう》を求められた榎本武揚は「取義成仁」

最晩年の大鳥

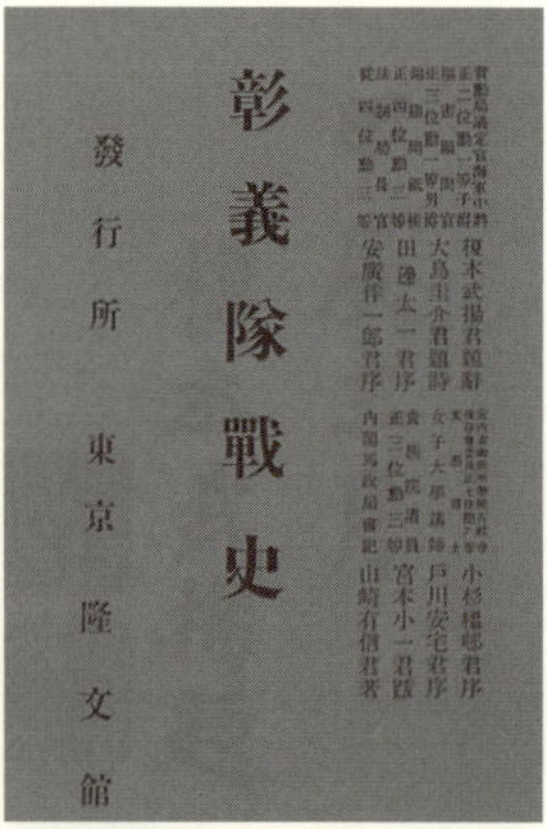

彰義隊戦史

（義を取り仁を成す）と簡潔に四文字を書いた。大鳥（如楓圭介）は漢詩を即興で記した。

泣血従軍彼一時
尽忠所事也堪悲
千章樹下無人吊
苔没東台堕涙碑

（泣血《きゅうけつ》す軍に従いし彼《か》の一時　事を忠所に尽くすや悲しみに堪えず
千章樹下に人吊るす無く　苔東台に没し涙碑に堕《お》つ）

上野の血戦で散っていった彰義隊戦士の忠義が報われなかったことに哀悼の意をささげた漢詩（鎮魂の詩）である。

大鳥は晩年に二人の息子を失う。明治三九年六月、次男次郎（東京帝大医科大学卒）が勤務先の台湾で胃がんのため病没した。次郎は秀才で知られ、台湾総督府医学専門学校（現国立台湾大学医学部）教授兼病院長だった。享年三四。早すぎる死だった。悲劇が続いた。四年後の明治四三年四月、三男六三《ろくぞう》（東京帝大法科大学卒）が大鳥の見舞いのため帰国した後、東京・麻布三河台の自宅で西洋ナイフで頸動脈を切って自殺した。享年三六。六三は青年期から精神に病をかかえていて、通常より遅れて大学を卒業し満州鉄道に勤務していた。

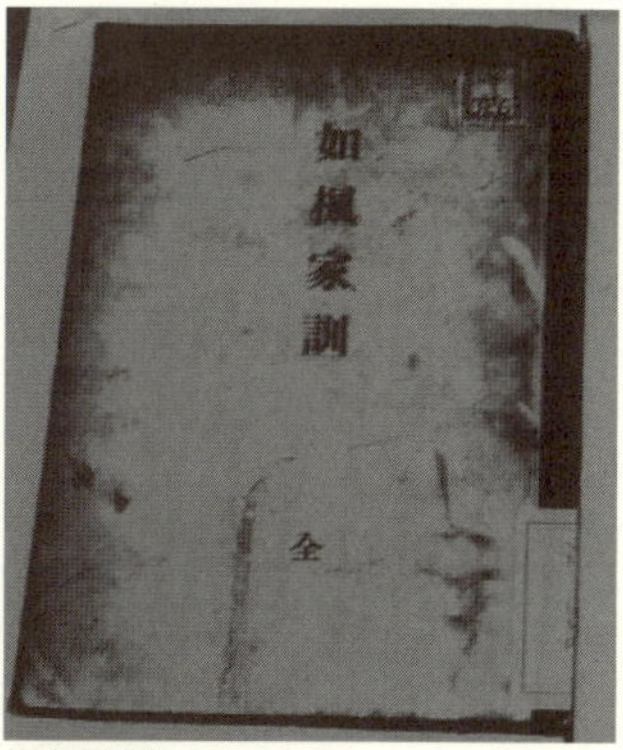

如楓家訓

大鳥は、四一年に「如楓《じょふう》家訓」を書き残した（如楓は大鳥の雅号。〈参考〉参照）。七六歳。遺言とでも言える内容で、死を意識しだしたのであろう。この年一〇月二七日、子爵榎本武揚が逝去した。享年七二。次いで翌四二年一〇月二六日、初代韓国統監・元総理大臣伊藤博文がハルピン駅頭で朝鮮民族主義者安重根《アンジュンゴン》の弾丸に倒れた。享年六八。（日本はこの暗殺事件を契機として韓国併合に踏み込む）。

明治四四年（一九一一）、国府津で別荘暮らしを続ける大鳥は体調の不調を訴えだした。前年秋から食べ物がのどを通りにくくなっていた。嚥下《えんげ》できないものが大半で、体も痩せ細った。検診の結果は食道がんであった。五月に入ると鶏卵や流動物しかのどを通らなくなった。東京帝大医科大学の内科教授でがん研究の権威である青山胤通《たねみち》博士の往診があった。五月五日、一時急変したものの持ち直した。六月になって、一四日に再び病状が悪化し、翌一五日午前一時、病床に集まった家族らを見回して「苦しくはないが骨が折れる」と途切れ途切れに語った後、昏睡状態に陥った。六月一五日午前六時、大鳥圭介は国府津の小雨が降りつける別荘「滝の家」で永眠した。七九歳三カ月の生涯であった。戊辰戦争の箱館・五稜郭で戦った榎本武揚や沢太郎左衛門ら旧幕臣幹部は既にみな他界していた。大鳥が一番の長寿だった。この日、湘南海岸は五月雨《さみだれ》が降りつける肌寒い日となった。

『東京朝日新聞』（六月一六日付け記事）は大鳥の写真入りで報じている。

「国府津の別荘に病を養いつつありし男爵大鳥圭介氏（七十九）は昨朝七時遂に逝去せり、是より先

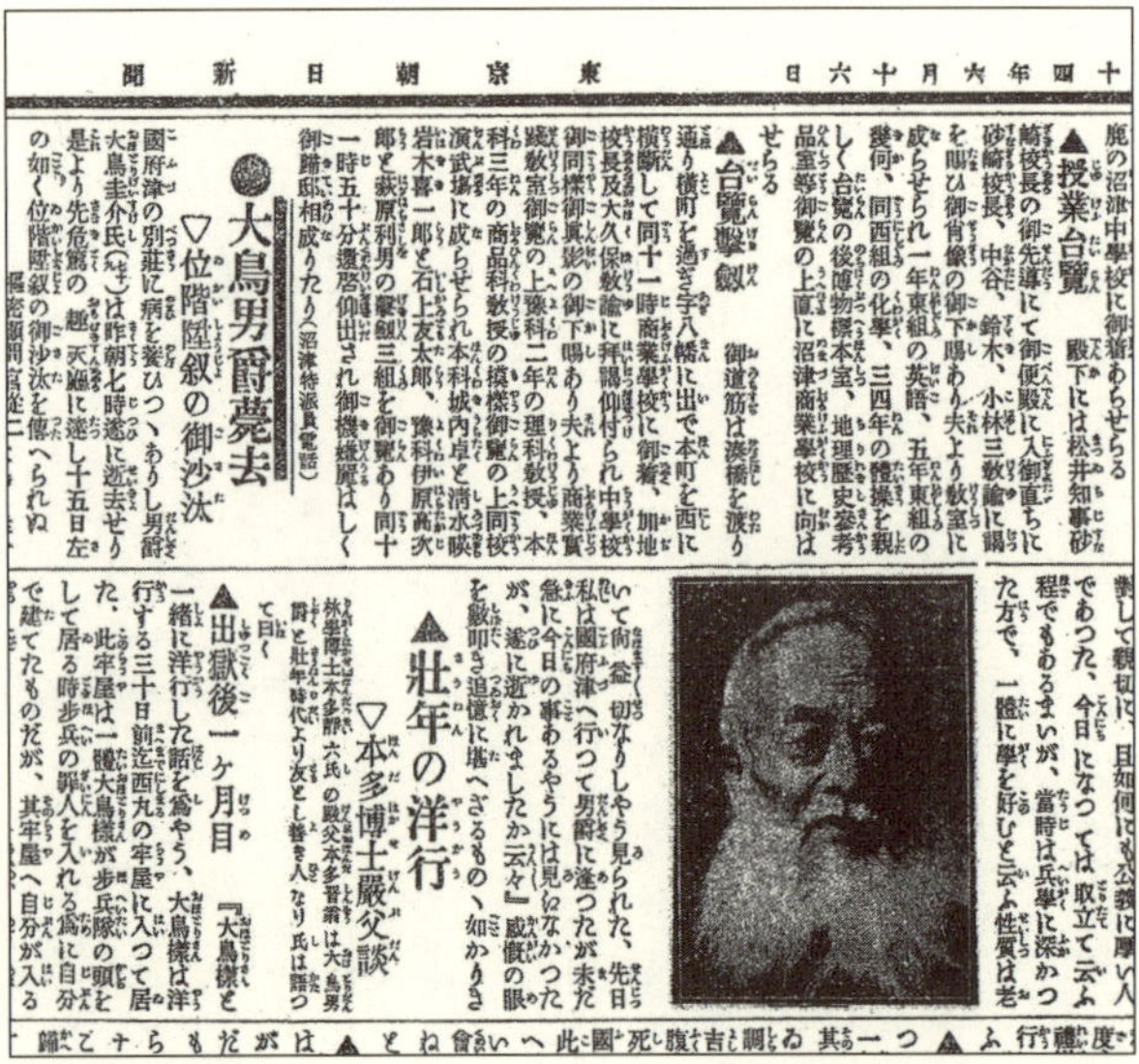
十四年六月十六日　東京朝日新聞

…の沼津中學校に御猶あらせらる

▲授業台覽　殿下には松井知事砂崎校長の御先導にて御便殿に入御直ちに砂崎校長、中谷、鈴木、小林三教諭に謁を賜ひ御肖像の御下賜あり夫より教室に成らせられ一年東組の英語、五年東組の幾何、同西組の化學、三四年の體操を親しく台覽の後博物標本室、地理歴史參考品室等御覽の上直に沼津商業學校に向はせらる

▲台覽擊劍　御道筋は湊橋を渡り通り横町を過ぎ字八幡に出で本町を西に横斷して同十一時商業學校に御着、加地校長及大久保教諭に拜謁仰付られ中學校御同様御眞影の御下賜あり夫より商業實践教室御覽の上豫科二年の理科教授、本科三年の商品科教授の模擬御覽の上同校演武場に成らせられ本科城内卓と清水暎岩木喜一郎と石上友太郎、豫科伊原高次郎と萩原利男の擊劍三組を御覽あり同十一時五十分還啓仰出され御機嫌麗はしく御歸邸相成りたり（沼津特派員電話）

●大鳥男爵薨去
▽位階陞叙の御沙汰

國府津の別莊に病を養ひつゝありし男爵大鳥圭介氏（七十）は昨朝七時遂に逝去せり是より先危篤の趣天聽に達し十五日左の如く位階陞叙の御沙汰を傳へられぬ
樞密顧問官從二…

…對して親切に、且如何にも公義に厚い人であつた、今日になつては取立て云ふ程でもあるまいが、當時は兵學に深かつた方で、一體に學を好むと云ふ性質は老いて益々切なりしやう見られた、先日私は國府津へ行つて男爵に逢つたが未だ急に今日の事あるやうには見えなかつたが、遂に逝かれましたか云々』感慨の眼を瞬叩き追懷に堪へざるもの、如かりき

▲壯年の洋行
▽本多博士嚴父談

林學博士本多靜六氏の嚴父本多晋翁は大鳥男爵と壯年時代より友とし善き人なり氏は語つて曰く

▲出獄後一ヶ月目

『大鳥様と一緒に洋行した話を爲やう、大鳥様は洋行する三十日前迄西丸の牢屋に入つて居た、此牢屋は一體大鳥様が歩兵隊の頭をして居る時歩兵の罪人を入れる爲に自分で建てたものだが、其牢屋へ自分が入る…

大鳥の死亡記事

危篤の趣《おもむき》天聴《てんちょう》に達し、十五日左の如く位階昇叙の御沙汰を伝えられぬ。枢密顧問官従二位勲一等男爵大鳥圭介　叙正二位（特旨を以て位一級被進）

〈雨蕭々《しょうしょう》たる大鳥邸〉

麻布三河台なる男爵の本邸に至れば、折柄家族の人々悉《ことごと》く国府津に詰め掛け、家内は僅かに一二の知己あるのみにして極めて森閑《しんかん》たり、玄関前には十数人の庭師は入り込みて雨中樹木を抜きつつあり、地の狭き為めなればや、一人の青年あり出でて応接す、其の語る所に拠れば前夜二回国府津より男の危篤に頻《ひん》せる旨電話をもて言い越し愁いに沈める処へ今朝七時愈々《いよいよ》逝去の旨の通報あり、昇位の御沙汰は枢密院書記官代わって受けられし旨本邸に電話あり、今は何くれとなく葬送の準備に忙わしと云う、辞して出づれば五月雨《さみだれ》の裡《うち》に閉ざされ、同邸は愁雲殊《こと》の外深きを覚ゆ（以下略）」

枢密官正二位勲一等男爵大鳥圭介の葬儀は、六月二〇日に挙行された。喪主は長男（外交官）富士太郎、葬儀委員長は、沢鑑之丞海軍造兵総監（一八六七〜一九四七）である。当時五二歳の沢は五稜郭で大鳥とともに砲弾の中で戦った沢太郎左衛門の令息で、海軍技術将校の首脳であった。沢は葬儀委員長を自ら申し出た。

午後一時、東京・麻布三河台の自宅を出棺した。葬列は麻布善福寺の住職麻布超海を導師とし、孫の奥田永吉が位牌を持ち、陸軍麻布第一連隊を二分して儀杖兵とし前後に参列した。午後二時、青山斎場にて葬儀が営まれた。参列者は徳川慶喜（代理）、山県有朋枢密院議長（代理）、乃木希典学習院院長

大鳥の葬列（学習院大学資料館）

大鳥家の墓（青山霊園）

『大鳥圭介伝』（初版）

（代理）、林董、原敬、東郷平八郎（代理）、など元老、閣僚、枢密顧問官、陸海軍大臣ら合わせて二〇〇〇人余りに上った。午後三時三〇分、遺骨は青山墓地の大鳥家の墓所に埋葬された。

大鳥は五稜郭の開城に際して漢詩を歌った。

野営戦罷会同袍
訣飲一杯心更豪
奇節千秋何所表
五稜郭上北辰高

（意訳——夜戦も止み朋友と、酒飲を交わす、節操を保って幾年も経た、五稜郭の空高く北極星）

大鳥は、五稜郭の空高く輝く北極星を心に刻んで〈敗軍の将〉となり、裁きを受け獄に下った。だが、出獄後の〈敗軍の将〉は激動する文明開化の中で剣をペンにもちかえて、再度大海原に出帆した。その精神こそが北極星の孤高にして永遠の輝きであった。彼の不撓不屈《ふとうふくつ》の魂は五稜郭では死ななかった。五稜郭降伏は再起の跳躍台（スプリングボード）であった。彼は近代の科学思想や工学技術さらには文学芸術を理解しえた稀有《けう》な知識人であり、その名のとおり大鳥となって両翼を大きく広げ天空に舞った。不死鳥《フェニックス》は時空を超えて天《あま》がけた。北極星を目指すかのように……。

他界から五年後の大正四年二月に刊行された山崎有信『大鳥圭介伝』には、巻頭ページに「賜天覧」（天覧を賜《たま》う）の三文字が大書されている。天皇の閲覧を賜ったのであろうか。閲覧を願っているのだろうか。次いで大鳥自作の漢詩が引用されている。

「礼を裂き砲を摧《くだ》くは吾が事、幡屋《ばんおく》を約し衆雑に代る、この身独り一片を慙《ざん》し、男骨を白砂青草の中に曝《さら》さず。箱館戦後奮って町野大兄の為に吟ず。七十八歳如楓圭介」（読み下し文）。ここに「白砂青草の中に」自らの骨を曝さなかった〈敗軍の将〉の痛恨の思いを読む。

■■■

〈参考――「如楓家訓」〉

「如楓家訓」は大鳥家家訓であり、同時に最晩年の大鳥圭介の人生観を表した文である。全文を掲載する。（現代語表記とし句読点を付す。一部訂正）

「一、家制を立つるには諸事質素倹約を守ることは兼々《かねがね》申し伝えし事なれば、今更《いまさら》繰り返し申し候迄もなく、兄弟姉妹ともに和熟歓楽し互いに謙譲を主とし、自ら省抑《せいよう》し他に利便を与え堪忍《かんにん》を旨とし、何事にもゆめ相争うことなかるべし。重立たる事は倶《とも》に腹蔵なく誠を尽くし懇談を遂げ、協和一致して一族の繁栄を謀るべし。

一、子供の教育は学校にのみ託すべからず。家庭は訓導の根本なれば母姉たるものは自ら戒めて常人よりも一段人格を高うし、他人の手本となるべき様心がけ子供の朝夕起臥出入飲食等に心着け行儀を正し怠慢を戒め男女とも温淳謹厚に養立て軽浮粗暴を防ぎ衣食に奢侈《しゃし》の弊を禁じ些細《ささい》の失費をも省くべし。兎《と》に角世間の華美なる衣服新奇流行に染み行くは、殊に女子の常なれば、心して之を制し身分を考え総《すべ》て控目に給与し子供にも善き慣習を覚えしめ世の手本ともなるべきよう導くべし。

一、女子の教育は貞実柔順を専一とし、裁縫料理の業に馴《な》れしめ、男子程に強いて高尚なることを覚えしむるには及ぶまじ。嫁して後一家を治め家計を整理し母となりたるとき、子供の教育に必要なる箇条を心懸しむるこそいと大切ならめ。

一、子供は愛憐の深情を以て撫育《ぶいく》すべきものなれども、幼年の時は何事にも馴れやすきものなれば、愛に溺れ情に泥《ぬかる》み我儘勝手に成長せしめ戒しむるべことを厳重に戒しめずば、悪しき癖益々増長して善き人にはならざるべし。

一、子供の学校に通学するとき其《そ》の必要の書籍筆紙墨等は其の身各自に始末を為さしめ、他人の助力監督を仮《か》らずして出入に差し支えなきよう、馴致《しんち》すべし。是れ幼少の頃より自立の心を起さしめ自ら勉むべき事を惰れば自ら不自由を感ずるものなりとの懲らしめなり。世上の貴族、高官又は富豪大家の子弟を見るに驕奢《きょうしゃ》惰弱学業を勤めず、いずれも父兄に依頼し又は先祖の遺産を恃《たの》み、安然衣食して恥じる色なく、勇敢大成の気力に乏しきもの甚だ多し。此輩は生涯世に出るの日なきのみならず、終《つい》には家名を辱《はずか》しむるに至るべし。皆幼時家訓の寛大に失し、厳正ならざる結果にて強《あなが》ち当人の罪のみにはあらざるべし。

一、家計の取締りを厳にし、不急の費を省き毎日聊《わずか》ずつにても貯蓄を心掛け郵便局に預けおき、不時の用公共の用に備えおき、又世間不幸困窮の者は身分相応に救助すべし。但し慈恵は誠に善き事なれども、能《よ》く親粗緩急を考えて施さざれば、其の甲斐なきのみならず却って人の笑となることあるべし。

一、婦女の勤怠は一家盛衰の本なり。身分相応に家計の出入を算し日夜油断なく勤勉し、毎朝早起自ら立働き灑掃《さいそう》は勿論、割烹裁縫の業を引受け婢僕の数を減らし、衣食の費用を省き殊《こと》に夫の事務を助け、其の朝夕出入のとき衣食の便宜を計り、往復の文書を取り纏《まと》め、類を分ち応答を要するものと不要なるものとを選みわけ整頓しおきて夫の日用要務に遅延なき様心掛くべし。

一、我邦の夫人は、兎角《とかく》門外に出るを好まず、一室の内に蟄居《ちっきょ》するを常習とすれども、是れ余り賞すべきことにあらず。家事を見計らい折々親戚を訪い知人を尋ね親交を温め、時々子供を伴い公園に赴き動植物園を尋ね又は野に出で山に遊び花を詠《なが》め鳥を聞き、子供には山川の実景を示し、禽獣草木の名をも弁《とな》へしむるの益あれば、勉めて外遊を企て平日の労苦を慰め、心身の栄養を工夫すべし。又時には朋友を招きて質素の宴会を開き、打解けて優美の物語を交え或いは歌を詠し花を挿み、或いは上品の歌舞音曲を催し、人間の世にある快楽を味わい、平日繁忙の欝念を晴らすべし。是れ俗に言う命の洗濯にて日常倹約勤勉の報酬なりと知るべし。

一、外遊のときは田圃の間を逍遥《しょうよう》し目に触るる五穀の種類綿桑果実各種の種植・収穫の手順を説明し農家四季の艱《かん》苦《く》即粒々辛苦の功を話し、徒に飽食暖衣するの恥ずべきことを知らしむべし。歌をよみ詩を作るは虚文なりという人もあるべけれど左《さ》にあらず。中々風流の趣味あるものにて、殊に婦人の嗜《たしな》むべき上品の芸能なれば幼年の頃より読習はいたしたきものなり。歌というと甚だむつかしきものの様に考えらるれども決して去《さ》ることにあらず。朝夕耳目に触るる趣を三十一文字綴《つづ》り合すまでなれば、初歩には取り付きがたくとも、段々馴るれば終には善き歌をも読出づるに至るべし。扨之《さて》を習わんには師匠に就き一通りの教えを受け自分にても工夫し、逐次に数重ぬれば日ならずして興味を感ずるに至り、随《したが》って古人の歌集あまたあるを取調べることあれば、古今の歴史地理名所等を自然に暗誦するの益あり。誠に奥ゆかしき業なるべし。和歌に次き優美なる業は生花絵画を志す事なり。其の人の好みに任せ習い覚えなば高尚なる生涯の娯楽ならん。

一、男子は学課卒業後其の身の在官在野なるを問わず、日夜職務に勉励するは勿論日々の事業は正しく時刻を定めおきて働くべきときは必ず働き、休むべきときは必ず休み、昼夜の起居を正ふし、内にしては恒に正直廉潔を本とし、英気を励まし謙徳を養い出入品行を慎み身体を強健にし、祖先の遺産を失墜せず、益々之を増殖し外にしては長老を敬い、幼少を憐れみ良友を択び同僚と協和し、仮そめにも粗暴の言行あるべからず。若《も》し必要の事件につき意見あるときは明白に申述べ竊《ひそか》に人を誹謗《ひぼう》すべからず。

一、少年の時は其の志未だ定まらず。友によりて変化し易《やす》きがゆえ、友を択ぶ事洵《まこと》に大切なり。朋友に益友あり損友あり。天性篤実温厚にて智勇あり。事業に専心なるものを益友とし、心志薄軽噪にて品行修まらず小才あり多岐に迷うものを損友とす。益友は言多からず行剛なれば親しみがたく往々疎遠に傾き易し。之《これ》に反して損友は言行に気軽ければ馴《な》れ易きゆえ不知不識に薫染されて終に邪路《じゃろ》に陥り生涯を誤るもの多し。是を諺に言う朱に交われば赤くなるの類なり。但《ただし》良友に親しむは嬉しきことなれども余り昵近《いきん》に過ぐれば或は狎《な》れて倦厭《うみいと》うの嫌なきにあらず。宜《よ》き程に斟酌《しんしゃく》すべし。

一、誰にても最初よりよき位置に就くは願わしき事なれども、兎角《とかく》世の中の事は不如意勝なれば決して事を急ぐべからず。最初の位置卑しくとも其の身の勉励耐忍と真実の志望あれば追々に昇進して宿念を遂《と》ぐる事難きにあらじ。元来邦人は天性急卒偏狭の癖あり。世事に触れて議論多く温厚沈重の風に乏し。殊に少壮の時は軽忽《けいこつ》にて急進速成を望み一時事意の如く行われ、されば気を挫き心を変じ或は業を改め長上に向い不平を鳴らすもの多し。凡《すべ》て長上に向い朋友に対し不平を唱うる程見苦しく又損なるものはあらじ。唯《ただ》百事意の如くならざるは其の身の勉強の不十分なると誠意の貫かざるものと思い愈《いよいよ》励みて撓《た》わむ事なく所謂《いわゆる》大器晩成の奥義を期すべし。

一、男子の世に生るるや、大志を抱き百難を排し雄進不屈洪業を営み名声を四方に輝すは大丈夫の事なり。然れども人の才能には自ずから長短あり、優劣あり。世の風潮に順逆あり。又時勢の遭遇に幸不幸あり。たとい志大なるも機を見ること迂《う》にして事に耐えざるときには素心を達する事覚束《おぼつか》なし。故に何人にても時機を察する先見の明あり。且可然《しかるべく》先導者に頼り出身の道を啓《ひら》くこと亦必要ならん。然らずして一躍大業を遂げんと欲し一たび蹉跌《さてつ》すれば忽ち落胆沮喪し竟《つい》に自暴自棄に帰し、終身を誤るに至るは暗愚の極ならむ。今豊太閤出世の事を挙げて一例を示さんに、彼れ壮年の頃天下分裂英雄割拠の時に当り、功名の志勃々禁ずる能わず。大勢を洞察し時運を先見し、夙《つと》に織田氏に頼り日夜細心出入精励其の歓心を求め、更に忍耐辛苦柴田丹羽の驥尾《きび》に付き其の意に忤《さか》らわず、功業の基礎を定め次第に昇進し幸運に遭い不図《はからず》も終に天下の大権を掌握するに至れり。但《ただし》其の最初織田氏を先導者と定め百方服事せし先見と姑《しば》く柴丹先輩に屈従して難境を凌《しの》ぎし忍耐とこそ、太閤の不世出英傑たる所以ならめ。後世の少年といえども仔細に時運を察し目途を立て百難を排し中道にて逡巡することなければ、終に才能相応の名誉を博する事疑いなかるべし。諺にいう辛抱は金なりとの意味を忘るべからず。先導者に頼るとは少し卑屈の様にも考えらるれども一生之に屈従する訳にはあらず。唯出身の段階をふみ独行の地歩を定むる方便なれば強いて嫌うべきにはあらず。凡《すべ》て人間の世渡りには一屈一伸あるを免れず。姑《しば》く屈するは後に大いに伸ぶる基と知らば堪えがたきことにはあらずかし。

一、百般の艱難《かんなん》に遭遇し悉《ことごと》に世の辛酸《しんさん》を嘗《な》め世態の変遷に際会し時に心胆を鍛うは、人世経歴の一学校にて知勇も其の度毎に増進し見識も益々精熟するものなり。必ず万巻の書を読み多数の文字を覚ゆるのみを以て学問とはな思いそ。

一、何事にても人と約束せし事は堅く之を守りてゆめ背《そむ》くべからず。金銭貸借の事は更なり。瑣事《さじ》なりとて契約を蔑視し一たび信義を失うときは、之を回復するの期なく永く世上に疎《うと》まれ人の上に立ちがたし。故に最初約束のとき能く前後の軽重を察し粗忽《そこつ》の取計らいあるべからず。

一、恩義を忘れぬは人間の常情美徳なり。然れども近頃の若き輩には此の道に違う人少なからずと覚ゆ。人の身に盛衰禍福あることを糾《あざな》える縄の如し。一たび恩を受けたる人には寒暑の見舞時々の消息を怠らず。もし其の当人又は其の子弟に不幸の事あるときは及ぶだけ真情を尽くし、懇《ねんご》ろに報いることを知るべし。

一、古式の教育にては君恩親恩に次ぎて師恩を重んじ三徳と称し、文武の道を修むるには専ら師匠を頼み師匠は弟子を愛育し、師弟の交誼《こうぎ》親厚なりしが、近世に至り教育の風儀一変し都鄙《とひ》ともに児童は学校に入り、生徒は月謝を納め教員は月俸を受け、恰《あたか》も売物買物の姿になり、教員の世話も自から不行届勝ちなり。生徒も恩義に感ずるの情薄く成行たるは、止むを得ず世の変化にて詮方なき次第なり、何《いず》れの道何れの芸にても一度師匠先生と頼みし人は校の内外を問わず、之を尊敬し卒業後迄も時々尋問し其の恩を忘れぬこそ人生の優なる美徳ならめ。

一、我邦にては金銭を猥《みだ》りに知人朋友に信用するの悪習あり。家計上又は営業上融通のため目途を定め金銭の貸借を行うは、些《いささ》かも差支なき次第なれども、身の怠慢懶惰《らんだ》を顧みず一時の窮迫を免れんがため人に依頼するは無恥の至というべし。人に交るに信実を旨とし事に当たりて労苦を厭わざれば、天災疾病の外痛く困窮する事なかるべし。其の天災疾病とても兼て備うる所あれば故なく人に依頼する程の事はあるべからず。

一、朋友知人を訪うに二様の心得あるべし。一は公私の事務処弁のため又は貴賢知人の近況を尋ね子女の安否を問うためなり。甲の場合にては、簡単の言を以て所要の件につき応接問答をなし事終えれば直に辞し去り空しく長居して一刻千金の誡めに背くべからず。乙の場合にては先ず先方の安否を問い四方山《よもやま》の物語を試み其の心情を慰め決して公私職務の事に及ぶべからず。又他人の毀誉《きよ》に係ることを言うなかれ。世人は事務談合のときも兎角無用の長談を以て貴重の光陰を費やし、主人を悩まし又寒暖見舞いのとき動もすれば理屈がましき議論を吐き、優美の交際を欠くもの多し。誠に慎むべきことなり。他家へ訪問するの時刻は午前なれば九時頃より十一時半迄、午後なれば二時より五時頃まで宜しからん。余り早きに過ぎ又は晩きは礼にあらず。殊に食事前後に近きときは遠慮すべし。

一、世の中の風を見渡すに、高尚なる理屈は喧《やかま》しく論ずれども日用の近事に迂闊《うかつ》なる人多し。刑法、民法、商法、租税の収納、郵便、電信、銀行等の条例、物価の高低、汽車汽船発着の時刻を弁《わきま》えず事務を誤るもの比々是なり。昔時は夫にても事済たれども今日にては去る緩慢の事にては、損失甚だしく宜しく耳目を鋭敏にし日夜の要件を記憶しおくべし。

一、少年の頃より、日記を書くことを勉べし。日記には朝夕遭遇の景況は勿論《もちろん》世上の動静、風雨、陰晴を細録しおくべし。当時は格別面白きものにあらざれども後日に至り之を閲《けみ》すれば大いに懐旧の念を起し、史伝を書くとき等には参考の材料となるものなり。

一、其《そ》の元等が刻苦勉励身を立て大家と称せられ富貴を得るは願わしき限りなれども、忠孝の大義を重んじ信義の節操を守り、一心国家に尽くすを忘れず又官にあるも野に在るも天下に文明事業の開達を鼓励《これい》し国の富強を謀《はか》り、世の模範ともなるは此上もなき一家の面目なりと平生希望する所なり。

右家訓は明治二十九年に記せしものにて其の頃雑誌太陽等にも載せられたりしが、其の後思い出せし廉《かど》ある時々訂正増補し、今家族並びに友人に分配せんが為に活版に付し謄写《とうしゃ》の労を省くになん。

明治四十一年九月　　於国府津別荘　如楓圭介　識」

あとがき――幕末から明治を駆け抜けた知識人の挫折と栄光

歴史上の人物の生涯を調べて、個人の生き様や人格だけでなく生きた時代そのものまでも見えてくるという人物に巡《めぐ》り会うことは、まれなことだが、私にとって大鳥圭介はそのまれな日本人のひとりである。彼は幕末から明治時代という近代日本の激動の嵐が生んだ〈負の側に立たざるを得なかった〉知識人のひとりであった。大鳥の人生は戊辰戦争の敗北で事実上終わったとする論評、論文、文学作品は少なくない。

「圭介の仕事は明治二年五月十八日（注――戊辰戦争敗北の日）で終わっているのだ。彼は明治になって、近親の者にも武を語っていない。（中略）。これは敗軍の将の意地というより、彼は五稜郭で死んでいるのだ」。大鳥と姻戚関係にある文芸評論家河上徹太郎ですら『大鳥圭介　南柯の夢』の中でこう決め付けている。これはいかに身内であっても短慮に過ぎる論評ではあるまいか。〈敗軍の将〉旧幕臣大鳥圭介は、確かに国を二分した内乱・戊辰戦争で大敗北を喫したが、明治維新以降は不戦の誓いを新たにして、近代日本の〈工業界・工業教育の父〉・〈高級外交官〉として不死鳥《フェニックス》のようによみがえった。明治藩閥政治が跋扈《ばっこ》する中で挫折感を抱えながらも、高度な科学技術に関する知識や産業経済立国についての見識などによって栄光の座におさまった。福沢諭吉のいわゆる「痩せ我慢の説」は和魂洋才のテクノクラート大鳥には当てはまらないと考える。その足跡を改めて略記すれば以下のようになろう。

播州《ばんしゅう》（現兵庫県西部）の片田舎の村医者の息子にすぎない無位無官の大鳥は、血を吐くような自己研鑽が実って尼崎藩士に取上げられ、次いで阿波徳島藩に取り立てられる。さらには蘭学から習得した兵法や土木技術の知識が評価されて、幕府の代官江川太郎左衛門の江川塾教授となった。士官教育を目指す講武所でも幕臣勝海舟らと共に青年の指導に当たり、同時に築城・砲術・戦術訓練など軍学書の翻訳にあたった。だが彼は、封建身分制度からすれば外様大名の家臣にすぎなかった。

幕府は崩壊寸前の瀬戸際まで攻め込まれた。幕府首脳は旧来の幕臣だけでは難局の打破は出来ないと判断し、人材を在野から採用することになった。大鳥は幕臣に登用され、徳川幕府の直臣《じきしん》にまで登りつめた。当初、彼は幕府開成所に招聘《しょうへい》され洋学教授に就任し、同時にイギリス・フランス・オランダの軍事関連図書の翻訳に従事した。次いで、彼は幕府陸軍の歩兵差図役頭取《さしずやくとうどり》（現陸軍大尉）となり、歩兵奉行（現陸軍少将）にまで昇進する。

だがその後に待っていたのは幕府瓦解と戊辰戦争であった。彼は戦いに敗れ投獄された。（ちなみにアメリカ南北戦争では、敗北した南軍の将兵は通常Rebelすなわち「謀反者」と記される）。しかし明治新政府は、まれに見る知性の人である〈敵将〉大鳥を見捨てなかった。むしろその才覚に支援を求めた。出獄した大鳥は北海道の開拓使幹部に任用されたのを手始めとして、欧米出張の機会を与えられ、工部省官僚から工部大学校校長（今日の大学総長）となり学習院院長も務めた。日清戦争時に朝鮮国駐剳公使として活躍した。明治政府の高位高官を歴任したことは本書で見るとおりである。

私は一〇年以上も以前から大鳥の生き様に関心を抱いて国内外での資料収集や現地調査を続けてきた。どこに発表する当てもないままに原稿を書き続けていたところ、偶然の成り行きから月刊ダム専門誌『ダム日本』に一年以上にわたって連載させていただいた。大鳥が土木工学に強い関心を示し、アメリカのダム技術書を日本で初めて翻訳していることやダムを「堰堤《えんてい》」と初めて訳したことを考えると、同誌連載も満更《まんざら》縁がないわけではないと考えた。

感謝すべき方々や組織・機関は大鳥の幅広い活躍を反映して数限りない。一部を記すにとどめる。神戸市在住の医学博士福本龍氏には『われ徒死せず―明治を生きた大鳥圭介―』(国書刊行会)からの引用をお許しいただき、また貴重な資料や情報をもいただいた。心から感謝したい。財団法人河川環境管理財団の鈴木藤一郎理事長をはじめ幹部・友人諸氏は、私に国内外の調査と資料収集さらには原稿執筆に必要な時間を与えてくださった。改めて謝意を表したい。財団法人日本ダム協会常務理事矢島国紀氏をはじめ渡辺悦子様、廣池透氏には、『ダム日本』連載に際し多大な協力をいただいた。特に編集を担当なさった渡辺様のご尽力には頭が下がる思いであった。心から謝意を表したい。戊辰戦争の史料については栃木県在住の歴史家大町雅美氏に感謝したい。現地案内をして下さった上郡町役場の岩本和史氏にも謝意を表したい。取材のため全国各地を訪ねた際、地元の図書館、役所、神社寺院、道端などでその地に残されている戊辰戦争や大鳥の逸話を教えていただいた。お名前をうかがわなかったこれら多くの方々にお礼を申し上げたい。失念した方もいるかもしれない。お許し願いたい。

感謝すべき組織や機関は以下の通りである。北海道大学付属図書館、筑波大学付属図書館、津田塾大学付属図書館、学習院大学付属図書館、ロンドン大学図書館、国立国会図書館、国立歴史民俗博物館、横浜開港資料館、財団法人日本ダム協会、社団法人土木学会付属図書館、頌栄女子学院、東京・港区立郷土資料館、国土交通省河川局、同近畿地方整備局河川部、同関東地方整備局河川部、同東北地方整備局河川部、同北陸地方整備局河川部、同北海道開発局、独立行政法人土木研究所、独立行政法人水資源機構、財団法人河川環境管理財団、東京都立図書館、栃木県立図書館、福島県立図書館、大阪市立中央

図書館、長岡市立中央図書館、函館市立図書館、佐倉市立図書館、琵琶湖疏水記念館、姫路市、兵庫県上郡町、小田原市、日光市、会津若松市、マサチューセッツ歴史協会、ニューヨーク市立図書館、サンフランシスコ市立図書館、グラスゴー大学、在韓国日本大使館、適塾（現在）、閑谷黌、永応寺（赤穂市）（順不同）。

鹿島出版会の橋口聖一氏には、今回も同社からの刊行にご協力をいただいた。心から感謝したい。

（参考文献は膨大な量に上るため割愛する。主要な引用・参考文献は、そのつど本文中に書き込むよう努めた）。

高崎哲郎

平成二〇年（二〇〇八）四月、大島圭介没後一〇〇年を三年後に控えて

湖の　水まさりけり　五月雨（去来）

著者紹介

高崎 哲郎（たかさき てつろう）

一九四八年　栃木県生まれ。

NHK記者、帝京大学教授、東工大などの非常勤講師を歴任。独立行政法人土木研究所と財団法人河川環境管理財団の客員研究員を経て、独立行政法人水資源機構の客員教授。作家、土木史研究家。

主な著書

『評伝　技師・青山士の生涯』（講談社）
『沈深、牛の如し―慟哭の街から立ち上がった人々』（ダイヤモンド社）
『砂漠に川ながる―東京大渇水を救った五〇〇日』（ダイヤモンド社）
『洪水、天ニ漫ツ―カスリーン台風の豪雨・関東平野をのみ込む』（講談社）
『評伝　工人・宮本武之輔の生涯』（ダイヤモンド社）
『鶴、高く鳴けり―土木界の改革者 菅原恒覧』（鹿島出版会）
『大地の鼓動を聞く―建設省50年の軌跡』（鹿島出版会）
『開削決水の道を講ぜん―幕末の治水家 船橋随庵』（鹿島出版会）
『山原の大地に刻まれた決意』（ダイヤモンド社）
『天、一切ヲ流ス―江戸期最大の寛保水害・西国大名による手伝い普請』
『荒野の回廊―江戸期・水の技術者の光と影』
『評伝　山に向かいて目を挙ぐ―工学博士・広井勇の生涯』
『評伝　お雇いアメリカ人青年教師―ウィリアム・ホィーラー』
『評伝　月光は大河に映えて―激動の昭和を生きた水の科学者・安藝皎一』
『湖水を拓く―日本のダム建設史』
『評伝　水と緑の交響詩～創成する精神 環境工学者・丹保憲仁』
（いずれも鹿島出版会）など。

評伝 大鳥圭介
―威《い》ありて、猛《たけ》からず―

発行　二〇〇八年四月二〇日 ©

著者　高崎哲郎
発行者　鹿島光一
組版　開成堂印刷
印刷　壮光舎印刷
製本　牧製本
発行所　鹿島出版会
〒一〇七-〇〇五二
東京都港区赤坂六丁目二番八号
電話〇三（五五七四）八六〇〇
振替〇〇一六〇-二-一八〇八八三

ISBN978-4-306-09389-8 C0052 Printed in Japan

本書の内容に関するご意見・ご感想は下記までお寄せください。
URL：http://www.kajima-publishing.co.jp
E-mail：info@kajima-publishing.co.jp